# L'AUTEUR

# L'AUTEUR

INTRODUCTION

CHOIX DE TEXTES

COMMENTAIRES

VADE-MECUM

ET BIBLIOGRAPHIE

par

Alain Brunn

GF CORPUS

GF Flammarion

ISBN : 2-08-073058-4

# SOMMAIRE

## IV
## L'AUTORITÉ DE L'AUTEUR : POUVOIRS DE LA LITTÉRATURE



## V
## L'INSTANCE CRÉATRICE



## VI
## DU LECTEUR À L'AUTEUR : LA RELATION CRITIQUE

# INTRODUCTION

AUTEUR – On doit connaître ses auteurs, mais on serait bien embarrassé de citer même leurs noms.
Mots d'auteurs.
Manière dont ils vivent.

En rédigeant cet article ironique du *Dictionnaire des idées reçues*, Flaubert dissocie de façon provocante les noms des auteurs, signes d'un savoir véritable (puisqu'on doit les connaître), de ce que l'on retient d'eux : avec et dans l'œuvre, apparemment, l'auteur s'abolit ; et l'œuvre ainsi versée au fond commun et anonyme de la *doxa*, de la culture ou de l'inculture commune, dissout l'auteur, derrière cette double légende (*legenda*, ce qui doit être lu), les slogans et les vies, les traits d'esprit et les anecdotes. Mais, cette légende retranchée, que reste-t-il, exactement, de l'auteur ?

Peut-être aussi est-ce une inquiétude qui perce derrière l'ironie, pour enjoindre au lecteur de préserver les noms, comme si quelque chose d'important se jouait derrière ce lien de l'auteur à son œuvre. Ainsi, il y aurait eu un moment où l'on ne pensait pas que « peu importe qui parle » (c'est là le point de départ de la remise en cause de la fonction auteur par Foucault), et où pourtant l'existence de l'auteur était déjà menacée. Et si, loin d'être la simple expression d'un réflexe corporatiste, l'ironie de Flaubert exprimait un souci véritable ? Et si, derrière la sauvegarde des noms d'auteur, se posait une autre question que celle de l'orgueil des écrivains ? Si ce qui se jouait là, c'était un fondement de notre rapport aux textes, dans ce possible rapport de séduction, entre auteur et lecteur, hors duquel ce qui se joue n'est plus de la littérature, mais autre chose, du savoir, de la croyance, car l'œuvre devenue bien commun n'est rien d'autre qu'un lieu de la *doxa* ?

Il nous faut alors considérer cette réalité, bien sûr contingente, bien sûr historique, mais non moins réelle – quel que soit le sens que l'on donne à ce terme – que l'existence même des textes que nous disons littéraires. Se noue en effet, d'une réalité l'autre, un rapport spéculaire : ces textes induisent des figures d'auteur (pour garder encore un terme neutre), et celles-ci en retour légitiment leur texte ; est auteur qui a fait œuvre, mais l'œuvre n'est jamais que ce qu'a fait l'auteur. Reste à sortir de la tautologie.

Le nom d'auteur n'a pourtant pas pour seule propriété de pouvoir désigner une œuvre : il est, d'une certaine manière, beaucoup plus. Indexant l'œuvre à un corpus, l'auteur l'indexe aussi à la littérature : le nom d'auteur devient moyen d'intertextualité (de relation à la littérature) dans l'exacte mesure où il est marquage de littérarité. Si tel texte de Virgile, parce qu'il est signé Virgile, est reçu comme de la littérature, c'est aussi que, signé Virgile, il peut être lu comme une récriture de tel texte d'Homère (qui lui-même...). Autrement dit, l'auteur fait la littérature, à moins que ce ne soit la littérature qui fasse l'auteur. La présence d'un nom d'auteur semble, dans notre pratique de la littérature, le passage indispensable à notre reconnaissance de celle-ci. Il n'y a pas de texte littéraire sans auteur, pas de littérature sans auteur (fictif ou réel, caché ou exhibé, vivant ou mort), parce que les deux notions ne sont plus séparables : pour inscrire des textes dans la littérature, nous nous contentons de les transmettre sous nom d'auteur.

nom d'auteur indisp. à la littérature

Qu'on pense au rêve borgésien d'une bibliothèque infinie, aux frontières brouillées (mais par ou pour quel auteur-bibliothécaire ?), aux délimitations estompées, d'un texte sans contexte autre que lui-même, parce qu'il enferme tous les autres, et que cela seul suffit à l'expliquer. Ce qui fait, finalement, de ce rêve un rêve, de ce projet une utopie, c'est précisément l'existence de l'auteur (comme principe d'organisation de la littérature), utile à connaître, comme semble le dire Flaubert, peut-être parce que non seulement il fait la littérature, mais aussi parce qu'il l'organise, l'informe.

Mais qu'est-ce alors qui change dans l'objet que se soumet le lecteur, lorsque apparaît ce nom d'auteur ? L'interrogation d'emblée est hétérogène, à la fois poétique et historique. Elle conduit à demander à la fois à quelles conditions le nom d'auteur apparaît, et dans quelle mesure ce nom est inséparable du texte auquel on l'attache. De quelle nature est le lien qui unit le nom de l'auteur à l'œuvre qu'il désigne, quel est le mode de présence de l'auteur à son texte ? Dans quelle mesure l'appréhension que nous avons du texte change-t-elle selon la figure d'auteur que nous y rencontrons (que nous y construisons) ?

Si une telle question ne connaît pas de solution immédiate, c'est que le terme d'auteur est un terme flou, qui renvoie à des réalités diverses, à des pratiques dissemblables, et qui pose aussi indirectement mais inévitablement une certaine définition de ce que doit être la littérature, et de la façon dont il convient d'en traiter. Préalable implicite à tout moment de la communication littéraire, la définition de l'auteur sous-tend en fait la définition que l'on donne de cette communication. Loin d'être univoque, le nom d'« auteur », par la diversité des figures qu'il résume, semble parfois, dès lors qu'on oublie sa diversité, qu'on le substantifie, un artifice destiné à unifier un champ très divers, des figures qui n'ont pas grand-chose à voir – et ce, parfois, au sein d'un champ discursif historiquement homogène, pour des auteurs d'époques et de milieux relativement proches, tels, par exemple, ceux du XVII^e siècle français.

Mme de Sévigné, classique de l'enseignement scolaire, écrit d'abord à sa fille ; ses lettres, souvent, sont lues par un public plus large, et parfois même par le plus choisi. Est-elle autant (également, de la même façon) auteur que Racine, qui construit une carrière d'écrivain par une politique d'écriture et de publication soigneusement préparée ? que Retz qui, croit-on, avait fait d'elle la destinataire de *Mémoires* non écrits pour une publication ? que La Rochefoucauld, qui surveille la publication sans nom d'auteur de ses *Maximes*, après qu'une édition pirate de ses *Mémoires* (destinés à une circulation très restreinte) eut fait scandale ? qu'un polygraphe comme Courtilz de Sandras, auteur oublié d'apocryphes *Mémoires de M. d'Artagnan* qui inspirèrent un auteur plus fameux, sinon plus classique ? que des professionnels d'une écriture autorisée tels que Fénelon ?

Et, au sein de l'œuvre d'un même écrivain, n'y a-t-il qu'une seule figure d'auteur, ou chaque texte construit-il sa propre figure d'auteur ? Kafka, avant de mourir, demande que soit brûlée une partie de son œuvre. Doit-on le considérer comme l'auteur de cette partie (doit-on considérer que ces textes ont le même auteur que celui du *Procès*) ? Ces textes ont-ils le même statut que les autres ? Jouissent-ils dans une égale mesure de l'auctorialité (sinon de l'autorité) de leur auteur, et participent-ils alors de la même façon à la littérature ?

Car c'est aussi une question d'autorité qui se pose. L'auteur, par fausse étymologie, *autorise* le texte, le rend, sinon vrai, du moins recevable, s'en fait caution.

Ainsi, parler d'*auteur*, ce peut être parler (et parfois tout ensemble) d'une *figure* historique spécifique (Gustave Flaubert, 1821-1880), d'une *autorité* (comme dans le *Dictionnaire des idées reçues)*, c'est-à-dire d'une valeur reconnue (par l'institution, la société, ou seulement par le lecteur), et d'une *fonction* construite par l'œuvre, ou par tel ou tel texte (Flaubert, romantique réaliste, ou le Flaubert du *Dictionnaire des idées reçues* contre le Flaubert de *L'Éducation sentimentale*) – c'est en ce sens qu'il sera ici question de l'auctorialité de l'auteur. L'hypothèse que nous tenterons d'esquisser ici est que ces trois facettes hétérogènes du même mot relèvent toutes trois du même geste inséparable de notre pratique de la littérature (au sens le plus large du mot), en ce sens que ces trois aspects du mot relèvent d'un triple geste d'information de l'objet textuel introduit dans l'espace de la communication littéraire. L'« auteur » ne saurait en effet se réduire au seul versant poïétique de la production du texte ; bien au contraire, il semble prendre figure de façon définitive dans la réception même du texte. Donner tel ou tel sens au mot *auteur*, c'est alors choisir de définir ce qu'est – ce que peut-être – l'objet littéraire ; c'est une façon pratique plus que théorique de répondre à la sempiternelle question du « qu'est-ce que la littérature ? ». Aussi, demander « qui écrit ? », et non « pour qui écrit-on ? », comme le faisait Sartre lorsqu'il tentait de répondre à cette question, met nécessairement en jeu le lecteur. Mais ces questions ne sont pas symétriques : la question du lecteur, telle que Sartre la formule, considère qu'il y a bien quelqu'un qui écrit ; demander qui écrit, c'est précisément retrouver le problème derrière l'apparence de la tautologie (un auteur, c'est celui qui écrit un livre), sans pourtant oublier la question de la réception de l'œuvre.

On l'aura compris, la mention d'un auteur (et quel auteur, et quelle autorité) au début d'un livre consacré à cette figure est rien moins qu'anodine. Mais partir de Flaubert, ce n'est pas seulement s'abriter derrière un auteur, ou tenter de capter la bienveillance de son lecteur par l'invocation d'un nom qui, déjà, jouit de cette bonne volonté ; c'est aussi, déjà, désigner un moment où tout change, et à partir duquel prend sens la question « qu'est-ce qu'un auteur ? ». Au tournant des XIXe et XXe siècles, en effet, semble se dessiner un renversement du régime d'auctorialité, dans une remise en cause radicale (et à l'intérieur même des textes littéraires) de ce qu'est – et de ce que peut être – la figure d'un auteur dans le texte qu'il signe. Bien sûr ce changement ne surgit pas de rien. Mais l'histoire de la fonction auctoriale est à bien des égards une histoire faite de ruptures, souvent masquées et refoulées, et ce sont ces ruptures, pourtant, qu'il est important de retrouver, parce que entre elles se construit l'espace où prend sens cette fonction. Ainsi, un certain mythe de la modernité qui prend place à la fin du XIX^e^ siècle va-t-il transformer en profondeur la compréhension de ce qu'est un auteur : si c'est Mallarmé qui, dans une large mesure, ouvre ce nouveau régime d'auctorialité, il semble que l'inquiétude du *Dictionnaire des idées reçues*, même prise dans le non-dit par l'ironie, porte déjà la trace indirecte de ce bouleversement. Aussi la perspective qu'ouvre la notion d'auteur est-elle empreinte de ces ruptures qui la révèlent à ce qu'elle est en même temps qu'elles la masquent ; loin de désigner un ensemble homogène et stable, le terme renvoie à des pratiques, à des gestes divers. C'est donc moins au survol historique d'une figure unique que l'on voudrait ici inviter le lecteur qu'à la mise en évidence de quelques ruptures avec lesquelles, qu'on le veuille ou non, la figure auctoriale se présente à nous, et avec lesquelles il nous faut donc lire les textes.

## L'auteur et son texte

### Le nom d'auteur

L'auteur, c'est d'abord celui qui signe son texte, en prend la responsabilité, l'assume comme sien ; celui, donc, qui l'identifie, l'authentifie, s'en fait le garant et en justifie la qualité (au sens le plus indéterminé du terme) par sa signature – les pseudonymes, anonymes et fausses attributions ne sont que des cas particuliers de cet axiome dont ils jouent. Mais, loin de constituer une définition minimale de l'auteur, cette désignation par le nom (l'auteur, c'est celui dont la couverture porte – affiche – le nom) met en avant deux caractères essentiels de la notion. D'une part, l'auteur jouit d'une propriété spécifique sur son texte ; d'autre part, il entretient avec lui des rapports de réciprocité : l'œuvre exhibe l'auteur (en couverture, en quatrième, parfois accompagné d'une photo ou d'une courte biographie), qui pourtant n'est tel que par elle.

Aussi le nom de l'auteur joue-t-il un rôle dans la diffusion de l'œuvre. Pour autant, une telle mise en scène du nom d'auteur est une propriété récente du texte que nous disons littéraire. Au Moyen Âge en effet, la figure de l'auteur se donne le plus souvent comme absente du texte ; comme l'écrit Paul Zumthor dans son *Essai de poétique médiévale*, « moins qu'un auteur, celui qui entend le texte voit un locuteur, dont il sait à l'évidence ce qu'il est [...] » (Le Seuil, 2000, p. 58). Le détour par la biographie de l'auteur, souvent impossible en raison de l'anonymat total ou relatif du texte (qui n'est pas que de hasard, mais fait sens, comme le rappelle Paul Zumthor [*ibid.*, p. 88]), semble alors toujours décevant ; le nom d'auteur est rarement stable, soit qu'il ne renvoie pas à une figure historique que l'on puisse connaître avec certitude (qui est au juste Chrétien de Troyes ?), soit que l'on hésite entre auteur, récitant et copiste (qui est le Turold qui signe le manuscrit d'Oxford de *La Chanson de Roland* ?) : « le mot *d'auteur* possède ces trois significations, plus ou moins enchevêtrées » (*ibid.*, p. 84). C'est que la poésie médiévale met en place la disparition de son auteur :

> Toute origine s'efface, la voix s'étouffe dans un texte composite, neutre, oblique, destructeur des identités personnelles. Pourtant, ce texte est dit par quelqu'un, à qui il n'a pas cessé d'appartenir même si la silhouette s'en est effacée. Un déplacement s'est donc produit, dont il faut tenir compte sans en être dupe. L'auteur a disparu : reste le sujet de l'énonciation, une instance locutrice intégrée au texte et indissociable de son fonctionnement : « ça » parle (*ibid.*, p. 89).

Le texte porte ainsi les marques d'une énonciation, parce que « tout texte poétique ou ficionnel, des IXe-Xe siècles jusqu'au XIVe au moins, a transité par la voix, et ce transit ne fut pas aléatoire » (Paul Zumthor, « Y a-t-il une "littérature" médiévale ? », *Poétique*, n° 66, Le Seuil, avril 1986, p. 131). C'est que, avant qu'il soit question d'auteur, celui à qui réfère le texte est acteur : la littérature orale est prononcée à haute voix, jouée, déclamée, et c'est la marque de celui qui parle à haute voix, de son acteur. Progressivement l'acteur s'efface, et le texte se voit marqué par son auteur.

Comment, alors, parle-t-on de ce que nous nommons l'auteur ? L'hésitation sur le terme va marquer, par jeux étymologiques successifs, le sens même que gardera le terme d'auteur, ce que traduiront, comme le montre Yves Delègue dans *Le Royaume d'exil*, les différentes graphies du terme. Ainsi trouvera-t-on l'*auctor*, issu d'*augeo*, « accroître, augmenter » (l'auteur est celui qui augmente le texte), ou d'*auctoritas*, « droit de possession, garantie, autorité » (l'auteur est celui en qui se manifeste une autorité, garantit son propos), que double l'*author*, que sa graphie rapproche de l'*authenticité* supposée de l'écrivain, et que concurrence l'*actor*, « acteur, orateur » (celui qui agit, qui prononce le texte).

C'est alors au croisement de ces différents visages, entre eux, que se dessine ce dont l'auteur à l'âge moderne pourra hériter. Daniel Poirion écrit que « l'écriture médiévale est une "manuscriture" », autrement dit « une activité, une production qui reste attachée à la main qui écrit, et, par le bras, à l'épaule d'un *auctor*. Cet auteur (non pas l'*acteur* de la littérature orale) est celui qui garantit de son *auctoritas* et qui prend en charge le texte » (« Écriture et ré-écriture au Moyen Âge », *Littérature*, n° 41, 1981, p. 117).

C'est notamment autour des grands rhétoriqueurs, dans la seconde moitié du XVe siècle, que se joue le glissement de cette auctorialité naissante à la présence d'une figure de l'auteur en voie de stabilisation. À ce moment, le rôle de l'imprimerie est essentiel, parce qu'elle modifie le rapport de l'auteur au texte et à son public, et contribue par là à donner une nouvelle définition de la notion d'auteur, puis à stabiliser cette nouvelle définition, cette fonction auteur émergente. Chez les grands rhétoriqueurs, pourtant, c'est à travers le masque de l'acteur que se dit l'auteur, comme l'ont bien montré les analyses de Paul Zumthor (dans *Le Masque et la lumière. La poétique des grands rhétoriqueurs*, Le Seuil, 1978) ; ainsi le texte s'ancre sur un sujet souvent grammatical. Aussi Yves Delègue voit-il en Marot, chez qui change cet ancrage, le premier auteur véritable de la littérature : c'est sur sa vie, son personnage historique, que s'ancre son discours (mais peut-être quelque chose de cet ordre est-il déjà en place chez Guillaume de Machaut).

Quoi qu'il en soit, la Renaissance voit se développer les conditions d'émergence d'un auteur dont le nom garantit la figure, d'un auteur qui progressivement fait de son nom le support de son œuvre ; à cet égard, il n'est pas indifférent de constater que Ronsard, le premier, voit l'édition complète de son œuvre ornée de son portrait, qui signe et garantit l'authenticité de l'œuvre. Le nom de l'auteur gagne en puissance ; il devient l'investissement minimal de toute figure auctoriale, ce à partir de quoi se bâtit l'œuvre (voir texte n° I).

## Les propriétés littéraires

C'est alors à la loi de garantir à son tour ce premier rapport : si le nom de l'auteur doit garantir l'œuvre qu'il donne, la loi doit garantir ce rapport du nom et de l'œuvre. Le premier moment de ce rapport juridique se fait non pas en protégeant l'auteur et ses droits (la propriété littéraire comme propriété matérielle ne se développera qu'au XVIIIe siècle), mais en responsabilisant l'auteur, c'est-à-dire en lui imputant la responsabilité juridique de son texte. Comme le note Foucault (voir texte n° VII), il y a eu auteur « dans la mesure où l'auteur pouvait être puni ». Être auteur, ainsi, c'est d'abord être responsable d'un discours, pouvoir être poursuivi pour ce qu'il est ; l'« appropriation pénale » (*ibid.*) précède la propriété littéraire. On voit ici ce que l'émergence de la fonction auteur doit au développement de l'imprimerie, qui donne aux textes une aire de diffusion bien supérieure à la circulation manuscrite ; dans cette optique, la fonction auteur pourrait ne pas être autre chose que la réponse à cette nouvelle force que devient le livre, une façon d'assigner le livre à un nom pour se préserver du premier en se soumettant le second – puisque, devenant objet de la loi, l'auteur entre dans les catégories prévues pour le contrôler.

Ce n'est qu'au XVIIIe siècle qu'apparaît, de l'auteur à son texte, un rapport particulier de propriété qui donne à celui-là le droit – dans certaines limites – de modifier celui-ci (voir texte n° VI). Avec la propriété matérielle, c'est en effet un droit moral sur l'œuvre qui s'affirme, qui ne fait pas, de droit comme de fait, dépendre l'objet de son seul possesseur matériel (libraire ou lecteur), mais instaure une relation autre entre le texte et son signataire, condition inévitable dès lors que la logique de l'assignation dont relevait l'appropriation pénale se voit tournée au profit de l'auteur : pour que celui-ci puisse revendiquer son texte, le garantir, il faut nécessairement qu'il puisse si nécessaire le modifier, le récrire, voire en interdire une réimpression. Marguerite Yourcenar, devenue un écrivain célèbre, utilisa ce droit particulier pour récrire de façon assez importante *Denier du rêve*, qui traitait de façon trop neutre sans doute le fascisme italien lors de sa parution, en même temps qu'elle interdit une nouvelle publication de deux romans de jeunesse. C'est dire que le nom d'auteur manifeste une propriété singulière ; si Yourcenar refusait la réimpression d'anciens ouvrages, c'est qu'elle jugeait qu'ils n'étaient pas de la même œuvre que les romans qui l'avaient rendu célèbre, lors même qu'elle les avait écrits : son nom désigne une œuvre qui n'est pas résumable à la somme des ouvrages parus, mais ces ouvrages ne tirent leur légitimité (voire, ici, leur légalité) que de la seule présence du nom qui les garantit. Le cas Yourcenar manifeste ainsi (et à travers lui les lois qui le permettent) cette particularité de la mythologie auctoriale : l'auteur, comme son œuvre, excède le temps. Le nom d'auteur est moins lié à la succession des textes parus sous son nom qu'à l'œuvre que veut l'écrivain. Sa responsabilité textuelle ne lui impose pas de voir paraître des textes qu'il récuse.

## L'auteur et la société

### L'auteur et l'écrivain

Si donc le nom d'auteur semble devenu un critère de littérarité, un gage donné au lecteur, son émergence progressive ne fut rien moins que rapide : il n'est pas impossible de considérer que de Marot au début du XVIIIe siècle, une même fragilité habite la figure de l'auteur. Loin d'être vraiment fixée, elle ne se détermine en effet que progressivement, comme en témoignerait l'interdit d'auctorialité qui semble marquer tout écrivain à l'époque moderne. En même temps qu'apparaît un individu social, l'écrivain, que son activité sert à situer dans la société, l'assomption de la fonction auctoriale par les écrivains ne semble pas aller de soi. On constate en effet, presque systématiquement (sinon pour ces professionnels de l'écriture autorisée que sont les ecclésiastiques ou les doctes), une forte réticence de l'auteur à assumer son texte. Ainsi se multiplient les publications anonymes (c'est notamment le cas lorsque l'écrivain est un grand, dont le statut social excède de très loin le rôle d'auteur, comme pour le duc de La Rochefoucauld ou la comtesse de Lafayette), ou les longues préfaces qui justifient par la demande d'un public (quel qu'il soit) le passage au livre. Car si la définition de l'auteur est bien liée au développement de l'imprimerie, comme le veut Roger Chartier dans *L'Ordre des livres. Lecteurs, auteurs, bibliothèques en Europe entre* XIVe *et* XVIIIe *siècle*, elle n'en reste pas moins marquée par un fort interdit d'origine théologique, dont témoigneraient les premiers mots de la définition par le *Dictionnaire universel* de Furetière du terme d'*auteur* :

> Qui a créé ou produit quelque chose. On le dit par excellence de la première cause qui est Dieu [...].

Est première la dimension divine de l'énonciation, modèle inimitable (qui ne doit pas être imité) pour tout prétendant à l'écriture. Pour autant, la figure de l'écrivain semble bien en cours de constitution au long du XVIIe siècle. Se multiplient en effet les exemples de grands qui se mettent à écrire : alors que Sully faisait rédiger ses *Mémoires* par des secrétaires, un La Rochefoucauld, une Mlle de Montpensier écrivent eux-mêmes, sans pour autant s'assumer directement comme auteurs. Ainsi, dans la première moitié du XVIIe siècle, quelque chose se produit dans la définition de l'auteur, qui permet à cette figure de se fixer, la rendant à la fois plus facilement assumable et plus désirable.

C'est qu'au XVIIe siècle a eu lieu une « naissance de l'écrivain », pour reprendre le titre de l'ouvrage d'Alain Viala (Minuit, 1985) qui l'a mise au jour :

> La naissance de la « fonction d'écrivain » comme fonction sociale en voie d'accéder à l'autonomie se lit dans les signes de légitimation et moyens d'indépendance que la formation du champ littéraire rend alors possibles (p. 293).

C'est sans doute cette émergence d'un statut social (non encore lié à une autonomisation de ce groupe) qui va infléchir profondément la conception de ce qu'est un auteur, et de son rôle dans le texte même. Ainsi, dans ce « premier champ littéraire » que découvre Alain Viala, apparaissent les « premières stratégies d'écrivain » : l'analyse des textes littéraires se voit chez ce sociologue de la littérature liée à un concept d'auteur dont il ne saurait faire l'économie. Prise dans des réseaux de pouvoir, l'œuvre se construit en réponse aux exigences diverses de ces réseaux qui l'informent. Mais, de l'émergence d'une condition d'écrivain de plus en plus fermement déterminée, la transformation du terme à elle seule témoigne : de « scribe, copiste », comme dans le dictionnaire de Nicot de 1606, le terme pert sa généralité « pour désigner les créateurs de littérature d'art. [...] En quelques décennies, "écrivain" a rejoint "auteur" dans l'ordre des titres de dignité » (*ibid.*, p. 277). Et, finalement, le terme d'écrivain dépasse celui d'auteur :

> Le nom devient par lui-même une valeur, une distinction accordée à quelques-uns seulement (*ibid.*, p. 279).

## La reconnaissance de l'auteur

Aussi l'auteur, dès lors que sa parole n'est pas légitime du fait de son origine, doit-il trouver sa légitimation dans son rapport aux pouvoirs constitués, politiques, juridiques ou sociaux. Le mécénat, tel qu'il se développe en France au XVII<sup>e</sup> siècle, exprime bien ce rapport de dépendance de l'auteur dans la société, et s'inscrit dans un paratexte très présent. Pour autant, le rapport de l'auteur au corps social est un rapport complexe. Progressivement, l'auteur en vient à occuper la place des clercs, comme l'a montré *Le Sacre de l'écrivain* de Paul Bénichou. La reconnaissance de l'auteur, qui aboutit à sa sacralisation, c'est-à-dire à une forme de conquête du pouvoir idéologique, le rend peu à peu incontournable dans la consommation de l'œuvre littéraire. Mais c'est l'acquisition d'un statut juridique qui permettra à l'auteur de voir son rôle véritablement défini dans la société. En effet, si au XVII<sup>e</sup> siècle les auteurs ne sont en général rétribués que par la vente de leur texte à un libraire (qui gagne par là le droit d'exploiter ce texte), la reconnaissance d'un droit d'auteur (qui rétribue l'auteur à proportion des ventes de son texte) a pour conséquence de changer le rapport de l'auteur et de la société. Rétribuer l'auteur en fonction de la diffusion de son texte, c'est reconnaître que son travail crée entre son texte et lui une relation de propriété particulière ; mais c'est aussi faire de la part qu'il peut prendre au débat public le critère de son importance économique, et permettre au champ littéraire de progressivement s'autonomiser, même si le droit d'auteur ne sera reconnu qu'au XVIIIe siècle ; c'est lui offrir, potentiellement, une indépendance qui est la condition de son travail même, dès lors que l'invention de l'intellectuel comme citoyen de la république des lettres en vient, au XVIIIe siècle, à remplacer les carrières qui précédemment s'offraient aux auteurs. Aussi bien l'intellectuel n'apparaît-il pas *ex nihilo* : il prend la succession d'autres définitions possibles de ce que peut être un auteur. Là où le XVIIe siècle faisait coexister des modèles concurrents de l'auteur – les doctes, les Jean-de-lettres, ou les poètes –, le siècle des Lumières, sans anéantir ces modèles concurrents, voit poindre une volonté d'union des philosophes, de ceux que l'on ne nomme pas encore les intellectuels, autour du mot emblématique de Voltaire : « Messieurs, faites un corps ! » Si des figures de grands écrivains existent déjà au XVIIe siècle (un Guez de Balzac, connu, reconnu, célébré, est à cet égard particulièrement emblématique), le XVIIIe siècle voit en effet la multiplication de pratiques qui toutes tendent à accorder à l'auteur un statut privilégié, faisant bien de lui le tenant de ce « pouvoir spirituel laïc » dont parle Paul Bénichou.

## Mythologies auctoriales : biographismes (1)

Ainsi apparaissent, aux XVIIIe et XIXe siècles, des figures nouvelles de l'auteur tendant à établir des mythologies auctoriales qui informent le texte. On ne compte plus les textes qui, de la célébration voltairienne du philosophe au désenchantement de « L'Albatros » baudelairien, jouent immédiatement des nouvelles représentations de l'écrivain. La mythologie auctoriale change en effet, parce que le rapport du biographique et du textuel semble se systématiser pour constituer l'œuvre elle-même. Traditionnellement, c'est dans un rapport d'inclusion (l'artiste est protégé) et d'exclusion (l'auteur est surveillé) que se joue le rapport de l'auteur et de la société, sous l'ombre double de Virgile, poète impérial, et d'Ovide, poète exilé ; en quête d'une place dans la société qu'il ne peut trouver, du Bellay se fait l'écho de cette douleur, en même temps qu'il y oppose la figure triomphante d'un Ronsard (voir texte n° VIII).

Pourtant, avec le XVIIIe siècle, quelque chose de nouveau se joue. Le développement des pèlerinages sur le tombeau de Jean-Jacques dont parle Pierre Naudin (« À l'ombre des peupliers, le tombeau de Jean-Jacques ou la naissance d'un mythe », dans *L'Auteur comme œuvre*, Presses universitaires d'Orléans, 2000) est révélateur d'une donne qui semble nouvelle entre la vie et le discours, qui s'étayent l'un l'autre, et dont l'édification du mythe voltairien témoignerait tout autant (voir texte n° XVI) : le Voltaire que célèbre Hugo n'est pas celui des contes ou des tragédies, mais bien celui de Calas et de La Barre, de même que le Hugo qui prononce ce discours, ce n'est pas tant celui des *Misérables* ou d'*Hernani* que celui de l'exil et de la République. Mais, dans ce dernier cas, c'est aussi que, avec le romantisme, le rapport du biographique et de l'écriture devient inévitable, puisque, comme le montre José-Luiz Diaz (« Le poète comme roman », *ibid.*), l'écrivain prend alors le statut d'un personnage, « dont la vraie œuvre est la propre vie » (p. 55).

Ainsi se développe une attention soutenue à ce qui fait de l'écrivain un personnage ; si certains traits le définissent dès le XVIe ou le XVIIe siècle comme tel, au premier rang desquels une humeur mélancolique, c'est désormais l'intimité de l'auteur qui fascine et devient objet de légende, et non plus ses caractéristiques de type – que l'on songe aux robes de chambre de Diderot, de Balzac et de Cohen. Si ce biographique devient ainsi relique, fondement de la mythologie auctoriale, c'est sans doute qu'il se trouve à l'intersection du mystère et de l'œuvre, qu'il incarne l'œuvre et devient figuration de son pouvoir. Le sacre de l'écrivain irait de pair avec sa fétichisation ; mais il n'est pas sûr que l'on échappe à celle-ci en la reconnaissant pour telle : à bien des égards elle n'est pas autre chose que la manifestation emblématique du désir d'auteur qu'institue la littérature, et sans quoi, peut-être, il n'est pas pour nous de littérature.

## L'auteur et la tradition

### Les textes sans auteur : littératures populaires

Il est pourtant des textes sans auteur, des textes qui excluent toute auctorialité d'abord, des textes non assignables, et c'est le cas du folklore par exemple, des textes non marqués par leur auteur ensuite, et c'est le cas du roman populaire.

Encore faut-il distinguer. La littérature populaire des contes telle que la diffuse la Bibliothèque bleue, qui apparaît au milieu du XVIIe siècle, lie aux pratiques d'une littérature orale le support d'une écriture. L'absence d'auteur dans les livres peut alors ne pas sembler si surprenante : là où s'efface l'origine de l'écriture, puisque ces textes sont présentés sans signature, surgit la voix d'un conteur qui est aussi lecteur. Il y a conte dès lors qu'il y a conteur : la figure de l'auteur ne peut s'absenter du texte, et le conteur est auteur dans la mesure où c'est bien lui qui prend la responsabilité de son énonciation ; le conte semble ainsi se caractériser par une assimilation du narrateur à l'auteur. Il n'y pas de signature, mais cette particularité de l'auctorialité tient d'abord au mode particulier de diffusion et de consommation du genre. C'est en tout cas ce que l'on peut penser en observant la diffusion des *Contes* de Perrault, qui tendent à inscrire le genre dans de tout autres pratiques culturelles, qui sont celles de ce que nous nommons littérature. Si en effet Perrault (père ou fils, père et fils, et il n'est sans doute pas innocent qu'une telle ambiguïté habite la fondation du genre) se revendique comme auteur, lui qui a « composé » le récit, lui qui s'institue en rival de La Fontaine – on sait ce que les *Contes* doivent au défi lancé par le fabuliste du « Si *Peau d'âne* m'était conté / J'y prendrais un plaisir extrême » (*Fables*, VIII, 4, GF-Flammarion, p. 235) –, la réception même du texte vient nuancer son auctorialité ; les *Contes* furent en effet souvent désignés comme *Les Contes de ma mère l'Oye* ; l'expression, qui figure sur un manuscrit de 1695, fait intervenir un auteur, un conteur particulier, qui tient son nom des fées médiévales dites pédauques parce que leur passage laissait des empreintes d'oie, et des nourrices qualifiées de cigognes ou d'oies. Autrement dit, les textes sans auteur inventent leur auteur, inventent une figure qui peut les assumer, qui peut en prendre, même fictivement, la responsabilité.

Dans le cas des romans populaires, tels que les a étudiés Anne-Marie Thiesse (*Le Roman du quotidien*, Le Chemin vert, 1984), on constate une mise à distance de la figure auctoriale, dont le nom même est souvent évacué de la couverture, et souvent oublié par ses lecteurs. Encore faut-il nuancer : la présence de Dumas, de Dard ou de Simenon est sans doute au moins aussi forte que celle de Flaubert ou de Simon. Reste que, comme le note Gérard Leclerc dans *Le Sceau de l'œuvre* (Le Seuil, 1988) :

> Tout se passe [...] comme si le statut du *romancier populaire* renvoyait fondamentalement à celui du *narrateur* dans le folklore oral. Sa signature semble émerger difficilement de l'anonymat, pour y retomber presque immédiatement, comme si le texte s'abolissait dans l'intertextualité (p. 288).

En témoignerait l'importance des pseudonymes dans la littérature populaire, souvent multiples chez un même auteur, et qui relèvent non pas « de la recherche d'une *identité fantasmatique* (Arouet devenant Voltaire, Beyle devenant Stendhal, Gary devenant Ajar), mais bien plutôt une "altérité" fantasmatique [...] » (*ibid.*, p. 290).

Il y a ainsi, dans les contes et dans les romans populaires, comme le soutient Gérard Leclerc, écriture de ces textes populaires par le peuple en même temps que pour lui ; mais, plus encore, il semble bien à travers ces exemples que l'auteur qu'inventent ces textes sert à décider de leur statut populaire. L'auteur ici, parce que sa responsabilité s'abrite derrière celle d'autres figures (fictives ou pseudonymiques, ce qui finalement ressortit de la même logique), n'est pas seul auteur. Parler de l'auteur des *Contes* de Perrault, c'est forcément reconduire la question de l'identité de « notre mère l'oye » ; autrement dit, parler d'un auteur, ce ne peut être se contenter de désigner le sujet de droit, assignable, que met en lumière Foucault ; un auteur n'est pas une instance fixe, parce que c'est un rapport, celui d'un nom et d'une représentation : l'auteur est un contrat générique (voir le cas de La Bruyère et de Théophraste, texte n° XII).

## De l'auteur à la culture

Le cas même de La Bruyère révèle une autre fonction du nom d'auteur : s'il fonde le contrat générique, c'est qu'il constitue un intermédiaire entre la parole singulière de l'individu et cette parole anonyme qu'est, selon Blanchot, la littérature. « On doit connaître ses auteurs, mais on serait bien embarrassé de citer même leurs noms », écrivait Flaubert. Ce qui se joue dans cette affirmation, c'est en effet tout le rapport des auteurs à leur œuvre (les œuvres masquent les noms, les occultent). Or dans ce rapport se noue le lien de l'auteur à la littérature : connaître la littérature, c'est, pendant longtemps (tout au long du règne de ce que l'on a appelé les humanités), connaître ses auteurs ; mais alors l'auteur est aussi ce qui masque la littérature, la résume, en rabat l'autorité sur soi. C'est en fait la définition moderne de la culture qui est en jeu ; avec la prédominance des noms d'auteur dans la définition de la littérature (la littérature, c'est l'ensemble des textes légitimés par leur auteur), c'est en effet une question de valeurs qui se pose. Là où la littérature orale met en place des récits dont la forme répond à une série de critères donnés par la tradition, là où sa réception comme œuvre est conditionnée par la façon dont elle répond aux schémas qui lui préexistent, là où son succès (ce qu'Umberto Eco appelle son « bonheur » dans *Les Limites de l'interprétation*) repose sur sa conformité avec ce qui la précède, l'œuvre que signe un auteur, et qui est reconnue comme œuvre par la présence de cet auteur, est jugée en fonction de critères radicalement différents, au premier rang desquels son originalité.

La notion d'œuvre originale est intimement liée à la présence d'un auteur ; les règles canoniques de l'explication de texte de l'histoire littéraire ne s'y trompaient d'ailleurs pas, qui confrontaient les « sources », pour reprendre le terme de Lanson, d'un texte à son originalité (voir le texte n° XXVIII). Expliquer un texte, dans les études littéraires, consiste pendant longtemps à dégager ce qui fait que ce texte est marqué par telle ou telle subjectivité auctoriale, retrancher, dit Lanson, ce qui dans le texte ne tient pas à l'auctorialité de son auteur : autant dire que ce qui fait alors l'intérêt du texte littéraire, c'est précisément cet auteur. La notion y prend le visage du style. D'une certaine façon, le style n'est pas autre chose qu'un nouveau nom pour l'auteur, puisque le style, d'après Buffon, c'est l'homme même. Ainsi, au moment où Proust condamne la critique biographique d'un Sainte-Beuve, il ne renonce pas pour autant à ce fantasme d'une écriture marquée par cet autre moi qu'est pour lui l'auteur, donc par une marque éminemment personnelle d'une subjectivité dans le texte :

> Dès que je lisais un auteur, écrit-il dans la conclusion du *Contre Sainte-Beuve*, je distinguais bien vite sous les paroles l'air de la chanson, qui en chaque auteur est différent de ce qu'il est chez tous les autres [... ] (Gallimard, 1954, p. 295).

Aussi l'auctorialité de l'auteur semble-t-elle essentiellement liée à une originalité, qui se détache sur un fond commun, mais qui ne vaut que parce que, « personnel[le... et] unique », elle distingue l'écrivain de la foule malheureuse de ses contemporains (*ibid.*, p. 298). L'auctorialité que manifeste le style est, d'abord, distinction.

## Nom d'auteur et paratextualité

L'auctorialité que met en lumière Proust n'est pas seulement isolement, singularité, elle est aussi, inséparablement, rapport des auteurs entre eux ; car la littérature ne se limite pas à la définition d'un texte distingué, elle consiste aussi dans le rapport des textes qui la composent les uns avec les autres : le nom d'auteur, alors, est ce qui permet d'effectuer des opérations, d'instaurer des relations entre les différents textes. C'est, déjà, ce qui apparaît à l'horizon des analyses de Proust. Ainsi Hugo, Vigny, Leconte de Lisle et Baudelaire présentent-ils une ressemblance physique soulignée (inventée) par Marcel Proust, « comme si tous les quatre n'étaient que des épreuves un peu différentes d'un même visage, du visage de ce grand poète qui au fond est un, depuis le commencement du monde » (*ibid.*, p. 186). L'héritage romantique est ici paradoxalement associé à l'originalité auctoriale ; de même que l'œuvre littéraire exprime, avec sa particularité, sa participation à la littérature (au mythe de la littérature, à la littérature comme mythe), ainsi l'auteur, du fait de son auctorialité, semble-t-il devoir exprimer avec sa vie « la vie intermittente, aussi longue que celle de l'humanité » de ce grand poète qui semble être l'auctorialité hypostasiée – ou un visage, romantique, de l'auctorialité, un visage qui exprime le collectif à travers l'individu.

Aussi bien le nom d'auteur a-t-il pour fonction d'inscrire l'œuvre dans un rapport particulier aux autres textes, caractéristique de la littérature ; si nous attribuons tel texte à tel auteur, c'est sans doute aussi que, en inscrivant ainsi le texte dans la littérature, nous nous donnons le moyen de le comprendre en rapportant ce texte à d'autres textes, en autorisant le rapport intertextuel. Comme l'écrit Jean-Noël Marie,

> c'est dans ce champ qu'intervient l'auteur, il ne signe pas un texte (ne s'en assure pas la propriété et n'en revendique pas l'origine) ; il signe l'acte par lequel il se démet, l'acte de son abdication, puisque ce qui passe par lui, le « texte », est indissociable d'une préfixation (inter-, para-, méta-, archi-, hyper-) rompant avec les illusions de sa clôture, de sa délimitation. [...] L'auteur, donc, eu égard à l'économie de son travail telle que la décrit *Palimpsestes*, donne son nom non pas à un texte, mais à une relation entre textes [...] (« Pourquoi Homère est-il aveugle ? », *Poétique*, n° 66, p. 241).

Donner un nom d'auteur à un texte, faire dépendre un texte de ce nom, ce n'est donc pas seulement, comme le voulait l'histoire littéraire, établir un dialogue des morts avec les morts, et des morts avec les vivants, faire de l'auteur un moyen de datation du texte. Cela apparaissait déjà à l'horizon du *Discours de la méthode* (première partie), quand Descartes affirmait que « la lecture de tous les bons livres est comme une conversation avec les plus honnêtes gens des siècles passés, qui en ont été les auteurs, et même une conversation étudiée, en laquelle ils ne nous découvrent que les meilleures de leurs pensées » (et il n'est pas innocent sans doute que ces mots apparaissent sous la plume du philosophe que l'on associe généralement à l'émergence de la catégorie de la subjectivité). La théorie littéraire, lorsqu'elle a proclamé la mort de l'auteur (voir texte n° XXIII), n'a pas condamné le nom d'auteur, mais a éclairé son fonctionnement d'une nouvelle façon ; le statut donné à l'auteur, ici encore, semble inséparable du statut donné au texte, de la définition donnée au texte (voir, dans une autre optique, le texte n° XIII). Loin de pouvoir faire sans l'auteur, la théorie littéraire a redéployé la notion ; il ne s'agit plus, dès lors que se pose la question de l'auteur, d'établir une instance historique (extratextuelle) qui puisse expliquer par son intention (historique, et qui déborde la seule textualité) le sens véritable de l'œuvre, mais de dégager l'instance textuelle qui permet à la littérature de se faire, puisque l'auteur se manifeste dans « un *éthos* isolable des relations entre textes, supposant des obligations et des mouvances, des allégeances dans et par la réciprocité des services rendus » (« Pourquoi Homère est-il aveugle ? », art. cit., p. 241). C'est que le matériau même du texte est relation, à la fois localement et essentiellement. Le texte est un ensemble de rapports, en même temps jeu interne d'échos qui instaurent une signification, et jeu orienté vers les autres textes, relation à ces autres textes. C'est alors le statut de l'auteur qui change. Loin de laisser apparaître une place vide, la mort de l'auteur laisse apparaître une nouvelle idée de l'auteur. Le nom d'auteur est le pivot autour duquel se joue la pratique de la littérature, la condition de sa possibilité.

Ne pouvant plus accepter un auteur sujet, et Dieu comme l'homme étant réputés morts, la critique structuraliste est en effet conduite à faire de l'auteur une « instance qui propose les points de fuite et les perspectives du texte » (*ibid.*, p. 245), sans laquelle l'interprétation devient anarchie interprétative (possibilité qu'incarne l'utopie borgésienne de la bibliothèque infinie). L'auteur est le nom donné au point de départ du travail interprétatif, et non le point d'arrivée où doit se jouer ce travail ;

l'auteur que dessine l'article de Jean-Noël Marie est « l'instance incontournable et discrète d'une relation du texte à son Autre [... ] ». C'est par rapport à cet Autre, à ce texte qui n'est pas écrit, qu'Homère doit être aveugle, « car le Texte qui se trace entre l'*Iliade* et l'*Odyssée* est invisible » (*ibid.*, p. 253). Dégagé de l'histoire, de la biographie, de la circonstance mallarméenne (voir texte n° XXII), l'auteur ne disparaît pas ; « tel qu'en lui-même enfin l'éternité le change », il révèle son visage aveugle à l'individu qui le masque, et ce visage n'est pas autre chose que la loi même du texte littéraire.

## L'auteur et le discours comme position

### Problèmes d'énonciation

Reste que, si l'auteur a une forme d'existence dans son texte, qu'on l'interprète comme l'histoire littéraire en marque de propriétaire ou, comme Jean-Noël Marie, en marque de la textualité, c'est que, d'une manière ou d'une autre, il s'inscrit dans son texte. De cette inscription, il peut y avoir plusieurs formes.

La plus inévitable est dans notre pratique des textes la présence de l'auteur, plus ou moins marquée mais postulée par définition, dans le paratexte. Au-delà de cette présence plus ou moins périphérique, l'auteur peut se figurer dans son texte en être un personnage (c'est le cas des Mémoires ou de l'autobiographie), ou simplement, comme le montre Wayne C. Booth, mettre en place dans la voix du narrateur, par l'ironie, une faille qui suppose un autre point d'où s'articule, sinon le récit, du moins les valeurs qui lui donnent sens (voir texte n° XXX).

Mais se pose, plus fondamentalement, la question de l'énonciation même de l'œuvre littéraire. Les *Essais* de Montaigne mettent par exemple en place un système complexe d'énonciation, qui fait du moi à la fois l'instance qui décrit et l'objet à décrire :

> Je n'ai pas plus fait mon livre que mon livre m'a fait, livre consubstantiel à son auteur, d'une occupation propre, membre de ma vie (II, 18).

Cette « occupation propre » de l'auteur par son livre est donc aussi, inséparablement, « occupation propre » du livre par son auteur. Or le référent ne cesse d'être modifié par l'énonciation, et tout le mouvement des *Essais* vient défaire la hiérachie supposée entre l'énonciateur et l'énoncé, sans qu'on sache lequel appartient à l'autre ; l'auteur, linguistiquement, se définit alors comme déictique et performatif. C'est que l'énonciation de l'œuvre littéraire ne saurait se résoudre en un simple calque, en une simple imitation de toute autre énonciation ; sa consommation, sa pratique, la lecture, dans sa spécificité, supposent en effet qu'ait disparu l'auteur. Si nous lisons l'*Iliade*, ce n'est pas parce qu'Homère absent ne peut faire pour nous son récit de vive voix ; l'absence physique de l'auteur n'est pas entrave, défaut : elle est condition même de la lecture, elle met en place la spécificité de l'auctorialité comme discours. C'est donc par rapport à cette dimension du texte que prend d'abord sens l'instance auctoriale ; l'exemple de Montaigne souligne bien que l'auteur fonctionne comme déictique par rapport à la scène de lecture. Autrement dit, l'auteur n'est pas une instance en amont du texte, qui laisse partir son discours et l'abandonne ; tout au contraire, il constitue une référence de l'aval, du temps de la lecture, et c'est par rapport à ce temps qu'il faut le référer.

Mais si l'auteur assume ainsi (ou plutôt co-assume avec son lecteur) l'énonciation (la co-énonciation) de son texte, il n'en est pas moins doté d'une forme d'autorité qui semble en faire le bénéficiaire premier des pouvoirs de la littérature.

## L'autorité de l'auteur

C'est, bien sûr, l'histoire qui a d'abord fait de l'auteur une autorité, tant la compréhension de l'écrivain comme sujet est un préalable apparemment indispensable à une telle représentation. Mais en fait l'autorité des auteurs, avant d'être une forme individuelle du pouvoir, est un critère de distinction, un moyen de classement.

À la fin de l'Antiquité, comme le rappelle Paul Zumthor, se dégage en effet « une classe d'écrivains considérés, pour des raisons assez confuses (leur antiquité, leur prestige auprès des lettrés), comme dignes de servir de modèles et de guides en tout ce qui concerne l'usage de la parole et l'acquisition de la connaissance. C'est sur cette base relativement étroite que se constitua, entre le V^e^ et le VIII^e^ siècle, un canon des *auctores* (proprement : les garants), possédant *auctoritas*, textes qui déterminent les normes et les doctrines transmises par l'enseignement » (*Essai de poétique médiévale*, *op. cit.*, p. 62). Aussi le terme renvoie-t-il d'abord à des « "auteurs", bien commun et comme dépersonnalisé » (*ibid.*). Ce n'est qu'en référence à ce régime du savoir qui associe le nom à une connaissance que pourra se constituer l'autorité des auteurs. Or ce principe de l'autorité d'un nom ne semble pas être celui des seuls textes scientifiques (Pline ou Hippocrate), comme le pensait Foucault dans « Qu'est-ce qu'un auteur ? », mais aussi de tous les auteurs anciens (Cicéron, Augustin). Plus encore, comme le suggère Roger Chartier dans « Figures de l'auteur » (art. cit.), cette assignation joue progressivement aussi pour quelques grands auteurs en langue vulgaire, à l'origine de ce que nous nommons littérature :

> En ce sens, la trajectoire de l'auteur pourrait être pensée comme la progressive attribution aux textes en langue vulgaire d'un principe de désignation et d'élection qui, longtemps, n'avait caractérisé que les seules œuvres référées à une *auctoritas* ancienne et devenues des corpus inlassablement cités, glosés, commentés (p. 66).

Il faut alors penser ce qui demeure de cette autorité dans les textes littéraires, et ce qui y change. Sous ce terme se joue en effet un rapport double, réciproque ; si l'auteur autorise son texte, lui prêtant son autorité propre, aussi bien peut-on considérer que son autorité ne lui vient finalement que de son œuvre. La formule « Aristote dit » a longtemps autorisé de nombreux énoncés, mais ceux-ci contribuent en retour à faire de son nom un signe d'autorité ; l'autorité d'Aristote, c'est d'abord celle de textes, de la *Poétique*, de la *Métaphysique* ou de l'*Éthique à Nicomaque*. Ainsi, le rapport de l'auteur à son œuvre apparaît d'abord comme complexe : l'auteur semble l'excéder, puisqu'il permet d'unifier des éléments divers en un seul ensemble dénommé œuvre, qu'il constitue comme telle ; en même temps, il paraît entièrement constitué par ses textes, si son autorité est celle de ses textes. Dès lors, ce n'est pas la même chose de dire *Stendhal* et de dire *l'auteur de « La Chartreuse »*, non plus que *l'auteur du « Rouge et le Noir »* et *Henri Beyle*. Mais qu'est-ce qui change exactement de l'utilisation d'un nom à l'autre ? L'autorité convoquée par l'usage de ces différents noms d'auteur n'est d'évidence pas la même ; mais en même temps, c'est toujours une détermination, un choix de l'autorité de l'auteur que l'énonciateur veut impliquer dans son propre discours qui est en jeu, lorsqu'il invoque tel ou tel nom, telle ou telle œuvre. Ainsi le nom de l'auteur, tel que l'éclaire l'autorité qui s'y attache, est toujours un raccourci autoritaire, l'argument d'autorité le plus incontestable, puisque le moins précis, parce que le propos attribué (invoqué) ne nécessite, pour être reçu (et peut-être même compris), d'autre contexte que le nom dont il dépend.

L'autorité de l'auteur n'est donc pas seulement liée au prestige de l'écrivain. Le texte en porte pourtant la marque : il construit en effet le « caractère » de l'auteur, conformément à la notion grecque d'*éthos* qui venait assurer le fonctionnement d'un discours par la garantie que lui apportaient les vertus morales de l'orateur, telles que son discours les imposait (voir texte n° XVII). L'auteur d'un texte se présente toujours dans un certain rapport à son discours ; l'analyse de Wayne C. Booth, d'une certaine façon, redécouvre l'*éthos* lors même qu'elle ne se réfère pas directement aux catégories de la rhétorique. Or ce caractère est inséparable de l'acte de lecture mais il ne se présente pas toujours sous le même jour ou, plus exactement, les vertus qu'exige le fonctionnement du texte ne sont pas toujours les mêmes.

## L'autorité et l'*authorship*

Aussi Gérard Leclerc distingue-t-il, dans *Le Sceau de l'œuvre*, l'autorité des auteurs dans un régime classique (lié à la tradition) de circulation et de consommation du texte, de l'*authorship* des modernes, à travers l'opposition de pratiques textuelles qui mettent au jour deux types de rapport à l'auteur, la parodie et le pastiche.

> La parodie est le jeu de la mimésis qui s'en prend aux *Textes* de la Tradition, à l'*autorité* des énoncés anciens. Le pastiche est le jeu de la mimésis qui s'accroche à l'*Œuvre moderne*, en tant qu'elle est *authorship*, c'est-à-dire individualité stylistique (*op. cit.*, p. 130).

La parodie est en effet construite à partir d'un genre, d'un texte en tant qu'il se manifeste comme exemplaire d'une partie de la littérature, comme représentatif d'une catégorie des lettres.

Dès lors, le terme « autorité » ne s'emploie qu'improprement, par métaphore, pour un auteur qui n'appartient pas à la tradition (Balzac, par opposition à Augustin) ; les qualités auxquelles renvoient les termes ne sont pas les mêmes, mais on continue en partie de penser ces auteurs comme des autorités (des maîtres, des instituteurs). L'*authorship*, c'est la vertu de l'écrivain non en tant qu'il s'inscrit dans une tradition, mais en tant qu'il s'en distingue. Cette opposition de l'autorité et de l'*authorship* est en fait révélatrice d'un changement radical du régime de l'auctorialité avec la révolution romantique. Celle-ci vient consacrer un mythe du poète créateur, démiurge ; or un tel mythe est inséparable d'une valorisation de la singularité, de l'exception ; avec elle, telle que peut la forger en Allemagne le cercle d'Iéna, le poète n'est plus celui que sa compétence linguistique autorise, et pas davantage celui qui écrit mieux que les autres : il est celui qui écrit d'une façon radicalement autre, celui dont le discours n'est à nul autre pareil. Le style de l'auteur ne tire plus alors sa valeur de sa conformité à un idéal linguistique, selon la lecture que les épigones du romantisme feront de l'âge classique (lecture éminemment contestable, si l'on pense aux enjeux de la querelle du purisme au XVIIe siècle), mais de son originalité, de son caractère unique. Le poète devient celui qui utilise une autre langue que les autres, que la « tribu », pour reprendre le mot de Mallarmé. Dans cette moderne utopie, l'auteur s'invente une nouvelle autorité ; ou peut-être reconduit-il l'autorité de ses pères en la légitimant par de nouvelles valeurs, celles de l'*authorship*, qui finalement le font valoir non en tant que poète, citoyen de la république des lettres, mais en tant qu'individualité, mage, voyant.

## L'auteur et l'instance créatrice

### Le poète inspiré et le poète qui travaille

Cette autorité, sur quoi la fonder ? D'où l'auteur tire-t-il la force de son propos ? Que le succès le légitime (voir texte n° XIX) ou que son œuvre se fasse expression d'une vérité qui s'origine en Dieu (voir texte n° XVIII), l'auteur tend souvent à s'inscrire, directement ou indirectement, dans la problématique platonicienne de l'inspiration qui l'autorise. Paradoxalement, elle peut dissocier la valeur de vérité de son œuvre de la seule responsabilité du poète (c'est le divin – la Muse – qui fonde le discours) ;

elle lui permet pourtant de se constituer en irremplaçable intermédiaire. Ce mythe est formulé dans l'*Ion* où le Socrate de Platon explique au rhapsode Ion, spécialiste d'Homère, d'où vient son talent.

> Ce n'est pas un art – je te l'ai dit à l'instant – qui se trouve en toi et te rend capable de bien parler d'Homère. Non, c'est une puissance divine qui te met en mouvement [...]. C'est de la même façon [que les pierres aimantées] que la Muse, à elle seule, transforme les hommes en inspirés du dieu. [...] En effet, tous les poètes, auteurs de vers épiques – je parle des bons poètes – ne sont pas tels par l'effet d'un art, mais c'est inspirés par le dieu et possédés par lui qu'ils profèrent tous ces beaux poèmes. [...] Car c'est chose légère que le poète, ailée, sacrée ; il n'est pas en état de composer avant de se sentir inspiré par le dieu, d'avoir perdu la raison et d'être dépossédé de l'intelligence qui est en lui. Mais aussi longtemps qu'il garde cette possession-là, il n'y a pas un homme qui soit capable de composer une poésie ou de chanter des oracles (533d-534b, trad. M. Canto, GF-Flammarion, p. 99-101).

Ce qui crée dans l'auteur, c'est ainsi la présence du divin, d'une force transcendante qui l'habite ; le poète se présente comme le frère du prophète. Thomas Sébillet, dans son *Art poétique français* de 1548, ne dit pas autre chose lorsqu'il fait de Moïse le « premier divin prêtre, premier conducteur du divin peuple, et premier divin Poète ». Dès lors, « qui pourrait raisonnablement affirmer que la Poésie fut de nature et de première naissance, sans étude, doctrine ou précepte, autrement que divinement donnée ? ». L'auteur est alors habité par le dieu, c'est-à-dire, littéralement, enthousiaste. C'est sans doute cette possibilité que le romantisme déploie dans ses implications les plus larges. Hugo précède là Rimbaud, dans la mesure où il se fait contemplateur et, déjà, voyant ; la poésie pour lui connaît, révèle le réel, et il revendique l'héritage de Jean à Patmos lorsqu'il écrit l'Apocalypse (*Les Contemplations*, VIII) : le poète, qui expérimente le mot, trouve par là le divin, « Car le mot, c'est le Verbe, et le Verbe, c'est Dieu » (*ibid.*). Le poète « voleur de feu » d'Arthur Rimbaud, le « Poète » qui se fait « voyant » soulignera pourtant que l'inspiration seule ne peut rendre compte de la création poétique : il s'agit au contraire d'un travail en quoi consiste l'activité poétique elle-même.

Aussi les deux discours concurrents, qui opposent un poète démiurge à un poète artisan (autour d'une discussion sur le sens du verbe *poiein*), sont-ils indissociables. Loin de simplement marquer le poète d'un signe d'élection, le motif de l'inspiration n'est pas sans faire courir le risque d'une exclusion du poète. Les termes selon lesquels ce motif est perçu à la Renaissance sont significatifs de son ambiguïté ; c'est en effet à travers le mot *fureur* qu'est reçue la doctrine de l'*Ion*, traduit sous le titre *De la fureur poétique*. Or la fureur c'est aussi la folie, l'aliénation, ce qui retranche finalement le poète de son humanité. Se construit ainsi, à l'opposé de cette conception du poète, un discours qui fonde l'écriture non sur un don des Muses, mais sur un travail qui est celui du poète. C'est alors ce travail qui peut faire l'objet du discours sur l'auteur ; les vies de l'auteur se font volontiers le récit du travail harassant qui mène à la construction d'une œuvre mythifiée : combien de textes sur Balzac pour évoquer une vie dévorée par l'écriture d'une *Comédie humaine* payée d'une mort prématurée ? Curieusement, le discours sur l'auteur artisan semble ainsi aboutir à la même mythification que le discours sur l'auteur démiurge.

## La vie de l'auteur : biographismes (2)

Écrire la vie d'un auteur constitue une façon de prendre une décision sur l'œuvre, de choisir d'enraciner en elle la signification de son texte (voir texte n° XX). Mais c'est aussi choisir de ne pas dissocier l'homme de l'œuvre, chercher derrière l'interdit mallarméo-proustien (voir textes n° XXI et XXII) une conjonction que l'on nomme l'œuvre. Avec Sainte-Beuve et Lanson, les vies d'auteur sont des légendes qui se mettent en place pour dire ce qui doit être lu : dans son *Corneille* (Hachette, « Les Grands Écrivains français », 9e édition), Lanson organise (comme toujours) son discours sur le dramaturge à partir d'un premier chapitre, « La vie et l'homme », l'un des plus longs d'ailleurs. Celui-ci pourtant se termine sur un constat étrange :

> Rien dans l'homme ne décèle le génie ; rien dans la vie ne promet l'œuvre [...]. Tous ces rapports admis [entre l'une et l'autre], il reste que l'on a à peine touché l'œuvre. Elle subsiste à part de la vie, très dissemblable de l'homme extérieur, pur produit d'une interne et inexplicable nécessité (p. 29).

Ce qui explique la fonction de ce prélude biographique, c'est sans doute la volonté de justifier la légende à construire, que le reste du texte a pour objet. Les derniers mots de celui-ci viendront clore la démonstration par une mythification de l'auteur en « maître de grandeur morale », dévoué à l'institution du « peuple ».

L'établissement d'une telle conjonction entre la vie et l'œuvre ne se limite pas à la seule histoire littéraire ; au contraire, elle semble même postulée par la volonté de rendre compte d'un texte ; elle semble préalable à de nombreux gestes critiques. Il en va ainsi, bien sûr, de la psychocritique (voir texte n° XXIV) et de la sociocritique (voir texte n° XXV), qui redéploie de façon contestable la notion d'auteur autour d'un inconscient social créateur ; mais la sociologie de la littérature ne remet pas non plus en question l'existence de l'idée d'auteur, qui rapporte la compréhension de l'œuvre à une position de son auteur dans le champ littéraire, ne peut que postuler l'importance de celui-ci, et la réalité d'un lien entre lui et son œuvre : le discours sur la seconde, tel qu'il établit ce qui doit être lu, passe toujours par une construction du premier, fût-elle moins impressionniste que la biographie sainte-beuvienne. Du reste le structuralisme ne s'était pas lui-même complètement passé d'une figure dont il avait proclamé la mort, puisque, comme le montre Antoine Compagnon dans *Le Démon de la théorie*, même Jakobson et Lévi-Strauss dans leur analyse des « Chats » de Baudelaire ne renonçaient pas à la méthode des passages parallèles pour lire le texte, et donnaient ainsi une plus grande valeur herméneutique aux autres textes de l'auteur : la compréhension d'un texte passe par le recours à d'autres textes du même auteur.

Reste que le discours sur l'œuvre ne peut passer par un biographisme sauvage ; mais c'est peut-être que l'auteur, autant qu'un vivant, doit être considéré d'abord comme un lecteur. C'est alors moins dans l'expérience de sa vie qu'il faut le voir que dans les textes qu'il a lus, ne serait-ce que parce que c'est à partir d'eux qu'il écrit, ou (plus modestement) parce que ses lectures nous sont données plus sûrement que sa vie.

L'exemple pourtant limite des textes autobiographiques est révélateur de cette part majeure de la lecture dans l'écriture. Il semble *a priori* tentant d'envisager les *Mémoires* de La Rochefoucauld comme le récit d'une vie – mais ce récit est fait comme un roman, recourant à des modèles romanesques concurrents, roman baroque contre nouvelle classique, et référence contre fiction. Le cardinal de Retz, dans ses *Mémoires*, est d'ailleurs témoin de cette prégnance du roman dans la référence ; ainsi Noirmoutier lui dit pendant la Fronde, dans Paris assiégé : « Je m'imagine que nous sommes assiégés dans Marcilly » (en référence à *L'Astrée* d'Honoré d'Urfé). De même, les *Confessions* de Rousseau empruntent leur nom à un texte, celui d'Augustin. La vie n'est alors plus que l'espace où s'inscrit la lecture des œuvres qui vont nourir les nouvelles œuvres.

## L'auteur et le lecteur : de l'intention au problème du sens

Les légendes que construisent les vies d'auteur ont donc d'abord pour intérêt de construire le sens de l'œuvre qu'elles établissent. Ainsi l'auctorialité n'a de sens que pour un lecteur, peut-être parce que la fonction même de l'auteur est d'inscrire l'œuvre dans l'utopie d'un rapport au lecteur. Paul Zumthor note dans son *Essai de poétique médiévale* que le nom d'auteur remplit « une fonction en quelque sorte publicitaire, créant entre l'auditeur et ce qu'on lui fait entendre la fiction d'une connivence personnelle ». L'auteur sert donc à situer le texte sur un « plan de dialogue virtuel » (*op. cit.*, p. 85) avec son lecteur supposé.

### L'auteur encombrant

Parce que l'auteur a pour fonction d'instaurer un sens, la notion d'intention a été l'objet d'une critique sévère, monopolisant toute la discussion sur la notion d'auteur. C'est que l'intention pose la question de l'auteur en termes de pouvoir, de sa capacité à incliner l'esprit du lecteur et à inscrire le sens de l'œuvre sous le signe de sa volonté. Ainsi Victor Hugo affirme dans la préface des *Contemplations*, après une prétérition initiale qui met en doute le « droit » de l'auteur à « influer sur la disposition d'esprit des lecteurs », l'omniscience de l'auteur.

> Est-ce donc la vie d'un homme ? Oui, et la vie des autres hommes aussi. Nul de nous n'a l'honneur d'avoir une vie qui soit à lui. Ma vie est la vôtre, votre vie est la mienne, vous vivez ce que je vis ; la destinée est une. Prenez donc ce miroir, et regardez-vous-y. On se plaint quelquefois des écrivains qui disent moi. Parlez-nous de nous, leur crie-t-on. Hélas ! quand je vous parle de moi, je vous parle de vous. Comment ne le sentez-vous pas ? Ah ! insensé, qui crois que je ne suis pas toi !

Derrière l'affirmation du moi totalisant de l'auteur, se joue en fait sa capacité à mettre en place une intention qui puisse assumer l'ensemble du texte : l'auteur devient verrou herméneutique de son texte.

Mais, dès lors, quelle place peut rester pour le lecteur confronté à un texte qu'il a contribué à annexer à l'auteur ? C'est ainsi que l'auteur, si nécessaire au texte qu'il informe (auquel il donne forme) que le lecteur n'a pu que reconnaître son existence, se révèle en même temps une figure encombrante : on retrouve ici l'avertissement de Flaubert, qui prévenait déjà que les légendes risquent de masquer le texte qu'elles construisent (car il est maintenant trop tard pour croire que le texte peut se donner à nous sans légende). Le sacrifice impossible de l'auteur laisse alors place à une présence renouvelée de celui-ci, que celui-là même qui l'avait proclamé mort vient indiquer.

## L'auteur désiré

> Comme institution, l'auteur est mort : sa personne civile, passionnelle, biographique, a disparu ; dépossédée, elle n'exerce plus sur son œuvre la formidable paternité dont l'histoire littéraire, l'enseignement, l'opinion avaient à charge d'établir et de renouveler le récit : mais dans le texte, d'une certaine façon, je *désire* l'auteur : j'ai besoin de sa figure (qui n'est ni sa représentation, ni sa projection), comme il a besoin de la mienne (sauf à « babiller ») (*Le Plaisir du texte*, *Œuvres complètes*, t. II, 1994, p. 1508).

Barthes, à travers ces quelques lignes, vient ouvrir un nouvel espace pour penser la figure auctoriale, une figure que nous constituons pour telle et qui en retour nous constitue en lecteur (voir aussi les propositions de Maurice Couturier, texte n° XXXII). Aussi l'auteur n'est-il finalement mort que comme hypostase ; son fantasme demeure, et c'est peut-être de ce fantasme que naît la littérature. C'est donc sur cette construction singulière d'un fantasme par un texte qu'il s'agit de travailler, parce qu'apparaît, à l'horizon de ce texte, cette utopie qu'est l'auteur.

# I

# L'AUTEUR À LA MARGE :
## LES SIGNATURES DU TEXTE

# I

# NABOKOV

## UNE FIGURE DÉROBÉE

Nabokov, *Feu pâle*,
trad. par R. Girard et M.-E. Coindreau,
Gallimard, Folio, 1965, p. 51-54.

*Feu pâle*, publié par Nabokov en 1962, constitue un piège redoutable pour son lecteur. Pour qui ouvre naïvement ce roman vertigineux, les choses se présentent d'abord fort simplement : le livre se compose d'un poème de neuf cent quatre-vingt-dix-neuf vers, *Feu pâle*, divisé en quatre chants, précédé d'une courte introduction et suivi d'un très long commentaire vers à vers. Le poème, d'un intérêt discutable, a été écrit par John Francis Shade (« Jean Ombre »), 1898-1959, professeur de littérature anglaise à New Wye, Appalachia, et l'immense apparat critique est l'œuvre de Charles Kinbote, son voisin et collègue. Mais l'importance du travail philologique et herméneutique de ce dernier fait assez rapidement basculer l'équilibre du livre : loin de constituer un simple commentaire du poème, la glose délirante de Kinbote se transforme assez rapidement en un véritable roman. L'inoffensif éditeur, au fur et à mesure qu'avance son commentaire, raconte l'histoire romanesque de Charles II, dernier roi de Zembla, « une lointaine terre nordique », dont il s'est enfui pour trouver refuge aux États-Unis après une révolution, et la transformation américaine dudit souverain en professeur sous le nom nouveau de Charles Kinbote. Et tout le roman se joue dans ce basculement du texte premier et de son commentaire ; *Feu pâle* (l'expression est empruntée à Shakespeare, et n'appartient donc pas plus à Shade qu'à Kinbote) naît de l'infinie bascule entre un poème souvent abîmé par l'ironie de Nabokov et le romanesque et fascinant commentaire de son éditeur fou, sans que jamais le lecteur puisse véritablement trancher, d'un monde littéraire l'autre, la primauté d'une fiction sur l'autre. Le commentaire, très tôt dans le texte, renvoie à lui-même, se fait œuvre. Manière de moquer, et non sans auto-ironie (Nabokov ayant lui-même donné une édition des deux cents pages d'*Eugène Onéguine* suivies de mille pages de commentaire), la volonté de tout épigone de se faire l'auteur du texte qu'il lit, sans doute au point de faire de Kinbote le très probable assassin de l'insignifiant John Shade ; mais aussi bien rappel de la nécessité d'un tel meurtre, puisque la lecture de *Feu pâle* a précisément pour condition une telle mort. Dès la préface, d'ailleurs, l'ambivalence du rapport du commentateur futur, Kinbote, avec Shade, son cher auteur et voisin, est marquée dans le portrait tracé de celui-ci par celui-là, comme si, pour qui s'intéresse à l'auteur, la première position était celle du voyeur.

À partir de ce moment, je commençai à voir de plus en plus fréquemment mon célèbre voisin. La vue d'une de mes fenêtres me fournissait un divertissement de première classe, particulièrement lorsque j'attendais un invité tardif. De l'étage supérieur de ma maison, la fenêtre du salon des Shade était parfaitement visible aussi longtemps que les branches des arbres à feuilles caduques qui nous séparaient demeuraient nues et, presque chaque soir, je pouvais voir le pied empantouflé du poète se balancer doucement. On pouvait en déduire qu'il était assis dans un fauteuil, un livre à la main, mais on ne pouvait apercevoir rien de plus que ce pied et son ombre allant de haut en bas au rythme secret de l'absorption mentale, dans le faisceau de lumière. Toujours au même moment, la pantoufle de maroquin brun glissait de la chaussette de laine du pied qui continuait à osciller à une cadence légèrement plus lente cependant. On savait que l'heure du sommeil approchait avec son cortège de terreurs ; que dans quelques minutes l'orteil tâterait et harcèlerait la pantoufle et disparaîtrait ensuite avec elle de mon champ de vision doré traversé par la noire courbure d'une branche. Et parfois, Sybil Shade passait avec la vélocité et les gestes de quelqu'un qui quitte la pièce dans une crise de colère. Elle retournait un instant plus tard, d'un pas beaucoup plus lent, comme si elle avait pardonné à son mari son amitié pour un voisin excentrique ;

mais l'énigme de sa conduite fut entièrement résolue un soir où, tout en composant leur numéro de téléphone et en surveillant leur fenêtre, je l'amenai magiquement à répéter les mouvements hâtifs et parfaitement innocents qui m'avaient intrigué.

Hélas, ma tranquillité d'esprit allait bientôt être détruite. L'épais venin de l'envie commença à m'éclabousser dès que le voisinage académique se rendit compte que John Shade préférait ma compagnie à toute autre. Votre ricanement, chère Madame C., ne nous a pas échappé lorsque j'aidais le vieux poète fatigué à trouver ses caoutchoucs après cette ennuyeuse réunion à votre domicile. Un jour, comme j'entrais au bureau de la section de littérature anglaise pour y prendre un magazine avec une photographie du palais royal d'Onhava que je voulais montrer à mon ami, je surpris un jeune professeur en veston de velours vert, que je nommerai miséricordieusement Gerald Emerald, en train de répondre négligemment à une question du secrétaire : « J'imagine que M. Shade est déjà parti avec le Grand Castor. » Il est vrai que je suis assez grand et que ma barbe est d'une texture et d'une teinte assez riche ; le sobriquet ridicule s'appliquait donc à moi mais ne méritait aucune attention, et, après avoir calmement pris le magazine sur une table couverte de brochures, je me contentai en sortant de défaire d'un adroit coup sec des doigts le nœud papillon de Gerald Emerald en passant devant lui. Il y eut aussi le matin où le docteur Nattochdag, chef de la section à laquelle j'étais rattaché, me pria d'une voix cérémonieuse de m'asseoir, puis, ayant refermé la porte et regagné, l'air sombre, son fauteuil tournant, m'exhorta « à être plus prudent ». Prudent, en quel sens ? Un garçon s'était plaint à son directeur de thèse. S'était plaint de quoi, nom de Dieu ? Que j'avais critiqué un cours de littérature qu'il suivait (« un ridicule exposé de textes ridicules fait par une ridicule médiocrité »). Éclatant d'un véritable rire de soulagement, j'embrassai mon bon Netotchka, lui promettant de ne plus jamais être méchant.

Je saisis cette occasion pour le saluer. Il s'est toujours comporté à mon égard avec une courtoisie tellement exquise que je me demandais parfois s'il ne se doutait pas de ce que Shade soupçonnait, et que seules deux ou trois personnes (deux administrateurs et le président de l'Université) savaient de façon certaine.

Oh, il y eut plusieurs incidents semblables. Dans une pièce satirique jouée par un groupe d'étudiants d'art dramatique je fus représenté en pompeux misogyne avec un accent allemand, citant sans arrêt le poète Housman et grignotant des carottes crues ; et une semaine avant la mort de Shade, une certaine dame féroce, à qui j'avais refusé de parler devant son cercle littéraire sur le thème « The Hally Vally » (comme elle le disait, confondant ainsi le Palais d'Odin avec le titre d'une épopée finlandaise), me dit au beau milieu d'une épicerie : « Vous êtes une personne remarquablement désagréable. Je me demande comment John et Sybil peuvent vous supporter », et, exaspérée par mon sourire poli, elle ajouta : « En plus, vous êtes dément. »

Mais qu'on me permette de clore le répertoire de la bêtise. Quoi qu'on ait pensé, quoi qu'on ait dit, l'amitié de John m'était une récompense totale. Cette amitié était d'autant plus précieuse que la tendresse en était intentionnellement dissimulée, particulièrement lorsque nous n'étions pas seuls, par ce ton bourru qui émane de ce que l'on peut appeler la noblesse du cœur. Tout son être constituait un masque. L'apparence physique de John Shade était tellement peu en rapport avec les harmonies rassemblées dans l'homme, qu'on se sentait incliné à la rejeter comme un déguisement grossier ou une mode passagère ; car si les modes de l'âge romantique rendaient plus subtile la virilité d'un poète en découvrant son cou séduisant, en dégageant son profil et en réfléchissant un lac de montagne dans sa prunelle ovale, les bardes d'aujourd'hui, sans doute à cause de meilleures conditions de vieillissement, ont l'air de gorilles ou de vautours. Le visage de mon sublime voisin aurait pu avoir quelque chose d'attrayant pour l'œil s'il avait été seulement léonin ou seulement iroquois ; mais malheureusement, le mélange des deux évoquait un poivrot bouffi hogarthien de sexe indéterminé. Son corps difforme, cette abondante tignasse grise, les angles jaunis de ses doigts rondelets, les poches sous ses yeux sans éclat, n'étaient intelligibles qu'entrevus comme les déchets éliminés de son soi intrinsèque par les mêmes forces de perfection qui purifiaient et ciselaient son vers. Il était sa propre annulation.

# II

# MONTAIGNE

## LE NOM D'AUTEUR

Montaigne, Avis au lecteur des *Essais* (1595),
éd. A. Micha, GF-Flammarion, t. I,
p. 35 (orthographe modernisée).

À bien des égards, l'« Avis au lecteur » qui ouvre dès 1580 les *Essais* de Montaigne témoigne d'une nouvelle ère dans l'histoire des formations discursives. C'est en effet l'attribution du texte que revendique Montaigne, en un *incipit* assumé : au moment où la diffusion manuscrite est remplacée par la publication imprimée, c'est l'auteur lui-même qui affirme qu'ici commence son texte, le faisant ainsi œuvre. Dans cet avis, à la fois épître dédicatoire au lecteur et préface critique, qui définit un mode de lecture du texte, la mise en scène du nom d'auteur fait fonctionner celui-ci comme un embrayeur du texte en son entier. La signature, loin de condamner l'auteur aux marges de l'œuvre, l'y dessine partout.

### Au lecteur

C'est ici un livre de bonne foi, Lecteur. Il t'avertit dès l'entrée, que je ne m'y suis proposé aucune fin, que domestique et privée : je n'y ai eu nulle considération de ton service, ni de ma gloire. Mes forces ne sont pas capables d'un tel dessein. Je l'ai voué à la commodité particulière de mes parents et amis : à ce que m'ayant perdu (ce qu'ils ont à faire bientôt) ils y puissent retrouver aucuns traits de mes conditions et humeurs, et que par ce moyen ils nourrissent plus entière et plus vive, la connaissance qu'ils ont eue de moi. Si c'eût été pour rechercher la faveur du monde, je me fusse paré de beautés empruntées. Je veux qu'on m'y voie en ma façon simple, naturelle et ordinaire, sans étude et artifice : car c'est moi que je peins. Mes défauts s'y liront au vif, mes imperfections et ma forme naïve, autant que la révérence publique me l'a permis. Que si j'eusse été parmi ces nations qu'on dit vivre encore sous la douce liberté des premières lois de nature, je t'assure que je m'y fusse très volontiers peint tout entier, et tout nu. Ainsi, lecteur, je suis moi-même la matière de mon livre : ce n'est pas raison que tu emploies ton loisir en un sujet si frivole et si vain. Adieu donc ; de Montaigne, ce premier de mars mille cinq cent quatre-vingt.

# III

# ROUSSEAU

## LE PACTE AUTOBIOGRAPHIQUE

Rousseau, *Les Confessions* (1782), éd. M. Launay, GF-Flammarion, p. 37-43 (orthographe modernisée).

Le nom de l'auteur décide du statut de l'œuvre : il n'est besoin pour s'en convaincre que de penser au genre exemplaire de l'autobiographie, désigné comme tel par la présence, implicite ou explicite, de ce que l'on nomme pacte autobiographique. Celui-ci dévoile *ipso facto* le plein pouvoir performatif du nom d'auteur. Comme l'écrit Philippe Lejeune dans *Le Pacte autobiographique* (Le Seuil, Points-Essais, 1996, p. 26), « dès qu'on englobe [la page de titre dans le texte], on dispose d'un critère textuel général, l'identité du nom (auteur-narrateur personnage). Le pacte autobiographique, c'est l'affirmation dans le texte de cette identité, renvoyant en dernier ressort au nom de l'auteur sur la couverture ».

## Première partie

Voici le seul portrait d'homme, peint exactement d'après nature et dans toute sa vérité, qui existe et qui probablement existera jamais. Qui que vous soyez, que ma destinée ou ma confiance ont fait l'arbitre du sort de ce cahier, je vous conjure par mes malheurs, par vos entrailles, et au nom de toute l'espèce humaine, de ne pas anéantir un ouvrage unique et utile, lequel peut servir de première pièce de comparaison pour l'étude des hommes, qui certainement est encore à commencer, et de ne pas ôter à l'honneur de ma mémoire le seul monument sûr de mon caractère qui n'ait pas été défiguré par mes ennemis. Enfin, fussiez-vous, vous-même, un de ces ennemis implacables, cessez de l'être envers ma cendre, et ne portez pas votre cruelle injustice jusqu'au temps où ni vous ni moi ne vivrons plus, afin que vous puissiez vous rendre au moins une fois le noble témoignage d'avoir été généreux et bon quand vous pouviez être malfaisant et vindicatif ; si tant est que le mal qui s'adresse à un homme qui n'en a jamais fait, ou voulu faire, puisse porter le nom de vengeance.

## Livre I

*Intus, et in cute*

I. 1. Je forme une entreprise qui n'eut jamais d'exemple et dont l'exécution n'aura point d'imitateur. Je veux montrer à mes semblables un homme dans toute la vérité de la nature ; et cet homme ce sera moi.

2. Moi, seul. Je sens mon cœur et je connais les hommes. Je ne suis fait comme aucun de ceux que j'ai

vus ; j'ose croire n'être fait comme aucun de ceux qui existent. Si je ne vaux pas mieux, au moins je suis autre. Si la nature a bien ou mal fait de briser le moule dans lequel elle m'a jeté, c'est ce dont on ne peut juger qu'après m'avoir lu.

3. Que la trompette du jugement dernier sonne quand elle voudra ; je viendrai, ce livre à la main, me présenter devant le souverain juge. Je dirai hautement : voilà ce que j'ai fait, ce que j'ai pensé, ce que je fus. J'ai dit le bien et le mal avec la même franchise. Je n'ai rien tu de mauvais, rien ajouté de bon, et s'il m'est arrivé d'employer quelque ornement indifférent, ce n'a jamais été que pour remplir un vide occasionné par mon défaut de mémoire ; j'ai pu supposer vrai ce que je savais avoir pu l'être, jamais ce que je savais être faux. Je me suis montré tel que je fus ; méprisable et vil quand je l'ai été, bon, généreux, sublime, quand je l'ai été : j'ai dévoilé mon intérieur tel que tu l'as vu toi-même. Être éternel, rassemble autour de moi l'innombrable foule de mes semblables ; qu'ils écoutent mes confessions, qu'ils gémissent de mes indignités, qu'ils rougissent de mes misères. Que chacun d'eux découvre à son tour son cœur aux pieds de ton trône avec la même sincérité ; et puis qu'un seul te dise, s'il l'ose : *Je fus meilleur que cet homme-là.*

# IV

# GENETTE

## PSEUDONYMAT ET POLYONYMAT

Genette, *Seuils*,
Le Seuil, 1987, p. 48-53.

Pour le poéticien Gérard Genette, il n'est sans doute rien de plus vain que d'essayer de tenir un discours sur l'auteur, pleinement absent de son texte : dès l'article « Stendhal » paru dans *Figures II* (Le Seuil, 1969, Points-Essais, p. 155-192), s'affirme, de façon programmatique, l'impossibilité de tenir un discours sur l'auteur. S'il y reconnaît au « fétichisme de l'auteur » l'ambiguë qualité de préserver du non moins catastrophique « fétichisme de l'œuvre » (p. 155), la réflexion sur les jeux pseudonymiques conduit cependant à poser que « Stendhal couvre Henry Brulard, qui couvre Henry Beyle – lequel à son tour déplace imperceptiblement l'Henry Beyle de l'état civil, qui ne se confond tout à fait avec aucun des trois autres, et nous échappe à jamais ». Ainsi de même *Figures III* rappelle que « Homère et Flaubert sont l'un et l'autre totalement, et donc ils sont également absents » de l'*Iliade* ou de *L'Éducation sentimentale* (Le Seuil, 1972, p. 253). Mais la notion – « l'idée », pour reprendre le terme choisi dans le *Nouveau Discours du récit* (Le Seuil, 1983, p. 102) – n'est pas sans faire retour dans l'œuvre critique. Ainsi le « structuralisme ouvert » de Gérard Genette aboutit à poser la question de l'auctorialité à travers la question du paratexte qui la postule : c'est alors *Seuils*, et l'enquête sur « cette frange [...] toujours porteuse d'un commentaire auctorial, ou plus ou moins légitimé par l'auteur » qui entoure le texte littéraire. Il ne s'agit pas de réifier l'auteur, non plus que de restaurer son intention comme clef du texte, mais, dans une recherche textuelle, de prendre en compte le fait que, « valide ou non, le point de vue de l'auteur fait partie de la pratique paratextuelle, [qu']il l'anime, il l'inspire, il la fonde » (p. 375). En effet, le paratexte « constitue, entre texte et hors-texte, une zone non seulement de transition, mais de transaction : lieu privilégié d'une pragmatique et d'une stratégie ». Au premier plan de ce paratexte (titres, prière d'insérer, dédicaces, épigraphes, préfaces, intertitres, notes, épitexte...) se dessine évidemment la question du nom de l'auteur, et du jeu auctorial avec ce nécessaire nom : la méthode alors employée pour penser l'auteur, tel que le dessine son paratexte, ne peut que se limiter à une analyse fonctionnelle de celui-ci, notamment pour ce qui est des jeux pseudonymiques, et polyonymiques.

Ce qui nous concerne comme élément paratextuel, c'est, indépendamment si possible de toute considération de motif ou de procédé, l'*effet* produit sur le lecteur, ou plus généralement sur le public, par la présence d'un pseudonyme. Mais il faut distinguer ici entre l'effet de *tel pseudonyme*, qui peut fort bien se produire en toute ignorance du fait pseudonymique, et l'*effet-pseudonyme*, qui dépend au contraire d'une information sur le fait. Je m'explique : le nom de « Tristan Klingsor » ou de « Saint-John Perse » peut, dans l'esprit d'un lecteur, induire tel ou tel effet de prestige, d'archaïsme, de wagnérisme, d'exotisme, que sais-je, qui influera sur sa lecture de l'œuvre de Léon Leclerc ou d'Alexis Léger [1], même si ce lecteur ignore tout des conditions (« motifs », « manières ») de son choix, et même encore s'il le prend pour le véritable nom de l'auteur : après tout, des connotations aussi fortes pourraient fort bien s'attacher, quoique différentes, à un nom tout à fait authentique comme Alphonse de Lamartine, Ezra Pound ou Federico García Lorca. L'effet d'un pseudonyme n'est pas, en soi, différent de celui de n'importe quel nom, si ce n'est qu'en l'occurrence le nom peut avoir été choisi en vue de cet effet, et il est incidemment fort curieux que les bibliographes qui se sont tant interrogés sur les motifs (modestie, précaution, dégoût œdipien ou non de son patronyme, souci d'éviter les homonymies, etc.) et sur les manières (prendre un nom de pays, le tirer du livre même, changer de prénom, faire de son prénom un nom, se passer de prénom, abréviations, allongements, anagrammes...) aient si peu interrogé ce mixte de motif et de manière qu'est le calcul d'un effet.

L'effet-pseudonyme, lui, suppose connu du lecteur le fait pseudonymique : c'est l'effet produit par le fait même que M. Alexis Léger ait décidé un jour de prendre

1. Et/ou réciproquement : « *Saint Léger Léger : Éloges*, cela est bâti sur les mêmes consonnes et donne à la couverture son unité euphonique. Et voici *Saint-John Perse : Anabase*, qui donne lui aussi un joli bloc sonore où court la ligne d'une image d'Asie » (Thibaudet, *Honneur à S.-J. P.*, p. 422. Voir Jean-Pierre Richard, « Petite remontée dans un nom-titre », *Microlectures*, Le Seuil, 1979). [NdA]

un pseudonyme, quel qu'il soit. Il se compose nécessairement aussitôt avec l'effet de *ce* pseudonyme, soit pour le renforcer (« Le choix de ce nom est en lui-même une œuvre d'art »), soit éventuellement pour l'affaiblir (« Ah, ce n'est pas son vrai nom ? alors, c'est trop facile... »), soit encore pour s'en trouver lui-même affaibli (« Si, m'appelant Crayencour, j'avais dû me choisir un pseudonyme, je n'aurais certainement pas choisi l'anagramme *Yourcenar* »), voire contesté (« Alexis Léger valait mieux que ce ridicule Saint-John Perse »). Comme dit bien Starobinski : « Lorsqu'un homme se masque ou se revêt d'un pseudonyme, nous nous sentons défiés. Cet homme se refuse à nous. Et en revanche nous voulons *savoir*... [1]. » Encore faut-il préciser : si du moins nous savons déjà (ce qui est peut-être l'essentiel) qu'il s'agit d'un pseudonyme.

La rêverie du lecteur sur le pseudonyme cesse donc d'être une simple spéculation de type plus ou moins mimologique – celle qu'escomptait l'auteur en lui proposant un vocable plus heureux que son patronyme légal, ou une autre – à partir du moment où la vérité de ce patronyme se trouve révélée par les voies d'un plus lointain paratexte, d'une information biographique, ou plus généralement de la renommée. Je ne prétends certes pas que tous les lecteurs de Voltaire, de Nerval ou de Marguerite Duras sachent quels noms légaux se cachent sous ces pseudonymes, ni même que ce sont des pseudonymes. Je pense simplement que la révélation du patronyme fait partie de la notoriété biographique qui est à l'horizon, proche ou lointain, de la notoriété littéraire (celle des œuvres elles-mêmes), je veux dire : qui l'attend à échéance ou qui l'entoure comme un halo. De là suit qu'aucun écrivain pseudonyme ne peut rêver de gloire sans prévoir cette révélation, ce qui ne nous concerne

1. J. Starobinski, « Stendhal pseudonyme », *L'Œil vivant*, Gallimard, 1961. [NdA]

guère ici, mais réciproquement qu'aucun lecteur qui, peu ou prou, s'intéresse à cet auteur n'est à l'abri de cette information. Dès lors, sa « prise en compte » du pseudonyme dans l'image, ou l'idée, qu'il se fait de cet auteur consiste inévitablement, quoique à des degrés divers, à considérer ensemble, ou alternativement, le pseudonyme et le patronyme, et par là, non moins inévitablement, à distinguer dans cette image, ou idée, une figure d'auteur et une figure d'homme privé (ou autrement public : Alexis Léger diplomate). C'est à ce point que s'investit une interrogation plus ou moins libre, car plus ou moins informée, sur les « motifs » et les « manières » du choix pseudonymique : Untel a pris le nom de sa mère, tel autre a changé de prénom, tel autre a bricolé une anagramme, telle autre encore a pris un nom d'homme [1], etc. J'épargne ici à mon propre lecteur une taxinomie désespérément empirique, et une liste d'exemples qui traînent dans toutes les gazettes à l'usage de tous les badauds. L'essentiel est, me semble-t-il, de percevoir que le pseudonymat simple (Molière, Stendhal, Lautréamont) tend toujours plus ou moins à se scinder en une sorte de dyonymat : Molière/Poquelin, Stendhal/Beyle, Lautréamont/Ducasse. Et que ce dyonymat résultant de la coexistence du patronyme et d'un pseudonyme n'est lui-même qu'un cas particulier du polyonymat, c'est-à-dire de l'utilisation, par un même écrivain, de plusieurs noms de plume – l'arrière-pensée étant ici, on l'a compris, que le pseudonyme multiple est un peu, comme l'illustre bien le cas Stendhal, la vérité du pseudonyme simple, et sa pente naturelle.

---

1. Il est d'ailleurs curieux de voir combien ces patronymes masculins, une fois connus pour tels, deviennent transparents, sans aucun effet de transsexuation : pour moi du moins, *George Sand* ou *George Eliot* sont des noms de femmes aussi peu ambigus que *Louise Labé* ou *Virginia Woolf*. La féminité du désigné efface complètement la « virilité » du désignant. [NdA]

Si l'on voulait classer ici, il faudrait sans doute croiser au moins, en un tableau à double entrée dont je me retiendrai pour une fois, deux oppositions simples. Un auteur peut « signer » certaines de ses œuvres de son nom légal (Jacques Laurent) et d'autres d'un pseudonyme (Cécil Saint-Laurent). Une telle opposition s'offre, bien sûr, à une interprétation rustique : les œuvres signées du patronyme seraient plus « avouées », plus « reconnues » parce que l'auteur s'y reconnaîtrait lui-même davantage, pour des raisons de préférence personnelle ou de dignité littéraire. C'est sans doute le cas de l'exemple cité, mais il ne faudrait pas trop se fier à ce critère, car un auteur peut aussi, pour des raisons sociales, reconnaître des œuvres sérieuses et professionnelles, et couvrir d'un pseudonyme des œuvres romanesques ou poétiques auxquelles il « tient » personnellement bien davantage, selon le principe du violon d'Ingres. Exemples ? Hasardons, à son honneur, les romans d'Edgar Sanday, pseudonyme d'Edgar Faure. Le polyonymat peut aussi être un véritable polypseudonymat, lorsqu'un auteur signe uniquement de divers pseudonymes : c'est, à la complication près de la présence momentanée d'un homme de paille, le cas Romain Gary/Émile Ajar. Ici et ailleurs, l'un des pseudonymes peut apparaître comme plus pseudo que l'autre, et faire croire à l'authenticité de celui-ci ; mais il commence à se savoir que « Gary » n'était pas plus authentique qu'« Ajar », ni que peut-être un ou deux autres, car la pratique du pseudonyme est bien comme celle d'une drogue, qui appelle vite la multiplication, l'abus, voire l'*overdose*.

Mais d'autre part les signatures diverses peuvent être simultanées (ou plus exactement alternées), comme celles que je viens d'évoquer, ou successives : c'est successivement que Rabelais a signé « Me Alcofribas, abstracteur de quintessence » *Pantagruel* et *Gargantua*, avant d'assumer comme « François Rabelais, docteur en médecine » le *Tiers*, puis le *Quart Livre* ; ou que Balzac a signé, dans sa jeunesse et dans un ordre que j'ai oublié, « Lord R'Hoone », « Horace de Saint-Aubin » ou « Viellerglé », avant d'adopter en 1830 un « Honoré de Balzac » lui-même quelque peu pseudo, puisque l'état civil auquel il devait un jour faire concurrence ne le connaissait que sous le nom plus roturier d'Honoré Balzac. Car il y a des degrés même dans le pseudonymat simple, puisqu'il y a des degrés à la déformation d'un patronyme [1], mais je renonce à intégrer cette donnée-là. C'est encore successivement qu'Henry Beyle fut, pour les *Lettres sur Haydn*, « Louis Alexandre César Bombet », puis, pour l'*Histoire de la peinture*, « M.B.A.A. » (M. Beyle, ancien auditeur) [2], et enfin (je simplifie beaucoup), à partir de *Rome, Naples et Florence en 1817*, « M. de Stendhal, officier de cavalerie », plus tard « Stendhal » tout court. Cela ne fait en somme que trois pseudonymes et demi (sans compter une œuvre anonyme comme *Armance)*, ce qui est finalement peu pour un maniaque avéré du sobriquet privé, voire intime [3].

J'ignore si quelque Guinness a enregistré le record universel, toutes époques et toutes catégories confondues. On en prête beaucoup à Kierkegaard, et l'on connaît au moins les trois « hétéronymes » de Pessoa, mais nous sommes ici à la limite de la supposition d'auteur, puisque chacune de ces hypostases, chez Kierkegaard et plus encore chez Pessoa, se trouve dotée d'une identité fictive par voie paratextuelle (préfaces, notices biographiques, etc.) et même ou surtout textuelle (autonomie thématique et stylistique). Le champion emblé-

---

1. L'un des plus économes est sans doute la francisation de Mondriaan en Mondrian. Mais on peut aussi déformer ou abréger un pseudonyme : une édition des *Lettres philosophiques* paraît en 1734 sous ce nom, dont la transparence est à deux degrés : « par M. de V… » [NdA]

2. Mais cent exemplaires portèrent plus complètement la mention : « Par M. Beyle, ex-auditeur au Conseil d'État. » [NdA]

3. Voir J. Starobinski, art. cit. [NdA]

matique sera pour nous, un peu arbitrairement, Renaud Camus, qui semble avoir investi une part considérable de sa créativité dans un jeu polyonymique vraiment étourdissant, et dans lequel je suis d'avance certain de me perdre – mais je suppose bien que c'est sa fonction. Voici, à titre d'illustration, ce que je crois savoir pour l'instant. 1975, Renaud Camus, *Passage*, dont un personnage se nomme Denis Duparc ; 1976, Denis Duparc, *Échange* ; 1978, Renaud Camus et Tony Duparc, *Travers*, qui annonce comme à paraître : Jean-Renaud Camus et Denis Duvert, *Travers 2* [1] ; J.R.G. Camus et Antoine du Parc : *Travers 3* ; J.R.G. Du Parc et Denise Camus, *Travers Coda et Index* ; appendice : Denis du Parc, *Lecture* (ou *Comment m'ont écrit certains de mes livres)*. Entre-temps et depuis lors, divers autres textes signés du seul Camus (Renaud), où une liste des œuvres du même auteur, qui ne se dit pas telle, remanie diversement la liste ci-dessus. J'ignore volontairement, bien sûr, si « Renaud Camus » est un pseudonyme. Mais je rappelle qu'un auteur devenu célèbre sous son patronyme peut, à titre exceptionnel et au moins en Angleterre, changer de nom dans la vie civile. Le 30 août 1927, M. Thomas Edward Lawrence obtint le droit de s'appeler désormais M. Thomas Edward Shaw. À dater de ce jour, « T.E. Lawrence » devint-il, rétroactivement, un pseudonyme ?

Avant de quitter la pratique du pseudonymat, je comptais rappeler aussi que son domaine d'exercice, parmi les arts, est essentiellement circonscrit à deux activités : la littérature, et, loin derrière, le théâtre (les noms d'acteurs), élargi aujourd'hui au champ plus vaste du *show business*. C'est fait. Je comptais encore m'en étonner, et chercher les raisons de ce privilège : pourquoi si peu de musiciens, de peintres, d'architectes ? Mais au

---

1. Effectivement paru sous le titre *Été*, POL-Hachette, 1982. L'ensemble doit constituer la « trilogie en quatre livres et sept volumes » des *Églogues*.

point où nous en sommes, cet étonnement serait par trop factice : le goût du masque et du miroir, l'exhibitionnisme détourné, l'histrionisme contrôlé, tout cela se joint dans le pseudonyme au plaisir de l'invention, de l'emprunt, de la métamorphose verbale, du fétichisme onomastique. De toute évidence, le pseudonyme est déjà une activité poétique, et quelque chose comme une œuvre. Si vous savez changer de nom, vous savez écrire.

# V
# BEAUMARCHAIS

## LA PRIÈRE AUCTORIALE

Beaumarchais, « Lettre modérée sur la chute et la critique du *Barbier de Séville* », éd. R. Pomeau, GF-Flammarion, p. 20-23.

L'ironique « Lettre modérée » qui ouvre dès 1775 (année de la représentation et de la publication de la pièce) *Le Barbier de Séville* est, comme souvent les préfaces théâtrales de l'époque moderne, une réponse aux critiques, récusées au nom du public. Ainsi déjà des préfaces d'*Alexandre*, d'*Andromaque*, de *Britannicus*, ou de *L'École des femmes*. Mais il revient en propre à Beaumarchais d'avoir mis en scène le geste même de ces préfaces, en faisant s'incliner l'auteur devant le lecteur. À la représentation théâtrale et spectaculaire, vient ainsi succéder la prière de l'auteur à son lecteur, préalable ici explicite de notre pratique de la littérature. Aussi bien toute préface est-elle prière, en même temps que construction (fictive ou feinte) d'une communication qui donnerait son cadre au fait littéraire. La pièce, tombée en cinq actes le 23 février 1775, trois ans après sa première version et une longue interdiction, triomphe en quatre actes le 26 février : malgré ce succès public, les critiques continuent à attaquer la comédie, et tout particulièrement le *Journal encyclopédique*, qui paraissait à Bouillon. Encore la comédie, qui renouait avec une certaine tradition théâtrale, après l'écriture de deux drames sérieux, *Eugénie* et *Les Deux Amis,* place-t-elle l'adresse au lecteur sous le signe du rire ; le lecteur rendu juge de l'auteur est prié de rire, et c'est ce rire qui identifiera l'auteur ; mais la mise en scène outrageusement théâtralisée de l'auteur, sa modestie exhibée ne vont pas elles-mêmes sans ironie. Comment le lecteur pourrait-il alors refuser son « agrément » à un auteur qui inscrit dans le texte le rire même qu'il lui demande ?

## L'AUTEUR, VÊTU MODESTEMENT ET COURBÉ, PRÉSENTANT SA PIÈCE AU LECTEUR

Monsieur,

J'ai l'honneur de vous offrir un nouvel opuscule de ma façon. Je souhaite vous rencontrer dans un de ces moments heureux où, dégagé de soins, content de votre santé, de vos affaires, de votre maîtresse, de votre dîner, de votre estomac, vous puissiez vous plaire un moment à la lecture de mon *Barbier de Séville* ; car il faut tout cela pour être homme amusable et lecteur indulgent.

Mais si quelque accident a dérangé votre santé ; si votre état est compromis ; si votre belle a forfait à ses serments ; si votre dîner fut mauvais ou votre digestion laborieuse, ah ! laissez mon *Barbier* ; ce n'est pas là l'instant : examinez l'état de vos dépenses, étudiez le *Factum* de votre adversaire, relisez ce traître billet surpris à Rose, ou parcourez les chefs-d'œuvre de Tissot sur la tempérance, et faites des réflexions politiques, économiques, diététiques, philosophiques ou morales.

Ou si votre état est tel qu'il vous faille absolument l'oublier, enfoncez-vous dans une bergère, ouvrez le journal établi dans Bouillon avec encyclopédie, approbation et privilège, et dormez vite une heure ou deux.

Quel charme aurait une production légère au milieu des plus noires vapeurs ? Et que vous importe en effet si Figaro le barbier s'est bien moqué de Bartholo le médecin, en aidant un rival à lui souffler sa maîtresse ? On rit peu de la gaieté d'autrui, quand on a de l'humeur pour son propre compte.

Que vous fait encore si ce barbier espagnol, en arrivant dans Paris, essuya quelques traverses, et si la prohibition de ses exercices a donné trop d'importance aux rêveries de mon bonnet ? On ne s'intéresse guère aux affaires des autres que lorsqu'on est sans inquiétude sur les siennes.

Mais enfin tout va-t-il bien pour vous ? Avez-vous à souhait double estomac, bon cuisinier, maîtresse honnête et repos imperturbable ? Ah ! parlons, parlons : donnez audience à mon *Barbier*.

Je sens trop, monsieur, que ce n'est plus le temps où, tenant mon manuscrit en réserve, et semblable à la coquette qui refuse souvent ce qu'elle brûle toujours d'accorder, j'en faisais quelque avare lecture à des gens préférés, qui croyaient devoir payer ma complaisance par un éloge pompeux de mon ouvrage.

Ô jours heureux ! Le lieu, le temps, l'auditoire à ma dévotion, et la magie d'une lecture adroite assurant mon succès, je glissais sur le morceau faible en appuyant les bons endroits ; puis, recueillant les suffrages du coin de l'œil avec une orgueilleuse modestie, je jouissais d'un triomphe d'autant plus doux, que le jeu d'un fripon d'acteur ne m'en dérobait pas les trois quarts pour son compte.

Que reste-t-il, hélas ! de toute cette gibecière ? À l'instant qu'il faudrait des miracles pour vous subjuguer, quand la verge de Moïse y suffirait à peine, je n'ai plus même la ressource du bâton de Jacob ; plus d'escamotage, de tricherie, de coquetterie, d'inflexions de voix, d'illusion théâtrale, rien. C'est ma vertu toute nue que vous allez juger.

Ne trouvez donc pas étrange, monsieur, si, mesurant mon style à ma situation, je ne fais pas comme ces écrivains qui se donnent le ton de vous appeler négligemment *lecteur*, *ami lecteur*, *cher lecteur*, *bénin* ou *benoît lecteur*, ou de telle autre dénomination cavalière, je dirais même indécente, par laquelle ces imprudents essayent de se mettre au pair avec leur juge, et qui ne fait bien souvent que leur en attirer l'animadversion. J'ai toujours vu que les airs ne séduisaient personne, et que le ton modeste d'un auteur pouvait seul inspirer un peu d'indulgence à son fier lecteur.

Eh ! quel écrivain en eut jamais plus besoin que moi ? Je voudrais le cacher en vain ; j'eus la faiblesse autrefois, monsieur, de vous présenter, en différents temps, deux tristes drames ; productions monstrueuses, comme on sait ! car entre la tragédie et la comédie, on n'ignore plus qu'il n'existe rien, c'est un point décidé, le maître l'a dit, l'école en retentit : et pour moi, j'en suis tellement convaincu que si je voulais aujourd'hui mettre au théâtre une mère éplorée, une épouse trahie, une sœur éperdue, un fils déshérité, pour les présenter décemment au public, je commencerais par leur supposer un beau royaume où ils auraient régné de leur mieux, vers l'un des archipels, ou dans tel autre coin du monde ; certain après cela que l'invraisemblance du roman, l'énormité des faits, l'enflure des caractères, le gigantesque des idées et la bouffissure du langage, loin de m'être imputés à reproche, assureraient encore mon succès.

Présenter des hommes d'une condition moyenne accablés et dans le malheur ! fi donc ! On ne doit jamais les montrer que bafoués. Les citoyens ridicules et les rois malheureux, voilà tout le théâtre existant et possible ; et je me le tiens pour dit, c'est fait, je ne veux plus quereller avec personne.

J'ai donc eu la faiblesse autrefois, monsieur, de faire des drames qui n'étaient pas *du bon genre* ; et je m'en repens beaucoup.

Pressé depuis par les événements, j'ai hasardé de malheureux Mémoires, que mes ennemis n'ont pas trouvés *du bon style*, et j'en ai le remords cruel.

Aujourd'hui je fais glisser sous vos yeux une comédie fort gaie, que certains maîtres de goût n'estiment pas *du bon ton* ; et je ne m'en console point. Peut-être un jour oserai-je affliger votre oreille d'un opéra dont les jeunes gens d'autrefois diront que la musique n'est pas *du bon français* ; et j'en suis tout honteux d'avance.

Ainsi, de fautes en pardons, et d'erreurs en excuses, je passerai ma vie à mériter votre indulgence par la bonne foi naïve avec laquelle je reconnaîtrai les unes en vous présentant les autres.

Quant au *Barbier de Séville*, ce n'est pas pour corrompre votre jugement que je prends ici le ton respectueux : mais on m'a fort assuré que lorsqu'un auteur était sorti, quoique échiné, vainqueur au théâtre, il ne lui manquait plus que d'être agréé par vous, monsieur, et lacéré dans quelques journaux, pour avoir obtenu tous les lauriers littéraires. Ma gloire est donc certaine, si vous daignez m'accorder le laurier de votre agrément, persuadé que plusieurs de messieurs les journalistes ne me refuseront pas celui de leur dénigrement.

Déjà l'un d'eux, établi dans Bouillon avec approbation et privilège, m'a fait l'honneur encyclopédique d'assurer à ses abonnés que ma pièce était sans plan, sans unité, sans caractères, vide d'intrigue et dénuée de comique.

Un autre plus naïf encore, à la vérité sans approbation, sans privilège, et même sans encyclopédie, après un candide exposé de mon drame, ajoute au laurier de sa critique cet éloge flatteur de ma personne : « La réputation du sieur de Beaumarchais est bien tombée ; et les honnêtes gens sont enfin convaincus que, lorsqu'on lui aura arraché les plumes du paon, il ne restera plus qu'un vilain corbeau noir, avec son effronterie et sa voracité. »

Puisqu'en effet j'ai eu l'effronterie de faire la Comédie du *Barbier de Séville*, pour remplir l'horoscope entier, je pousserai la voracité jusqu'à vous prier humblement, monsieur, de me juger vous-même, et sans égard aux critiques passés, présents et futurs ; car vous savez que, par état, les gens de feuilles sont souvent ennemis des gens de lettres ; j'aurai même la voracité de vous prévenir qu'étant saisi de mon affaire, il faut que vous soyez mon juge absolument, soit que vous le vouliez ou non ; car vous êtes mon lecteur.

Et vous sentez bien, monsieur, que si, pour éviter ce tracas ou me prouver que je raisonne mal, vous refusiez constamment de me lire, vous feriez vous-même une pétition de principe au-dessous de vos lumières : n'étant pas mon lecteur, vous ne seriez pas celui à qui s'adresse ma requête.

Que si, par dépit de la dépendance où je parais vous mettre, vous vous avisiez de jeter le livre en cet instant de votre lecture, c'est, monsieur, comme si, au milieu de tout autre jugement, vous étiez enlevé du tribunal par la mort, ou tel accident qui vous rayât du nombre des magistrats. Vous ne pouvez éviter de me juger qu'en devenant nul, négatif, anéanti, qu'en cessant d'exister en qualité de mon lecteur.

Eh ! quel tort vous fais-je en vous élevant au-dessus de moi ? Après le bonheur de commander aux hommes, le plus grand honneur, monsieur, n'est-il pas de les juger ?

# VI

# CODE DE LA PROPRIÉTÉ INTELLECTUELLE

## LE DROIT D'AUTEUR

*Code de la propriété intellectuelle*
(partie législative),
articles L111-1, L111-2, L111-3 ; L113-1, L113-2, L113-6
L121-1, L121-2, L121-3, L121-4 ; L122-1, L122-4.

La reconnaissance d'un droit d'auteur est certainement l'indice le plus décisif d'une professionnalisation du statut social de l'auteur. Pendant tout l'Ancien Régime, en échange d'une certaine somme d'argent, l'écrivain cède à un libraire le droit d'exploiter son œuvre ; les privilèges royaux sont, sauf exception, accordés à celui-ci et non à l'écrivain, dans l'univers initié par l'apparition de l'imprimerie. Le XVIIIe siècle voit le long combat des auteurs contre les détenteurs du pouvoir économique, éditeurs et imprimeurs, et contre les entrepreneurs de spectacle. En 1777, la Société des auteurs dramatiques est fondée sous l'impulsion de Beaumarchais. La même année, le droit des auteurs et de leurs héritiers est juridiquement reconnu ; en 1793, ils acquièrent personnellement le droit de reproduire leurs ouvrages pendant leur vie ; leurs héritiers conservent ce droit dix ans après leur mort. Ce qui se joue alors est un changement décisif dans la conception même que l'on se fait de l'écrivain ; d'une part, on considère que son travail lui vaut une contribution directement liée à sa diffusion, c'est-à-dire lui offre un statut social lié à son succès, non à son protecteur : la professionnalisation progressive des gens de lettres trouve ainsi un aboutissement légal ; d'autre part, la tâche qu'il se voit impartie change : ce ne sont plus les idées émises qui sont rétribuées (car les idées appartiennent à tous) mais la forme de ces idées, l'originalité non du propos, mais de l'objet produit, au nom d'une idéologie qui insiste sur l'indépendance nécessaire au génie créateur, et non plus sur le caractère incommensurable de l'art avec l'économique. Les articles du *Code de la propriété intellectuelle* ici reproduits sont l'héritage de cette histoire, qui ouvrent le droit d'auteur aux domaines des disques, films et logiciels.

## Nature du droit d'auteur

### Article L111-1

L'auteur d'une œuvre de l'esprit jouit sur cette œuvre, du seul fait de sa création, d'un droit de propriété incorporelle [1] exclusif [2] et opposable à tous.

Ce droit comporte des attributs d'ordre intellectuel et moral ainsi que des attributs d'ordre patrimonial, qui sont déterminés par les livres Ier et III du présent code.

---

1. Droit de propriété incorporelle : qui ne se rattache pas à une chose matérielle.

2. Droit exclusif : qui ne se partage pas, sauf accord de celui qui le détient.

L'existence ou la conclusion d'un contrat de louage d'ouvrage [1] ou de service par l'auteur d'une œuvre de l'esprit n'emporte aucune dérogation à la jouissance du droit reconnu par l'alinéa 1er.

**Article L111-2**

L'œuvre est réputée créée, indépendamment de toute divulgation publique, du seul fait de la réalisation, même inachevée, de la conception de l'auteur.

**Article L111-3**

La propriété incorporelle définie par l'article L. 111-1 est indépendante de la propriété de l'objet matériel.

L'acquéreur de cet objet n'est investi, du fait de cette acquisition, d'aucun des droits prévus par le présent code, sauf dans les cas prévus par les dispositions des deuxième et troisième alinéas de l'article L. 123-4. Ces droits subsistent en la personne de l'auteur ou de ses ayants droit qui, pourtant, ne pourront exiger du propriétaire de l'objet matériel la mise à leur disposition de cet objet pour l'exercice desdits droits. Néanmoins, en cas d'abus notoire du propriétaire empêchant l'exercice du droit de divulgation, le tribunal de grande instance peut prendre toute mesure appropriée, conformément aux dispositions de l'article L. 121-3.

## Titulaires du droit d'auteur

**Article L113-1**

La qualité d'auteur appartient, sauf preuve contraire, à celui ou à ceux sous le nom de qui l'œuvre est divulguée.

---

1. Contrat de louage d'ouvrage : contrat par lequel l'auteur d'une œuvre de l'esprit sollicite l'aide d'un tiers pour le créer.

**Article L113-2**

Est dite de collaboration l'œuvre à la création de laquelle ont concouru plusieurs personnes physiques.

Est dite composite l'œuvre nouvelle à laquelle est incorporée une œuvre préexistante sans la collaboration de l'auteur de cette dernière.

Est dite collective l'œuvre créée sur l'initiative d'une personne physique ou morale qui l'édite, la publie et la divulgue sous sa direction et son nom et dans laquelle la contribution personnelle des divers auteurs participant à son élaboration se fond dans l'ensemble en vue duquel elle est conçue, sans qu'il soit possible d'attribuer à chacun d'eux un droit distinct sur l'ensemble réalisé.

**Article L113-6**

Les auteurs des œuvres pseudonymes et anonymes jouissent sur celles-ci des droits reconnus par l'article L. 111-1.

Ils sont représentés dans l'exercice de ces droits par l'éditeur ou le publicateur originaire, tant qu'ils n'ont pas fait connaître leur identité civile et justifié de leur qualité.

La déclaration prévue à l'alinéa précédent peut être faite par testament ; toutefois, sont maintenus les droits qui auraient pu être acquis par des tiers antérieurement.

Les dispositions des deuxième et troisième alinéas ne sont pas applicables lorsque le pseudonyme adopté par l'auteur ne laisse aucun doute sur son identité civile.

## Droits moraux

**Article L121-1**

L'auteur jouit du droit au respect de son nom, de sa qualité et de son œuvre.

Ce droit est attaché à sa personne.

Il est perpétuel, inaliénable et imprescriptible.

Il est transmissible à cause de mort aux héritiers de l'auteur.

L'exercice peut être conféré à un tiers en vertu de dispositions testamentaires.

**Article L121-2**

L'auteur a seul le droit de divulguer son œuvre. Sous réserve des dispositions de l'article L. 132-24, il détermine le procédé de divulgation et fixe les conditions de celle-ci.

Après sa mort, le droit de divulgation de ses œuvres posthumes est exercé leur vie durant par le ou les exécuteurs testamentaires désignés par l'auteur. À leur défaut, ou après leur décès, et sauf volonté contraire de l'auteur, ce droit est exercé dans l'ordre suivant : par les descendants, par le conjoint contre lequel n'existe pas un jugement passé en force de chose jugée de séparation de corps ou qui n'a pas contracté un nouveau mariage, par les héritiers autres que les descendants qui recueillent tout ou partie de la succession et par les légataires universels ou donataires de l'universalité des biens à venir.

Ce droit peut s'exercer même après l'expiration du droit exclusif d'exploitation déterminé à l'article L. 123-1.

**Article L121-3**

En cas d'abus notoire dans l'usage ou le non-usage du droit de divulgation de la part des représentants de l'auteur décédé visés à l'article L. 121-2, le tribunal de grande instance peut ordonner toute mesure appropriée. Il en est de même s'il y a conflit entre lesdits représentants, s'il n'y a pas d'ayant droit connu ou en cas de vacance ou de déshérence.

Le tribunal peut être saisi notamment par le ministre chargé de la culture.

**Article L121-4**

Nonobstant la cession de son droit d'exploitation, l'auteur, même postérieurement à la publication de son œuvre, jouit d'un droit de repentir ou de retrait vis-à-vis du cessionnaire. Il ne peut toutefois exercer ce droit qu'à charge d'indemniser préalablement le cessionnaire du préjudice que ce repentir ou ce retrait peut lui causer. Lorsque, postérieurement à l'exercice de son droit de repentir ou de retrait, l'auteur décide de faire publier son œuvre, il est tenu d'offrir par priorité ses droits d'exploitation au cessionnaire qu'il avait originairement choisi et aux conditions originairement déterminées.

## Droits patrimoniaux

**Article L122-1**

Le droit d'exploitation appartenant à l'auteur comprend le droit de représentation et le droit de reproduction.

**Article L122-4**

Toute représentation ou reproduction intégrale ou partielle faite sans le consentement de l'auteur ou de ses ayants droit ou ayants cause est illicite. Il en est de même pour la traduction, l'adaptation ou la transformation, l'arrangement ou la reproduction par un art ou un procédé quelconque.

# II

# LA PUBLICITÉ DE L'AUTEUR

# VII

# FOUCAULT

## L'ÉMERGENCE DE LA FONCTION AUTEUR

Foucault, « Qu'est-ce qu'un auteur ? »,
*Bulletin de la société française de philosophie*, 1969,
p. 84-88 (réédité dans *Dits et Écrits*,
t. I, Gallimard, 1994, p. 789 *sq.*).

Partant de l'affirmation selon laquelle Dieu (ou l'Homme) était mort, Michel Foucault, dans cette conférence qui fait suite à son livre sur *Les Mots et les choses*, tente de déterminer les conditions qui ont rendu l'émergence d'une telle notion pensable : il s'agit non pas de remplacer le sujet par des structures (comme avaient pu le faire, à leur façon, Goldmann ou Mauron), mais de dépasser la détermination de la question en termes subjectifs, pour considérer comment la société fabriquait des auteurs, c'est-à-dire à quelles conditions et dans quel dessein on décida de lier un nom à un écrit. Pour Foucault, un chiasme s'est opéré à l'époque moderne, à l'issue duquel les discours littéraires ne peuvent plus être reçus que dotés de la fonction auteur, à l'inverse des discours scientifiques, quand dans le monde pré-moderne ce sont les énoncés scientifiques qui nécessitaient un tel nom d'auteur, une autorité, pour les garantir. Les analyses de Roger Chartier (dans *L'Ordre des livres. Lecteurs, auteurs, bibliothèques en Europe entre XIV*e *et XVIII*e *siècle*) sont venues déplacer ce chiasme, en s'appuyant sur l'histoire de l'édition et de l'apparition du droit d'auteur : elles insistent sur l'importance, pour observer la fonction auteur, des dispositifs juridiques, mais aussi répressifs (le rôle de l'Église et de sa censure, par exemple) ou matériels (la représentation de l'écrivain dans ses œuvres, par exemple) : « auparavant, l'assujettissement des auteurs aux obligations créées par l'appartenance à une clientèle ou par les liens du mécénat allait de pair avec une radicale incommensurabilité de l'œuvre avec les les biens économiques. Après la mi-siècle [1750], les choses s'inversent puisque c'est sur l'idéologie du génie créateur et désintéressé, garant de l'originalité de l'œuvre, que se fonde la possible et nécessaire appréciation monétaire des compositions littéraires, rémunérées comme un travail et soumises aux lois du marché » (Alinéa, 1992, p. 47) Il n'en est pas moins vrai que l'analyse de Foucault, portant le doute sur l'évidence de l'auctorialité, a permis de renouveler complètement l'analyse de la figure auctoriale, posée en terme de fonction, dans l'optique de l'analyse des discours qui guidait une partie du travail du philosophe. Il n'est guère de réflexion contemporaine sur le sujet – de Roger Chartier à Pierre Bourdieu – qui puisse faire l'économie de cette réflexion : à cet égard, Foucault, s'il ne s'est pas constitué en auteur, est bien devenu un « instaurateur de discursivité », au sens où il a « ouvert l'espace pour autre chose qu[e lui] et qui pourtant appartient à ce qu'[il a] fondé ».

Les textes, les livres, les discours ont commencé à avoir réellement des auteurs (autres que des personnages mythiques, autres que de grandes figures sacralisées et sacralisantes) dans la mesure où l'auteur pouvait être puni, c'est-à-dire dans la mesure où les discours pouvaient être transgressifs. Le discours, dans notre culture (et dans bien d'autres sans doute), n'était pas, à l'origine, un produit, une chose, un bien ; c'était essentiellement un acte – un acte qui était placé dans le champ bipolaire du sacré et du profane, du licite et de l'illicite, du religieux et du blasphématoire. Il a été historiquement un geste chargé de risques avant d'être un bien pris dans un circuit de propriétés. Et lorsqu'on a instauré un régime de propriété pour les textes, lorsqu'on a édicté des règles strictes sur les droits d'auteur, sur les rapports auteurs-éditeurs, sur les droits de reproduction, etc. – c'est-à-dire à la fin du XVIII^e^ siècle et au début du XIX^e^ siècle – c'est à ce moment-là que la possibilité de transgression qui appartenait à l'acte d'écrire a pris de plus en plus l'allure d'un impératif propre à la littérature. Comme si l'auteur, à partir du moment où il a été placé dans le système de propriété qui caractérise notre société, compensait le statut qu'il recevait ainsi en retrouvant le vieux champ bipolaire du discours, en pratiquant systématiquement la transgression, en restaurant le danger d'une écriture à laquelle d'un autre côté on garantissait les bénéfices de la propriété.

D'autre part, la fonction-auteur ne s'exerce pas d'une façon universelle et constante sur tous les discours. Dans notre civilisation, ce ne sont pas toujours les mêmes textes qui ont demandé à recevoir une attribution. Il y eut un temps où ces textes qu'aujourd'hui nous appellerions « littéraires » (récits, contes, épopées, tragédies, comédies) étaient reçus, mis en circulation, valorisés sans que soit posée la question de leur auteur ; leur anonymat ne faisait pas difficulté, leur ancienneté, vraie ou supposée, leur était une garantie suffisante. En revanche les textes que nous dirions maintenant scientifiques, concernant la cosmologie et le ciel, la médecine et les maladies, les sciences naturelles ou la géographie, n'étaient reçus au Moyen Âge, et ne portaient une valeur de vérité qu'à la condition d'être marqués du nom de leur auteur. « Hippocrate a dit », « Pline raconte » n'étaient pas au juste les formules d'un argument d'autorité ; c'étaient les indices dont étaient marqués des discours destinés à être reçus comme prouvés. Un chiasme s'est produit au XVII^e ou au XVIII^e siècle ; on a commencé à recevoir les discours scientifiques pour eux-mêmes, dans l'anonymat d'une vérité établie ou toujours à nouveau démontrable ; c'est leur appartenance à un ensemble systématique qui leur donne garantie, et non point la référence à l'individu qui les a produits. La fonction-auteur s'efface, le nom de l'inventeur ne servant tout au plus qu'à baptiser un théorème, une proposition, un effet remarquable, une propriété, un corps, un ensemble d'éléments, un syndrome pathologique. Mais les discours « littéraires » ne peuvent plus être reçus que dotés de la fonction auteur : à tout texte de poésie ou de fiction on demandera d'où il vient, qui l'a écrit, à quelle date, en quelles circonstances ou à partir de quel projet. Le sens qu'on lui accorde, le statut ou la valeur qu'on lui reconnaît dépendent de la manière dont on répond à ces questions. Et si, par suite d'un accident ou d'une volonté explicite de l'auteur, il nous parvient dans l'anonymat, le jeu est aussitôt de retrouver l'auteur. L'anonymat littéraire ne nous est pas supportable ; nous ne l'acceptons qu'à titre d'énigme. La fonction auteur joue à plein de nos jours pour les œuvres littéraires. (Bien sûr, il faudrait nuancer tout cela : la critique a commencé, depuis un certain temps, à traiter les œuvres selon leur genre et leur type, d'après les éléments récurrents qui y figurent, selon leurs variations propres autour d'un invariant qui n'est plus le créateur individuel. De même, si la référence à l'auteur n'est plus guère en mathématiques qu'une manière de nommer des théorèmes ou des ensembles de propositions, en biologie et en médecine l'indication de l'auteur, et de la date de son travail, joue un rôle assez différent : ce n'est pas simplement une manière d'indiquer la source, mais de donner un certain indice de « fiabilité » en rapport avec les techniques et les objets d'expérience utilisés à cette époque-là et dans tel laboratoire.)

Troisième caractère de cette fonction-auteur. Elle ne se forme pas spontanément comme l'attribution d'un discours à un individu. Elle est le résultat d'une opération complexe qui construit un certain être de raison qu'on appelle l'auteur. Sans doute à cet être de raison, on essaie de donner un statut réaliste : ce serait dans l'individu, une instance « profonde », un pouvoir « créateur », un « projet », le lieu originaire de l'écriture. Mais en fait, ce qui dans l'individu est désigné comme auteur (ou ce qui fait d'un individu un auteur) n'est que la projection, dans des termes toujours plus ou moins psychologisants, du traitement qu'on fait subir aux textes, des rapprochements qu'on opère, des traits qu'on établit comme pertinents, des continuités qu'on admet, ou des exclusions qu'on pratique. Toutes ces opérations varient selon les époques, et les types du discours. On ne construit pas un « auteur philosophique » comme un « poète » ; et on ne construisait pas l'auteur d'une œuvre romanesque au XVIII^e^ siècle comme de nos jours. Pourtant, on peut retrouver à travers le temps un certain invariant dans les règles de construction de l'auteur. Il me paraît, par exemple, que la manière dont la critique littéraire a, pendant longtemps, défini l'auteur – ou plutôt construit la forme-auteur à partir des textes et des discours existants –, est assez directement dérivée de la manière dont la tradition chrétienne a authentifié (ou au contraire rejeté) les textes dont elle disposait. En d'autres termes, pour « retrouver » l'auteur dans l'œuvre, la critique moderne use de schémas fort voisins de l'exégèse chrétienne lorsqu'elle voulait prouver la valeur d'un texte par la sainteté de l'auteur. Dans le *De viris illustribus*, saint Jérôme explique que l'homonymie ne suffit pas à identifier d'une façon légitime les auteurs de plusieurs œuvres : des individus différents ont pu porter le même nom, ou l'un a pu, abusivement, emprunter le patronyme de l'autre. Le nom comme marque individuelle n'est pas suffisant lorsqu'on s'adresse à la tradition textuelle. Comment donc attribuer plusieurs discours à un seul et même auteur ? Comment faire jouer la fonction-auteur pour savoir si on a affaire à un ou plusieurs individus ? Saint Jérôme donne quatre critères : si, parmi plusieurs livres attribués à un auteur, l'un est inférieur aux autres, il faut le retirer de la liste de ses œuvres (l'auteur est alors défini comme un certain niveau constant de valeur) ; de même, si certains textes sont en contradiction de doctrine avec les autres œuvres d'un auteur (l'auteur est alors défini comme un certain champ de cohérence conceptuelle ou théorique) ; il faut également exclure les œuvres qui sont écrites dans un style différent, avec des mots et des tournures qu'on ne rencontre pas d'ordinaire sous la plume de l'écrivain (c'est l'auteur comme unité stylistique) ; enfin on doit considérer comme interpolés les textes qui se rapportent à des événements ou qui citent des personnages postérieurs à la mort de l'auteur (l'auteur est alors moment historique défini et point de rencontre d'un certain nombre d'événements). Or la critique littéraire moderne, même lorsqu'elle n'a pas de souci d'authentification (ce qui est la règle générale), ne définit guère l'auteur autrement : l'auteur, c'est ce qui permet d'expliquer aussi bien la présence de certains événements dans une œuvre que leurs transformations, leurs déformations, leurs modifications diverses (et ceci par la biographie de l'auteur, le repérage de sa perspective individuelle, l'analyse de son appartenance sociale ou de sa position de classe, la mise au jour de son projet fondamental). L'auteur, c'est également le principe d'une certaine unité d'écriture – toutes les différences devant être réduites au moins par les principes de l'évolution, de la maturation ou de l'influence. L'auteur, c'est encore ce qui permet de surmonter les contradictions qui peuvent se déployer dans une série de textes : il doit bien y avoir – à un certain niveau de sa pensée ou de son désir, de sa conscience ou de son inconscient – un point à partir duquel les contradictions se résolvent, les éléments incompatibles s'enchaînant finalement les uns aux autres ou s'organisant autour d'une contradiction fondamentale ou originaire. Enfin l'auteur, c'est un certain foyer d'expression qui, sous des formes plus ou moins achevées, se manifeste aussi bien, et avec la même valeur, dans des œuvres, dans des brouillons, dans des lettres, dans des fragments, etc. Les quatre critères de l'authenticité selon saint Jérôme (critères qui paraissent bien insuffisants aux exégètes d'aujourd'hui) définissent les quatre modalités selon lesquelles la critique moderne fait jouer la fonction-auteur.

Mais la fonction-auteur n'est pas en effet une pure et simple reconstruction qui se fait de seconde main à partir d'un texte donné comme un matériau inerte. Le texte porte toujours en lui-même un certain nombre de signes qui renvoient à l'auteur. Ces signes sont bien connus des grammairiens : ce sont les pronoms personnels, les adverbes de temps et de lieu, la conjugaison des verbes. Mais il faut remarquer que ces éléments ne jouent pas de la même façon dans les discours qui sont pourvus de la fonction auteur et ceux qui en sont dépourvus. Dans ces derniers, de tels « embrayeurs » renvoient au locuteur réel et aux coordonnées spatio-temporelles de son discours (encore que certaines modifications peuvent se produire : ainsi lorsqu'on rapporte des discours en première personne). Dans les premiers en revanche, leur rôle est plus complexe et plus variable. On sait bien que dans un roman qui se présente comme le récit d'un narrateur, le pronom de première personne, le présent de l'indicatif, les signes de la localisation ne renvoient jamais exactement à l'écrivain, ni au moment où il écrit ni au geste même de son écriture ; mais à un alter ego dont la distance à l'écrivain peut être plus ou moins grande et varier au cours même de l'œuvre. Il serait tout aussi faux de chercher l'auteur du côté de l'écrivain réel que du côté de ce locuteur fictif ; la fonction-auteur s'effectue dans la scission même – dans ce partage et cette distance. On dira, peut-être, que c'est là seulement une propriété singulière du discours romanesque ou poétique : un jeu où ne s'engagent que ces « quasi discours ». En fait, tous les discours qui sont pourvus de la fonction-auteur comportent cette pluralité d'ego. L'ego qui parle dans la préface d'un traité de mathématiques – et qui en indique les circonstances de composition – n'est identique ni dans sa position ni dans son fonctionnement à celui qui parle dans le cours d'une démonstration et qui apparaît sous la forme d'un « Je conclus » ou « Je suppose » : dans un cas, le « je » renvoie à un individu sans équivalent qui, en un lieu et un temps déterminés, a accompli un certain travail ; dans le second, le « je » désigne un plan et un moment de démonstration que tout individu peut occuper, pourvu qu'il ait accepté le même système de symboles, le même jeu d'axiomes, le même ensemble de démonstrations préalables. Mais on pourrait aussi, dans le même traité, repérer un troisième ego ; celui qui parle pour dire le sens du travail, les obstacles rencontrés, les résultats obtenus, les problèmes qui se posent encore ; cet ego se situe dans le champ des discours mathématiques déjà existants ou encore à venir. La fonction-auteur n'est pas assurée par l'un de ces ego (le premier) aux dépens des deux autres, qui n'en seraient plus alors que le dédoublement fictif. Il faut dire au contraire que dans de tels discours, la fonction-auteur joue de telle sorte qu'elle donne lieu à la dispersion de ces trois ego simultanés.

Sans doute, l'analyse pourrait-elle reconnaître encore d'autres traits caractéristiques de la fonction-auteur. Mais je m'en tiendrai aujourd'hui aux quatre que je viens d'évoquer, parce qu'ils paraissent à la fois les plus visibles et les plus importants. Je les résumerai ainsi : la fonction-auteur est liée au système juridique et institutionnel qui enserre, détermine, articule l'univers des discours ; elle ne s'exerce pas uniformément et de la même façon sur tous les discours, à toutes les époques et dans toutes les formes de civilisation ; elle n'est pas définie par l'attribution spontanée d'un discours à son producteur, mais par une série d'opérations spécifiques et complexes ; elle ne renvoie pas purement et simplement à un individu réel, elle peut donner lieu simultanément à plusieurs ego, à plusieurs positions-sujets que des classes différentes d'individus peuvent venir occuper.

# VIII

# DU BELLAY

## LE POÈTE ET LA COUR

Du Bellay, *Les Regrets*, éd. F. Joukovski,
GF-Flammarion, p. 63-64 et 68
(orthographe modernisée).

Auteur d'une satire, *Le Poète courtisan*, de la *Défense et illustration de la langue française,* du Bellay n'a cessé de réfléchir sur la fonction du poète et sa position particulière, pris entre la vie curiale et l'inspiration qui lui donne – ou ne lui donne pas – matière à ouvrage. *Les Regrets*, qui exploitent le *topos* ovidien du poète exilé, sont aussi pour lui le moment de réfléchir sur cette condition particulière, partagée avec Panjas et Magny. Au-delà du lyrisme négatif de l'œuvre, certains poèmes mettent en effet en scène cette ambiguïté première du poète de cour : loin de la Cour qui par son mécénat nourrit son œuvre – Ronsard, auquel le sonnet XVI s'adresse, est le poète de Henri II –, le poète exilé en vient à écrire son impuissance même à créer.

## VII

Cependant que la Cour mes ouvrages lisait,
Et que la sœur du Roi, l'unique Marguerite,
Me faisant plus d'honneur que n'était mon mérite,
De son bel œil divin mes vers favorisait,

Une fureur d'esprit au ciel me conduisait
D'une aile qui la mort et les siècles évite,
Et le docte troupeau qui sur Parnasse habite,
De son feu plus divin mon ardeur attisait.

Ores je suis muet, comme on voit la Prophète [1]
Ne sentant plus le Dieu, qui la tenait sujette,
Perdre soudainement la fureur et la voix.

Et qui ne prend plaisir qu'un Prince lui commande ?
L'honneur nourrit les arts, et la Muse demande
Le théâtre du peuple, et la faveur des Rois.

## XVI

Cependant que Magny suit son grand Avanson,
Panjas son Cardinal, et moi le mien encore,
Et que l'espoir flatteur, qui nos beaux ans dévore
Appâte nos désirs d'un friand hameçon,

Tu courtises les Rois, et d'un plus heureux son
Chantant l'heur de Henry, qui son siècle décore,
Tu t'honores toi-même, et celui qui honore
L'honneur que tu lui fais par ta docte chanson.

Las, et nous cependant nous consumons notre âge
Sur le bord inconnu d'un étrange rivage,
Où le malheur nous fait ces tristes vers chanter,

Comme on voit quelquefois, quand la mort les appelle,
Arrangés flanc à flanc parmi l'herbe nouvelle,
Bien loin sur un étang trois cygnes lamenter.

---

1. La Sibylle.

# IX

# DUCLOS

## L'AUTEUR ET LES GENS DE LETTRES

Duclos, *Considérations sur les mœurs de ce siècle*,
Paris, Prault fils, 1751 (nouvelle édition),
chapitre X, « Sur les gens de Lettres »,
p. 239 *sq.* (orthographe modernisée).

L'émergence de l'écrivain au XVIIe siècle – les travaux d'Alain Viala puis de Christian Jouhaud ont bien montré comment apparaissent dès cette époque les premiers indices d'une autonomisation du champ littéraire, lié à un jeu ambigu de l'écrivain et du pouvoir – n'est pas sans s'accompagner d'une disqualification progressive des doctes, surnommés Jean-de-lettres, ces auteurs que leur statut social autorise à écrire. Au XVIIIe siècle, le pouvoir de ce nouveau corps des gens de lettres, toujours plus étendu mais pas encore vraiment constitué comme corps, demeure profondément ambigu. Charles Pinot Duclos, dans les éditions postérieures de ce texte, ajoutera un paragraphe après le neuvième ici reproduit, dans lequel il affirmera : « [...] de tous les empires, celui des gens d'esprit, sans être visible, est le plus étendu. Le puissant commande, les gens d'esprit gouvernent, parce qu'à la longue, ils forment l'opinion publique, qui tôt ou tard subjugue ou renverse toute espèce de despotisme » (cité d'après la septième édition, 1780, Prault et Durand, p. 217). Pour autant, les gens de lettres (et les philosophes parmi eux – ou contre eux, si l'on pense aux lignes peu amènes que leur consacre Voltaire dans son *Dictionnaire philosophique*) sont loin de jouir d'une puissance véritable ; l'exemple même de Voltaire, contraint à l'exil pour avoir voulu se venger d'une bastonnade infligée par les valets d'un grand dont il avait moqué le nom, suffirait à montrer combien l'infériorité sociale de l'écrivain sous l'Ancien Régime demeure un état de fait, et que le pouvoir affirmé des gens de lettres tient d'abord à l'imaginaire qu'ils imposent.

Autrefois les gens de Lettres livrés à l'étude, et séparés du monde, en travaillant pour leurs contemporains, ne songeaient qu'à la postérité. Leurs mœurs pleines de candeur et de rudesse, n'avaient guère de rapport avec celles de la Société ; et les gens du monde moins instruits qu'aujourd'hui, admiraient les ouvrages, ou plutôt le nom des Auteurs, et ne se croyaient pas trop capables de vivre avec eux. Il entrait même dans cet éloignement plus de considération que de répugnance.

Le goût des Lettres, des Sciences et des Arts, a gagné insensiblement, et il est venu au point, que ceux qui ne l'ont pas d'inclination l'affectent par air. On a donc recherché ceux qui les cultivent, et ils ont été attirés dans le monde à proportion de l'agrément qu'on a trouvé dans leur commerce.

On a gagné de part et d'autre à cette liaison. Les gens du monde ont cultivé leur esprit, formé leur goût, et acquis de nouveaux plaisirs. Les gens de Lettres n'en ont pas retiré moins d'avantage. Ils ont trouvé de la protection et de la considération ; ils ont perfectionné leur goût, poli leur esprit, adouci leurs mœurs, et acquis sur plusieurs articles des lumières qu'ils n'auraient pas puisées dans les Livres.

Les Lettres ne donnent pas précisément un état, mais elles en tiennent lieu à ceux qui n'en ont pas d'autre, et leur procurent des distinctions, que des gens qui leur sont supérieurs par le rang n'obtiendraient pas toujours. On ne se croit pas plus humilié de rendre hommage à l'esprit qu'à la beauté, à moins qu'on ne soit d'ailleurs en concurrence de rang ou de dignité : car l'esprit peut devenir alors l'objet le plus vif de la rivalité. Mais lorsqu'on a une supériorité de rang bien décidée, on accueille l'esprit avec complaisance ; on est flatté de donner à un homme d'un rang inférieur le prix qu'il faudrait disputer avec un rival à d'autres égards.

L'esprit a l'avantage, que ceux qui l'estiment, prouvent qu'ils en ont eux-mêmes, ou le font croire, ce qui est à peu près la même chose pour bien des gens.

On distingue la République des Lettres en plusieurs classes. Les Savants qu'on appelle aussi Érudits, ont joui autrefois d'une grande considération ; on leur doit la renaissance des Lettres ; mais comme aujourd'hui on ne les estime pas autant qu'ils le méritent, le nombre en diminue trop, et c'est un malheur pour les Lettres : ils se produisent peu dans le monde qui ne leur convient guère, et à qui ils ne conviennent pas davantage.

Il y a un autre ordre de Savants qui s'occupent des Sciences exactes. On les estime, on en reconnaît l'utilité, on les récompense quelquefois ; leur nom est cependant plus à la mode que leur personne, à moins qu'ils n'aient d'autres agréments que le mérite qui fait leur célébrité.

Les gens de Lettres les plus recherchés sont ceux qu'on appelle communément beaux esprits, entre lesquels il y a encore une distinction à faire. Ceux dont les talents sont marqués et couronnés par des succès, sont bientôt connus et accueillis ; mais si leur esprit se trouve renfermé dans la sphère du talent, quelque génie qu'on y reconnaisse, on applaudit l'ouvrage, et on néglige l'Auteur. On lui préfère dans la Société celui dont l'esprit est d'un usage plus varié, et d'une application moins décidée et plus étendue.

Les premiers font plus d'honneur à leur siècle ; mais on cherche dans la Société ce qui plaît davantage. D'ailleurs il y a compensation sur tout. De grands talents ne supposent pas toujours un grand fonds d'esprit : un petit volume d'eau peut fournir un jet plus brillant qu'un ruisseau dont le cours paisible, égal et abondant fertilise une terre utile. Les hommes de talents doivent avoir plus de célébrité, c'est leur récompense. Les gens d'esprit doivent trouver plus d'agréments dans le commerce, puisqu'il y portent davantage ; c'est une reconnaissance fondée. Les talents ne se communiquent point par la fréquentation. Avec les gens d'esprit, on développe, on étend, et on leur doit une partie du sien. Aussi le plaisir et l'habitude de vivre avec eux font naître l'intimité, et quelquefois l'amitié, malgré les disproportions d'état, quand les qualités du cœur s'y trouvent ; car il faut avouer que malgré la manie d'esprit à la mode, les gens de Lettres, dont l'âme est connue pour honnête, ont tout un autre coup d'œil dans le monde, que ceux dont on loue les talents, et dont on désavoue la personne.

On a dit que le jeu et l'amour rendent toutes les conditions égales : je suis persuadé qu'on y eût pu joindre l'esprit, si le proverbe eût été fait depuis que l'esprit est devenu une passion. Le jeu égale en avilissant le supérieur ; l'amour, en élevant l'inférieur ; et l'esprit, parce que la véritable égalité vient de celle des âmes. Il serait à désirer que la vertu produise le même effet ; mais il n'appartient qu'aux passions de réduire les hommes à n'être que des hommes, c'est-à-dire à renoncer à toutes les distinctions extérieures.

Les gens de la Cour sont ceux dont les Lettres ont le plus à se louer ; et si j'avais un conseil à donner à un homme qui ne peut se faire jour que par son esprit, je lui dirais : Préférez à tout l'amitié de vos égaux ; c'est la plus sûre, la plus honnête, et souvent la plus utile ; ce sont les petits amis qui rendent les grands services, sans tyranniser la reconnaissance : mais si vous ne voulez que des liaisons de société, faites-les à la Cour ; ce sont les plus agréables et les moins gênantes. Le manège, l'intrigue, les pièges, et ce qu'on appelle les *noirceurs*, ne s'emploient qu'entre les rivaux d'ambition. Les Courtisans ne pensent pas à nuire à ceux qui ne peuvent les traverser, et font quelquefois gloire de les obliger. Ils aiment à s'attacher un homme de mérite, dont la reconnaissance peut avoir de l'éclat. Plus on est grand, moins on s'avise de faire sentir une différence trop marquée. L'amour-propre éclairé ne diffère guère de la modestie dans ses effets. Un homme de Lettres estimable n'en essuiera point de faste offensant ; au lieu qu'il pourrait y être exposé avec ces gens qui n'ont sur lui que la supériorité que leur impertinence suppose, et qui croyaient que c'est un moyen de la lui prouver.

Depuis que le bel esprit est devenu une contagion, tel s'érige en protecteur qui aurait besoin lui-même d'être protégé, et à qui il ne manque pour cela que d'en être digne. Plusieurs devraient sentir qu'ils seraient assez honorés d'être utiles aux Lettres, parce qu'ils en retireraient plus de considération qu'ils ne pourraient leur en procurer.

D'autres qui se croient gens du monde, parce qu'on ne sait pas pourquoi ils s'y trouvent, paraissent étonnés d'y rencontrer les gens de Lettres. Ceux-ci pourraient à plus juste titre être surpris d'y trouver ces gens d'un état assez commun, qui malgré leur complaisance pour les Grands, et leur impertinence avec leurs égaux, seront toujours hors d'œuvre. Mais il y a tant de faux gens du monde ! Mais du moins doit-on faire une différence entre ceux qui y sont recherchés, et ceux qui s'y jettent malgré les dégoûts qu'ils éprouvent.

En effet, réduisons les choses au vrai. On est homme du monde par la naissance et les dignités, on s'y attache par intérêt, on s'y introduit par bassesse ; on y est lié par des circonstances particulières, telles que sont les alliances des gens de fortune ; on y est admis par choix, c'est le partage des gens de Lettres ; et le goût entraîne nécessairement des distinctions.

Les gens de fortune qui ont de l'esprit et des Lettres le sentent si bien, que si on les consulte, ou qu'on suive simplement leur conduite, on verra qu'ils jouissent de leur fortune, mais qu'ils s'estiment à d'autres égards. Ils sont même blessés des éloges qu'on donne à leur magnificence, parce qu'ils sentent qu'ils ont un autre mérite que celui-là ; on veut tirer sa gloire de ce qu'on estime le plus. Ils recherchent des gens de Lettres, et se font honneur de leur amitié.

Les succès de quelques gens de Lettres en ont égaré beaucoup dans cette carrière. Tous se sont flattés de jouir des mêmes agréments, et plusieurs se sont trompés, soit qu'ils eussent moins de mérite, soit que leur mérite fût moins de commerce.

Quantité de jeunes gens ont cru obéir au génie, et leurs mauvais succès n'ont fait que les rendre incapables de suivre d'autres routes où ils auraient réussi, s'ils y étaient entrés d'abord. Par-là l'État a perdu de bons sujets, sans que la République des Lettres y ait rien gagné.

# X

# VIGNY

## LES VISAGES ROMANTIQUES DE L'AUTEUR

Vigny, *Chatterton*, « Dernière nuit de travail »,
éd. F. Germain, GF-Flammarion, p. 26-29.

Alfred de Vigny, qui se veut premier poète-philosophe, est sans doute celui par qui nous nous représentons encore le statut du poète dans une société dont les valeurs premières sont de profit et d'utilité. À travers son roman *Stello* (1832), à travers son drame *Chatterton* (1835), c'est en effet la même question qui est posée : quelle place peut occuper le poète que la société moderne condamne, qu'elle prenne la forme de la monarchie (et c'est l'histoire de Gilbert), d'un régime parlementaire (et c'est l'histoire de Chatterton) ou d'une république (et c'est l'histoire de Chénier) ? Car ces trois poètes poussent un unique cri, à en croire *Stello* : « Le Poète a une malédiction sur sa vie et une bénédiction sur son nom. Le Poète, apôtre de la vérité toujours jeune, cause un éternel ombrage à l'homme du Pouvoir, apôtre d'une vieille fiction, parce que l'un a l'inspiration, l'autre seulement l'attention ou l'aptitude d'esprit ; parce que le Poète laissera une œuvre où sera écrit le jugement des actions publiques et de leurs acteurs ; parce qu'au moment même où ces acteurs disparaissent pour toujours à la mort, l'auteur commence une longue vie. » C'est que les hommes de lettres, par leur solitude « sainte », vivent dans la république des lettres, « la seule qui puisse jamais être composée de citoyens vraiment libres, car elle est formée de penseurs isolés, séparés et souvent inconnus les uns aux autres ». Après le temps des « mages romantiques », selon l'expression de Paul Bénichou, ces poètes qui à la suite des philosophes guident le peuple sur le chemin de la vérité, vient le temps du désengagement amer, ou plutôt de l'appel à une « neutralité armée », que reprendront, par opposition à Sartre – ce nouveau Voltaire, à en croire de Gaulle –, les membres de la revue *Tel Quel*. La préface de *Chatterton* établit une typologie des auteurs, pour dégager une figure du poète tel qu'il ne peut être ni homme de lettres, factice et carriériste, ni grand écrivain, mage ou prophète. D'Artaud aux surréalistes, la question de l'impossible assimilation du poète à la société, et de son suicide, marquera en profondeur la représentation – la mythologie – de l'écrivain.

Trois sortes d'hommes, qu'il ne faut pas confondre, agissent sur les sociétés par les travaux de la pensée, mais se remuent dans des régions qui me semblent éternellement séparées.

L'homme habile aux choses de la vie, et toujours apprécié, se voit, parmi nous, à chaque pas. Il est convenable à tout et convenable en tout. Il a une souplesse et une facilité qui tiennent du prodige. Il fait justement ce qu'il a résolu de faire, et dit proprement et nettement ce qu'il veut dire. Rien n'empêche que sa vie soit prudente et compassée comme ses travaux. Il a l'esprit libre, frais et dispos, toujours présent et prêt à la riposte. Dépourvu d'émotions réelles, il renvoie promptement la balle élastique des bons mots. Il écrit les affaires comme la littérature, et rédige la littérature comme les affaires. Il peut s'exercer indifféremment à l'œuvre d'art et à la critique, prenant dans l'une la forme à la mode, dans l'autre la dissertation sentencieuse. Il sait le nombre des paroles que l'on peut réunir pour faire les apparences de la passion, de la mélancolie, de la gravité, de l'érudition et de l'enthousiasme. Mais il n'a que de froides velléités de ces choses, et les devine plus qu'il ne les sent ; il les respire de loin comme de vagues odeurs de fleurs inconnues. Il sait la place du mot ou du sentiment, et les chiffrerait au besoin. Il se fait le langage des genres, comme on se fait le masque des visages. Il peut écrire la comédie et l'oraison funèbre, le roman et l'histoire, l'épître et la tragédie, le couplet et le discours politique. Il monte de la grammaire à l'œuvre, au lieu de descendre de l'inspiration au style ; il sait façonner tout dans un goût vulgaire et joli, et peut tout ciseler avec agrément, jusqu'à l'éloquence de la passion. – C'est L'HOMME DE LETTRES.

Cet homme est toujours aimé, toujours compris, toujours en vue ; comme il est léger et ne pèse à personne, il est porté dans tous les bras où il veut aller ; c'est l'aimable roi du moment, tel que le dix-huitième siècle en a tant couronné. – Cet homme n'a nul besoin de pitié.

Au-dessus de lui est un homme d'une nature plus forte et meilleure. Une conviction profonde et grave est la source où il puise ses œuvres et les répand à larges flots sur un sol dur et souvent ingrat. Il a médité dans la retraite sa philosophie entière ; il la voit toute d'un coup d'œil ; il la tient dans sa main comme une chaîne, et peut dire à quelle pensée il va suspendre son premier anneau, à laquelle aboutira le dernier, et quelles œuvres pourront s'attacher à tous les autres dans l'avenir. Sa mémoire est riche, exacte et presque infaillible ; son jugement est sain, exempt de troubles autres que ceux qu'il cherche, de passions autres que ses colères contenues ; il est studieux et calme. Son génie, c'est l'attention portée au degré le plus élevé, c'est le bon sens à sa plus magnifique expression. Son langage est juste, net, franc, grand dans son allure et vigoureux dans ses coups. Il a surtout besoin d'ordre et de clarté, ayant toujours en vue le peuple auquel il parle et la voie où il conduit ceux qui croient en lui. L'ardeur d'un combat perpétuel enflamme sa vie et ses écrits. Son cœur a de grandes révoltes et des haines larges et sublimes qui le rongent en secret, mais que domine et dissimule son exacte raison. Après tout, il marche le pas qu'il veut, sait jeter des semences à une grande profondeur, et attendre qu'elles aient germé, dans une immobilité effrayante. Il est maître de lui et de beaucoup d'âmes qu'il entraîne du nord au sud, selon son bon vouloir ; il tient un peuple dans sa main, et l'opinion qu'on a de lui le tient dans le respect de lui-même, et l'oblige à surveiller sa vie. – C'est le véritable, LE GRAND ÉCRIVAIN.

Celui-là n'est pas malheureux ; il a ce qu'il a voulu avoir ; il sera toujours combattu, mais avec des armes courtoises ; et quand il donnera des armistices à ses ennemis, il recevra les hommages des deux camps. Vainqueur ou vaincu, son front est couronné. – Il n'a nul besoin de votre pitié.

Mais il est une autre sorte de nature, nature plus passionnée, plus pure et plus rare. Celui qui vient d'elle est inhabile à tout ce qui n'est pas l'œuvre divine, et vient au monde à de rares intervalles, heureusement pour lui, malheureusement pour l'espèce humaine. Il y vient pour être à charge aux autres, quand il appartient complètement à cette race exquise et puissante qui fut celle des grands hommes inspirés. – L'émotion est née avec lui si profonde et si intime, qu'elle l'a plongé, dès l'enfance, dans des extases involontaires, dans des rêveries interminables, dans des inventions infinies. L'imagination le possède par-dessus tout. Puissamment construite, son âme retient et juge toute chose avec une large mémoire et un sens droit et pénétrant ; mais l'imagination emporte ses facultés vers le ciel aussi irrésistiblement que le ballon enlève la nacelle. Au moindre choc elle part, au plus petit souffle elle vole et ne cesse d'errer dans l'espace qui n'a pas de routes humaines. Fuite sublime vers des mondes inconnus, vous devenez l'habitude invincible de son âme ! Dès lors, plus de rapports avec les hommes qui ne soient altérés et rompus sur quelques points. Sa sensibilité est devenue trop vive ; ce qui ne fait qu'effleurer les autres le blesse jusqu'au sang ; les affections et les tendresses de sa vie sont écrasantes et disproportionnées ; ses enthousiasmes excessifs l'égarent ; ses sympathies sont trop vraies ; ceux qu'il plaint souffrent moins que lui, et il se meurt des peines des autres. Les dégoûts, les froissements et les résistances de la société humaine le jettent dans des abattements profonds, dans de noires indignations, dans des désolations insurmontables, parce qu'il comprend tout trop complètement et trop profondément, et parce que son œil va droit aux causes qu'il déplore ou dédaigne, quand d'autres yeux s'arrêtent à l'effet qu'ils combattent. De la sorte, il se tait, s'éloigne, se retourne sur lui-même et s'y enferme comme en un cachot. Là, dans l'intérieur de sa tête brûlée, se forme et s'accroît quelque chose de pareil à un volcan. Le feu couve sourdement et lentement dans ce cratère, et laisse échapper ses laves harmonieuses, qui d'elles-mêmes sont jetées dans la divine forme des vers. Mais le jour de l'éruption, le sait-il ? On dirait qu'il assiste en étranger à ce qui se passe en lui-même, tant cela est imprévu et céleste ! Il marche consumé par des ardeurs secrètes et des langueurs inexplicables. Il va comme un malade et ne sait où il va ; il s'égare trois jours, sans savoir où il s'est traîné, comme fit jadis celui qu'aime le mieux la France ; il a besoin de *ne rien faire*, pour faire quelque chose en son art. Il faut qu'il ne fasse rien d'utile et de journalier pour avoir le temps d'écouter les accords qui se forment lentement dans son âme, et que le bruit grossier d'un travail positif et régulier interrompt et fait infailliblement évanouir. – C'est LE POÈTE. – Celui-là est retranché dès qu'il se montre : toutes vos larmes, toute votre pitié pour lui !

Pardonnez-lui et sauvez-le. Cherchez et trouvez pour lui une vie assurée, car à lui seul il ne saura trouver que la mort ! – C'est dans la première jeunesse qu'il sent sa force naître, qu'il pressent l'avenir de son génie, qu'il étreint d'un amour immense l'humanité et la nature, et c'est alors qu'on se défie de lui et qu'on le repousse.

Il crie à la multitude : C'est à vous que je parle, faites que je vive ! Et la multitude ne l'entend pas ; elle répond : Je ne te comprends point ! Et elle a raison.

Car son langage choisi n'est compris que d'un petit nombre d'hommes choisi lui-même. Il leur crie :

Écoutez-moi, et faites que je vive ! Mais les uns sont enivrés de leurs propres œuvres, les autres sont dédaigneux et veulent dans l'enfant la perfection de l'homme, la plupart sont distraits et indifférents, tous sont impuissants à faire le bien. Ils répondent : Nous ne pouvons rien ! Et ils ont raison.

Il crie au pouvoir : Écoutez-moi, et faites que je ne meure pas. Mais le pouvoir déclare qu'il ne protège que les intérêts positifs, et qu'il est étranger à l'intelligence, dont il a ombrage ; et cela hautement déclaré et imprimé, il répond : Que ferais-je de vous ? Et il a raison. Tout le monde a raison contre lui. Et lui, a-t-il tort ? – Que faut-il qu'il fasse ? Je ne sais ; mais voici ce qu'il peut faire.

Il peut, s'il a de la force, se faire soldat, et passer sa vie sous les armes ; une vie agitée, grossière, où l'activité physique *tuera* l'activité morale. Il peut, s'il en a la patience, se condamner aux travaux du chiffre, où le calcul *tuera* l'illusion. Il peut encore, si son cœur ne se soulève pas trop violemment, courber et amoindrir sa pensée, et cesser de chanter pour écrire. Il peut être homme de lettres, ou mieux encore ; si la philosophie vient à son aide, et s'il peut se dompter, il deviendra utile et grand écrivain ; mais à la longue, le jugement aura *tué* l'imagination, et avec elle, hélas ! le vrai Poème qu'elle portait dans son sein.

Dans tous les cas il *tuera* une partie de lui-même ; mais, pour ces demi-suicides, pour ces immenses résignations, il faut encore une force rare. Si elle ne lui a pas été donnée, cette force, ou si les occasions de l'employer ne se trouvent pas sur sa route, et lui manquent, même pour s'immoler ; si, plongé dans cette lente destruction de lui-même, il ne s'y peut tenir, quel parti prendre ?

# III

## L'AUTEUR COMME GENRE :
### LA VIE DE L'AUTEUR

# XI

# PASCAL

## LA FABRICATION DE L'AUTEUR

Préface de Port-Royal des *Pensées* de Pascal, chez Guillaume Desprez, 1670.

Les *Pensées* de Pascal n'existent pas. Du moins n'est-ce pas un livre, un texte fabriqué par son auteur pour la publication, écrite ou manuscrite ; et pourtant, sous différents visages, elles existent. C'est qu'il y eut quelqu'un – quelques-uns – pour les fabriquer, les assembler, les offrir au public. Or ce geste de publication par un autre que l'auteur (fréquent à l'époque moderne, où est omniprésent le *topos* de la modestie de l'écrivain, où l'interdit qui pèse sur la scène publique reste fort, et conduit à présenter la publication comme contraire à la volonté de l'auteur) est ici appuyé sur la manifestation de l'écrivain : la publication des fragments est en même temps une publication de leur auteur, homme privé que le public réclame. C'est que le texte est aussi une arme de guerre, une machine de défense de la théologie augustinienne telle que la comprenait Saint-Cyran. Aussi l'éditeur, pour monter la machine, doit-il fabriquer dans la préface une figure d'auteur qui l'autorise à grouper de telle ou telle façon les fragments. Ainsi, après avoir figuré un Pascal savant, érudit, doué d'une mémoire « prodigieuse » (ce qui explique, déplore l'éditeur, qu'il n'ait pas plus avancé la rédaction), l'éditeur rapporte une anecdote qui légitime son entreprise. « Il se rencontra néanmoins une occasion, il y a environ dix ou douze ans, en laquelle on l'obligea, non pas d'écrire ce qu'il avait dans l'esprit sur ce sujet-là, mais d'en dire quelque chose de vive voix. » Après avoir résumé ce discours, et ce plan, l'éditeur justifie la publication des *Pensées* telle qu'il l'a pratiquée.

Si l'on avait seulement ce discours-là par écrit tout au long et en la manière qu'il fut prononcé, l'on aurait quelque sujet de se consoler de la perte de cet ouvrage, et l'on pourrait dire qu'on en aurait au moins un petit échantillon, quoique fort imparfait. Mais Dieu n'a pas permis qu'il nous ait laissé ni l'un ni l'autre ; car peu de temps après, il tomba malade d'une maladie de langueur et de faiblesse qui dura les quatre dernières années de sa vie, et qui, quoiqu'elle parût fort peu au-dehors, et qu'elle ne l'obligeât pas de garder le lit ni la chambre, ne laissait pas de l'incommoder beaucoup, et de le rendre presque incapable de s'appliquer à quoi que ce fût : de sorte que le plus grand soin et la principale occupation de ceux qui étaient auprès de lui étaient de le détourner d'écrire, et même de parler de tout ce qui demandait quelque application et quelque contention d'esprit, et de ne l'entretenir que de choses indifférentes et incapables de le fatiguer.

C'est néanmoins pendant ces quatre années de langueur et de maladie qu'il a fait et écrit tout ce que l'on a de lui de cet ouvrage qu'il méditait, et tout ce que l'on en donne au public. Car, quoiqu'il attendît que sa santé fût entièrement rétablie pour y travailler tout de bon, et pour écrire les choses qu'il avait déjà digérées et disposées dans son esprit ; cependant, lorsqu'il lui survenait quelques nouvelles pensées, quelques vues, quelques idées, ou même quelque tour et quelques expressions qu'il prévoyait lui pouvoir un jour servir pour son dessein, comme il n'était pas alors en état de s'y appliquer aussi fortement qu'il faisait quand il se portait bien, ni de les imprimer dans son esprit et dans sa mémoire, il aimait mieux en mettre quelque chose par écrit pour ne le pas oublier ; et pour cela il prenait le premier morceau de papier qu'il trouvait sous sa main, sur lequel il mettait sa pensée en peu de mots, et fort souvent même seulement à demi-mot ; car il ne l'écrivait que pour lui ; et c'est pourquoi il se contentait de le faire fort légèrement, pour ne pas se fatiguer l'esprit, et d'y mettre seulement les choses qui étaient nécessaires pour le faire ressouvenir des vues et des idées qu'il avait.

C'est ainsi qu'il a fait la plupart des fragments qu'on trouvera dans ce recueil ; de sorte qu'il ne faut pas s'étonner s'il y en a quelques-uns qui semblent assez imparfaits, trop courts et trop peu expliqués, et dans lesquels on peut même trouver des termes et des expressions moins propres et moins élégantes. Il arrivait néanmoins quelquefois qu'ayant la plume à la main, il ne pouvait s'empêcher, en suivant son inclination, de pousser ses pensées, et de les étendre un peu davantage, quoique ce ne fût jamais avec la force et l'application d'esprit qu'il aurait pu faire en parfaite santé. Et c'est pourquoi l'on en trouvera aussi quelques-unes plus étendues et mieux écrites, et des chapitres plus suivis et plus parfaits que les autres.

Voilà de quelle manière ont été écrites ces pensées. Et je crois qu'il n'y aura personne qui ne juge facilement par ces légers commencements et par ces faibles essais d'une personne malade, qu'il n'avait écrits que pour lui seul, et pour se remettre dans l'esprit des pensées qu'il craignait de perdre, et qu'il n'a jamais revus ni retouchés, quel eût été l'ouvrage entier, si M. Pascal eût pu recouvrer sa parfaite santé et y mettre la dernière main, lui qui savait disposer les choses dans un si beau jour et un si bel ordre, qui donnait un tour si particulier, si noble et si relevé à tout ce qu'il voulait dire, qui avait dessein de travailler cet ouvrage plus que tous ceux qu'il avait jamais faits, qui y voulait employer toute la force d'esprit et tous les talents que Dieu lui avait donnés, et duquel il a dit souvent qu'il lui fallait dix ans de santé pour l'achever.

Comme l'on sait le dessein qu'avait M. Pascal de travailler sur la religion, l'on eut un très grand soin, après sa mort, de recueillir tous les écrits qu'il avait faits sur cette matière. On les trouva tous ensemble enfilés en diverses liasses, mais sans aucun ordre et sans aucune suite, parce que, comme je l'ai déjà remarqué, ce n'était que les premières expressions de ses pensées qu'il écrivait sur de petits morceaux de papier à mesure qu'elles lui venaient dans l'esprit. Et tout cela était si imparfait et si mal écrit qu'on a eu toutes les peines du monde à les déchiffrer.

La première chose que l'on fit fut de les faire copier tels qu'ils étaient, et dans la même confusion qu'on les avait trouvés. Mais lorsqu'on les vit en cet état, et qu'on eut plus de facilité de les lire et de les examiner que dans les originaux, ils parurent d'abord si informes, si peu suivis, et la plupart si peu expliqués, qu'on fut fort longtemps sans penser du tout à les faire imprimer, quoique plusieurs personnes de très grande considération le demandassent souvent avec des instances et des sollicitations fort pressantes ; parce que l'on jugeait bien que l'on ne pouvait pas remplir l'attente et l'idée que tout le monde avait de cet ouvrage, dont l'on avait déjà entendu parler, en donnant ces écrits en l'état qu'ils étaient.

Mais enfin on fut obligé de céder à l'impatience et au grand désir que tout le monde témoignait de les voir imprimés. Et l'on s'y porta d'autant plus aisément que l'on crut que ceux qui les liraient seraient assez équitables pour faire le discernement d'un dessin ébauché avec une pièce achevée, et pour juger de l'ouvrage par l'échantillon, quelque imparfait qu'il fût. Et ainsi l'on se résolut de les donner au public. Mais, comme il y avait plusieurs manières de l'exécuter, l'on a été quelque temps à se déterminer sur celle que l'on devait prendre.

La première qui vint dans l'esprit, et celle qui était sans doute la plus facile, était de les faire imprimer tout de suite dans le même état qu'on les a trouvés. Mais l'on jugea bientôt que, de le faire de cette sorte, c'eût été perdre presque tout le fruit qu'on en pouvait espérer ; parce que les pensées plus parfaites, plus suivies, plus claires et plus étendues étant mêlées et comme absorbées parmi tant d'autres imparfaites, obscures, à demi digérées, et quelques-unes même presque inintelligibles à tout autre qu'à celui qui les avait écrites, il y avait tout sujet de croire que les unes feraient rebuter les autres, et que l'on ne considérerait ce volume, grossi inutilement de tant de pensées imparfaites, que comme un amas confus, sans ordre, sans suite, et qui ne pouvait servir à rien.

Il y avait une autre manière de donner ces écrits au public, qui était d'y travailler auparavant, d'éclaircir les pensées obscures, d'achever celles qui étaient imparfaites, et, en prenant dans tous ces fragments le dessein de M. Pascal, de suppléer en quelque sorte l'ouvrage qu'il voulait faire. Cette voie eût été assurément la plus parfaite ; mais il était aussi très difficile de la bien exécuter. L'on s'y est néanmoins arrêté assez longtemps, et l'on avait en effet commencé à y travailler. Mais enfin l'on s'est résolu de la rejeter aussi bien que la première, parce que l'on a considéré qu'il était presque impossible de bien entrer dans la pensée et dans le dessein d'un auteur, et surtout d'un auteur mort, et que ce n'eût pas été donner l'ouvrage de M. Pascal, mais un ouvrage tout différent.

Ainsi, pour éviter les inconvénients qui se trouvaient dans l'une et l'autre de ces manières de faire paraître ces écrits, l'on en a choisi une entre deux, qui est celle que l'on a suivie dans ce recueil. L'on a pris seulement parmi ce grand nombre de pensées celles qui ont paru les plus claires et les plus achevées ; et on les donne telles qu'on les a trouvées, sans y rien ajouter ni changer, si ce n'est qu'au lieu qu'elles étaient sans suite, sans liaison, et dispersées confusément de côté et d'autre, on les a mises dans quelque sorte d'ordre, et réduit sous les mêmes titres celles qui étaient sur les mêmes sujets ; et l'on a supprimé toutes les autres qui étaient ou trop obscures, ou trop imparfaites.

# XII

# LA BRUYÈRE

## DE L'ANCIEN ET DU MODERNE

La Bruyère, « Discours sur Théophraste »,
éd. R. Pignarre des *Caractères*,
GF-Flammarion, p. 30-33.

La Bruyère a-t-il écrit les *Caractères* ? Les premiers lecteurs étaient en droit de se poser la question car le livre a paru anonymement ; les « nouveaux caractères » se présentaient comme une simple continuation du recueil de Théophraste – les textes traduits du grec, brefs et peu nombreux, étaient imprimés dans une police supérieure à celle des « remarques » originales, à tel point que les deux ensembles comptaient peu ou prou le même nombre de pages ; un « Discours sur Théophraste » se lisait en tête du volume, mais les « nouveaux caractères » étaient eux-mêmes précédés d'une « seconde » préface.

Le « Discours » offre une « Vie de Théophraste » visiblement conçue sur le modèle de la « Vie d'Ésope » rédigée par La Fontaine pour le premier recueil des *Fables* : la construction d'une origine vaut comme légitimation d'un genre, dont l'autorité peut alors se substituer à celle de l'auteur. Comme l'a montré J.-M. Schaeffer (« Æsopus auctor inventus », *Poétique* 63, « Le Biographique », 1985, p. 362), « légitimation générique signifie légitimation hypertextuelle : tout texte doit s'insérer dans une tradition établie. Comme dans le cas de la fable un tel ensemble bien constitué de textes antérieurs fait défaut, on fait intervenir la projection d'origine, sous forme de référence à un *heuretès* ou à une origine mythique ». Cet *heuretès* (inventeur, découvreur), ce Théophraste sur qui (sur quoi) se projette La Bruyère, légitime ainsi le genre choisi : la figure auctoriale telle que la pensent les Anciens se construit par référence à des modèles, à l'inverse des Modernes pour qui le progrès autorise l'écriture des écrivains du siècle de Louis le Grand ; leur auctorialité est prouvée par leur originalité ; à l'horizon de la Querelle des uns et des autres, apparaît ainsi un changement du régime de l'auctorialité.

Le « Discours » se referme sur deux allusions transparentes à Pascal et La Rochefoucauld, dont les noms ne sont pas cités : « [...] l'on n'a point été détourné de son entreprise [l'écriture des *Caractères*] par deux ouvrages de morale qui sont dans les mains de tout le monde, et d'où, faute d'attention ou par un esprit de critique, quelques-uns pourraient penser que ces remarques sont imitées.

« L'un, par l'engagement de son auteur, fait servir la métaphysique à la religion, fait connaître l'âme, ses passions, ses vices, traite les grands et les sérieux motifs pour conduire à la vertu, et veut rendre l'homme chrétien. L'autre, qui est la production d'un esprit instruit par le commerce du monde et dont la délicatesse était égale à la pénétration, observant que l'amour-propre est dans l'homme la cause de tous ses faibles, l'attaque sans relâche, quelque part où il le trouve ; et cette unique pensée, comme multipliée en mille manières différentes, a

toujours, par le choix des mots et par la variété de l'expression, la grâce de la nouveauté » (p. 37-38).
Ainsi, c'est bien la constitution d'un genre que poursuit La Bruyère dans son texte liminaire. La postérité devait entériner l'opération d'autonomisation du genre sous l'appellation « les moralistes ».
La Bruyère n'hésite d'ailleurs pas à se dire auteur, notamment dans « Des ouvrages de l'esprit », et conçoit cette activité comme un métier. Ainsi peut-on interpréter l'apparition, dans la sixième édition, du nom propre qui remplace les *** de « De quelques usages » (14), et l'autoportrait possible que constitue le diptyque Antisthène et Antisthius (« Des jugements », 21 et 67), comme des signatures tardives et ironiques. La vie de Théophraste établit un contexte d'énonciation qui rend acceptable la peinture à venir ; elle pose l'*éthos* d'un écrivain qui peut assumer la mise au jour des caractères de l'homme. La vie d'auteur, ici, fonctionne comme le miroir utopique de cet *éthos,* utopique parce qu'il prend place dans le hors-lieu de l'Antique, dans un lieu purement littéraire, dans un lieu qui incarne l'imaginaire du littéraire.

Mais peut-être que pour relever le mérite de ce traité des *Caractères* et en inspirer la lecture, il ne sera pas inutile de dire quelque chose de celui de leur auteur. Il était d'Érèse, ville de Lesbos, fils d'un foulon ; il eut pour premier maître dans son pays un certain Leucippe [1], qui était de la même ville que lui ; de là il passa à l'école de Platon, et s'arrêta ensuite à celle d'Aristote, où il se distingua entre tous ses disciples. Ce nouveau maître, charmé de la facilité de son esprit et de la douceur de son élocution, lui changea son nom, qui était Tyrtame, en celui d'Euphraste, qui signifie celui qui parle bien ; et ce nom ne répondant point assez à la haute estime qu'il avait de la beauté de son génie et de ses expressions, il l'appela Théophraste, c'est-à-dire un homme dont le langage est divin. Et il semble que Cicéron ait entré dans les senti-

1. Un autre que Leucippe, philosophe célèbre et disciple de Zénon. [NdA]

ments de ce philosophe, lorsque dans le livre qu'il intitule *Brutus* ou des *Orateurs illustres*, il parle ainsi : « Qui est plus fécond et plus abondant que Platon ? plus solide et plus ferme qu'Aristote ? plus agréable et plus doux que Théophraste ? » Et dans quelques-unes de ses épîtres à Atticus, on voit que, parlant du même Théophraste, il l'appelle son ami, que la lecture de ses livres lui était familière, et qu'il en faisait ses délices.

Aristote disait de lui et de Callisthène, un autre de ses disciples, ce que Platon avait dit la première fois d'Aristote même et de Xénocrate : que Callisthène était lent à concevoir et avait l'esprit tardif, et que Théophraste au contraire l'avait si vif, si perçant, si pénétrant, qu'il comprenait d'abord d'une chose tout ce qui en pouvait être connu ; que l'un avait besoin d'éperon pour être excité, et qu'il fallait à l'autre un frein pour le retenir.

Il estimait en celui-ci sur toutes choses un caractère de douceur qui régnait également dans ses mœurs et dans son style. L'on raconte que les disciples d'Aristote, voyant leur maître avancé en âge et d'une santé fort affaiblie, le prièrent de leur nommer son successeur ; que comme il avait deux hommes dans son école sur qui seuls ce choix pouvait tomber, Ménédème [1] le Rhodien, et Théophraste d'Érèse, par un esprit de ménagement pour celui qu'il voulait exclure, il se déclara de cette manière : il feignit, peu de temps après que ses disciples lui eurent fait cette prière et en leur présence, que le vin dont il faisait un usage ordinaire lui était nuisible ; il se fit apporter des vins de Rhodes et de Lesbos ; il goûta de tous les deux, dit qu'ils ne démentaient point leur terroir, et que chacun dans son genre était excellent ; que le premier avait de la force, mais que celui de Lesbos avait plus de douceur et qu'il lui donnait la préférence. Quoi qu'il en soit de ce fait

1. Il y en a eu deux autres du même nom, l'un philosophe cynique, l'autre disciple de Platon. [NdA]

qu'on lit dans Aulu-Gelle, il est certain que lorsque Aristote, accusé par Eurymédon, prêtre de Cérès, d'avoir mal parlé des Dieux, craignant le destin de Socrate, voulut sortir d'Athènes et se retirer à Chalcis, ville d'Eubée, il abandonna son école au Lesbien, lui confia ses écrits à condition de les tenir secrets ; et c'est par Théophraste que sont venus jusques à nous les ouvrages de ce grand homme.

Son nom devint si célèbre par toute la Grèce que, successeur d'Aristote, il put compter bientôt dans l'école qu'il lui avait laissée jusques à deux mille disciples. Il excita l'envie de Sophocle [1], fils d'Amphiclide, et qui pour lors était prêteur : celui-ci, en effet son ennemi, mais sous prétexte d'une exacte police et d'empêcher les assemblées, fit une loi qui défendait, sur peine de la vie, à aucun philosophe d'enseigner dans les écoles. Ils obéirent ; mais l'année suivante, Philon ayant succédé à Sophocle, qui était sorti de charge, le peuple d'Athènes abrogea cette loi odieuse que ce dernier avait faite, le condamna à une amende de cinq talents, rétablit Théophraste et le reste des philosophes.

Plus heureux qu'Aristote, qui avait été contraint de céder à Eurymédon, il fut sur le point de voir un certain Agnonide puni comme impie par les Athéniens, seulement à cause qu'il avait osé l'accuser d'impiété : tant était grande l'affection que ce peuple avait pour lui, et qu'il méritait par sa vertu.

En effet, on lui rend ce témoignage qu'il avait une singulière prudence, qu'il était zélé pour le bien public, laborieux, officieux, affable, bienfaisant. Ainsi, au rapport de Plutarque, lorsque Érèse fut accablée de tyrans qui avaient usurpé la domination de leur pays, il se joignit à Phidias [2], son compatriote, contribua avec lui de ses biens pour armer les bannis, qui rentrèrent dans leur ville, en

1. Un autre que le poète tragique. [NdA]
2. Un autre que le fameux sculpteur. [NdA]

chassèrent les traîtres, et rendirent à toute l'île de Lesbos sa liberté.

Tant de rares qualités ne lui acquirent pas seulement la bienveillance du peuple, mais encore l'estime et la familiarité des rois. Il fut ami de Cassandre, qui avait succédé à Aride, frère d'Alexandre le Grand, au royaume de Macédoine ; et Ptolémée, fils de Lagus et premier roi d'Égypte, entretint toujours un commerce étroit avec ce philosophe. Il mourut enfin accablé d'années et de fatigues, et il cessa tout à la fois de travailler et de vivre. Toute la Grèce le pleura, et tout le peuple athénien assista à ses funérailles.

L'on raconte de lui que dans son extrême vieillesse, ne pouvant plus marcher à pied, il se faisait porter en litière par la ville, où il était vu du peuple à qui il était si cher. L'on dit aussi que ses disciples, qui entouraient son lit lorsqu'il mourut, lui ayant demandé s'il n'avait rien à leur recommander, il leur tint ce discours : « La vie nous séduit, elle nous promet de grands plaisirs dans la possession de la gloire ; mais à peine commence-t-on à vivre qu'il faut mourir. Il n'y a souvent rien de plus stérile que l'amour de la réputation. Cependant, mes disciples, contentez-vous : si vous négligez l'estime des hommes, vous vous épargnez à vous-mêmes de grands travaux ; s'ils ne rebutent point votre courage, il peut arriver que la gloire sera votre récompense. Souvenez-vous seulement qu'il y a dans la vie beaucoup de choses inutiles, et qu'il y en a peu qui mènent à une fin solide. Ce n'est point à moi à délibérer sur le parti que je dois prendre, il n'est plus temps : pour vous, qui avez à me survivre, vous ne sauriez peser trop mûrement ce que vous devez faire. » Et ce furent là ses dernières paroles.

Cicéron, dans le troisième livre des *Tusculanes*, dit que Théophraste mourant se plaignit de la nature, de ce qu'elle avait accordé aux cerfs et aux corneilles une vie si longue et qui leur est si inutile, lorsqu'elle n'avait donné aux hommes qu'une vie très courte, bien qu'il leur importe si fort de vivre longtemps ; que si l'âge des hommes eût pu s'étendre à un plus grand nombre d'années, il serait arrivé que leur vie aurait été cultivée par une doctrine universelle, et qu'il n'y aurait eu dans le monde ni art ni science qui n'eût atteint sa perfection. Et saint Jérôme, dans l'endroit déjà cité, assure que Théophraste, à l'âge de cent sept ans, frappé de la maladie dont il mourut, regretta de sortir de la vie dans un temps où il ne faisait que commencer à être sage.

Il avait coutume de dire qu'il ne faut pas aimer ses amis pour les éprouver, mais les éprouver pour les aimer ; que les amis doivent être communs entre les frères, comme tout est commun entre les amis ; que l'on devait plutôt se fier à un cheval sans frein qu'à celui qui parle sans jugement ; que la plus forte dépense que l'on puisse faire est celle du temps. Il dit un jour à un homme qui se taisait à table dans un festin : « Si tu es un habile homme, tu as tort de ne pas parler ; mais s'il n'est pas ainsi, tu en sais beaucoup. » Voilà quelques-unes de ses maximes.

Mais si nous parlons de ses ouvrages, ils sont infinis, et nous n'apprenons pas que nul ancien ait plus écrit que Théophraste. Diogène Laërce fait l'énumération de plus de deux cents traités différents et sur toutes sortes de sujets qu'il a composés. La plus grande partie s'est perdue par le malheur des temps, et l'autre se réduit à vingt traités, qui sont recueillis dans le volume de ses œuvres. L'on y voit neuf livres de l'histoire des plantes, six livres de leurs causes. Il a écrit des vents, du feu, des pierres, du miel, des signes du beau temps, des signes de la pluie, des signes de la tempête, des odeurs, de la sueur, du vertige, de la lassitude, du relâchement des nerfs, de la défaillance, des poissons qui vivent hors de l'eau, des animaux qui changent de couleur, des animaux qui naissent subitement, des animaux sujets à l'envie, des caractères des mœurs. Voilà ce qui nous reste de ses écrits, entre lesquels ce dernier seul, dont on donne la traduction, peut répondre non seulement de la beauté de ceux que l'on vient de déduire, mais encore du mérite d'un nombre infini d'autres qui ne sont point venus jusqu'à nous.

# XIII

# LE CAS GUILLERAGUES

## L'AUTEUR, PARTAGE DE LA FICTION ET DU RÉEL ?

Les *Lettres portugaises* eurent un scripteur ; mais eurent-elles un auteur ? La question, apparemment innocente, a déchiré les lecteurs du texte, avant même ses éditeurs, parce qu'elle met en jeu le statut du texte, entre fiction et réalité : choisir l'auteur, c'est faire du texte un roman ou un texte référentiel. Du reste, le succès que le livre rencontre dès sa parution en 1669, l'un des plus importants du siècle, tient pour beaucoup au fait que le lecteur pleure sur des malheurs qu'il croit véridiques. L'avis du libraire l'y invite, qui présente le texte comme un document authentique, et affirme ignorer l'auteur comme le traducteur ; le texte est seul, et cette fiction accréditera longtemps l'idée que ces lettres furent écrites par une religieuse portugaise, Mariana da Costa Alcoforado (1640-1723), dont on retrouva la trace au couvent de Béja, après que son existence eut été signalée par un érudit, Boissonade, en 1810. Son mystérieux correspondant aurait été un gentilhomme du nom de Chamilly (1635-1715), dont le nom était déjà avancé par les éditions étrangères contemporaines, qui faisaient de Guilleragues (Cuilleraque) le traducteur des lettres, témoignage que Saint-Simon confirme. Pourtant, dès 1669, il est des gens pour contester l'authenticité des lettres. Ainsi de la *Promenade de Saint-Cloud* de Guéret, où il est question, dans le cours de la conversation, des succès de librairie ; ainsi, quelques années plus tard, de la misogynie de Rousseau, qui le rend paradoxalement lucide. Mais c'est surtout le privilège original du texte qui permet de trancher en faveur de l'attribution du texte à Guilleragues, comme l'ont établi les travaux de F.C. Green, F. Deloffre et J. Rougeot, auxquels nous empruntons les pièces de ce (trop rapide) dossier, que du reste certains éditeurs considèrent comme toujours ouvert. Refuser à

Guilleragues la fonction auteur, détacher le texte de lui, c'est rêver alors à une expression qui, parce qu'elle est authentique, exprime des beautés que l'art ne peut créer, et faire le choix de la Nature comme source supérieure de beauté, contre l'artifice incapable de produire une émotion véritable. L'existence de l'auteur implique une position sur le rapport de la culture et de la nature dans l'art, en même temps qu'elle décide du statut du texte – et du type d'effets auxquels il peut prétendre.

1

Avis du libraire au lecteur, *Lettres portugaises*,
éd. B. Bray et I. Landy-Houillon,
GF-Flammarion, p. 69.

J'ai trouvé les moyens, avec beaucoup de soin et de peine, de recouvrer une copie correcte de la traduction de cinq Lettres portugaises qui ont été écrites à un gentilhomme de qualité, qui servait en Portugal. J'ai vu tous ceux qui se connaissent en sentiments, ou les louer, ou les chercher avec tant d'empressement que j'ai cru que je leur ferais un singulier plaisir de les imprimer. Je ne sais point le nom de celui auquel on les a écrites, ni de celui qui en a fait la traduction, mais il m'a semblé que je ne devais pas leur déplaire en les rendant publiques. Il est difficile qu'elles n'eussent enfin paru avec des fautes d'impression qui les eussent défigurées.

2

Oméga [Boissonade], *Journal de l'Empire*, 5 janvier 1810,
cité d'après Aveline par F. Deloffre et J. Rougeot
dans leur édition des *Lettres portugaises*, Garnier, 1962.

La première édition des *Lettres portugaises* est de 1669, comme le dit M. Brunet. Mais il indique deux volumes, elle n'en a qu'un. Tout le monde sait aujourd'hui que ces

*Lettres*, remplies de naturel et de passion, furent écrites à M. de Chamilly par une religieuse portugaise et que la traduction est de Guilleragues ou de Subligny. Mais les bibliographes n'ont pas encore découvert le nom de la religieuse. Je puis le leur apprendre. Sur mon exemplaire de l'édition de 1669, il y a cette note d'une écriture qui m'est inconnue : « La religieuse qui a écrit ces lettres se nommait Mariana Alcoforado, religieuse à Béja, entre l'Estramadure et l'Andalousie. Le cavalier à qui ces lettres furent écrites était le comte de Chamilly, dit alors le comte de Saint-Léger. » Récemment, une édition prématurée nous a révélé les faiblesses d'une femme, que beaucoup d'entre nous ont pu voir, connaître, estimer. Personne n'a blâmé plus que moi cet oubli de toutes les convenances. Mais cent quarante ans écoulés depuis que les *Lettres portugaises* furent écrites rendent mon indiscrétion fort excusable. Une si vieille histoire n'offre plus d'aliment à la médisance ni à la malignité.

## 3

Guéret, *Promenade de Saint-Cloud*, 1669, cité par F.C. Green, « Who was the author of the *Lettres portugaises* ? », dans *The Modern Language Review*, t. XXI, 1926, p. 159-167, repris par F. Deloffre et J. Rougeot, éd. cit.

– Voudriez-vous, repartit Oronte, juger de la bonté des livres par le débit ? Il me semble, poursuivit-il, qu'il y en a d'excellents qui pourrissent dans les boutiques, pendant que d'autres qui ne valent rien se débitent avec chaleur. Il ne faut pas aller plus loin que les *Lettres portugaises*. N'est-il pas surprenant combien il s'en est vendu ? Et je n'en vois point d'autre raison, si ce n'est le charme de la nouveauté, et qu'on a pris plaisir de lire des lettres d'amour d'une religieuse, de quelque manière qu'elles fussent faites, sans considérer que ce titre est le jeu d'un libraire artificieux, qui ne cherche qu'à surprendre le public.

– Que vous souciez-vous, interrompit Cléante, qu'elles soient véritables, ou non, pourvu qu'elles soient bonnes ? N'ont-elles pas beaucoup de tendresse ? Et seriez-vous homme à vouloir soutenir contre tous venants la fausseté des *Lettres portugaises* comme l'abbé Bourdelot soutient contre tout le monde la vérité du fragment de Pétrone ? Croyez-moi, prenons ce que l'on nous donne, de quelque main qu'il vienne, pourvu qu'il mérite d'être lu, et donnons-nous garde de ressembler à ces fanfarons, qui ne voudraient pas d'une paire de gants, si elle ne venait de chez Martial.

– Il y a sans doute, repartis-je, quelque tendresse dans ces lettres, si vous la faites consister dans les mots passionnés, comme les *hélas*, etc. Mais si vous la mettez dans les sentiments, à peine en trouverez-vous qui soient remarquables. Et en vérité, n'est-ce pas une grande misère, quand il faut lire un livre pour si peu de chose ? D'ailleurs, il n'y a pas même de style ; la plupart des périodes y sont sans mesure ; et ce que j'y trouve de plus ennuyeux, ce sont les continuelles répétitions, qui rebattent ce qui méritait à peine d'être dit une seule fois. Voilà franchement ce qui m'en a dégoûté. Car je ne suis pas, comme vous croyez, de ceux qui ne trouvent rien de bon, si on ne le leur garantit véritable…

## 4

Rousseau, note à la *Lettre à d'Alembert sur les spectacles* (1758), éd. M. Launay, GF-Flammarion, p. 199-200.

Les femmes en général n'aiment aucun art, ne se connaissent à aucun, et n'ont aucun génie. Elles peuvent réussir aux petits ouvrages qui ne demandent que de la légèreté d'esprit, du goût, de la grâce, quelquefois même de la philosophie et du raisonnement. Elles peuvent acquérir de la science, de l'érudition, des talents, et tout ce qui s'acquiert à force de travail. Mais ce feu céleste qui échauffe et embrase l'âme, ce génie qui consume et dévore, cette brûlante éloquence, ces transports sublimes qui portent leurs ravissements jusqu'au fond des cœurs, manqueront toujours aux écrits des femmes : ils sont tous froids et jolis comme elles ; ils auront tant d'esprit que vous voudrez, jamais d'âme ; ils seraient cent fois plus sensés que passionnés. Elles ne savent ni décrire ni sentir l'amour même. La seule Sapho, que je sache, et une autre, méritent d'être exceptées. Je parierais tout au monde que les *Lettres portugaises* ont été écrites par un homme.

### 5

Privilège original, cité par F.C. Green,
repris par F. Deloffre et J. Rougeot, éd. cit.

Ce jour d'huy 17. novembre 1668 nous a esté presenté un Privilège du Roy donné à Paris le 28 octobre 1668 signé Margeret pour un livre intitulé *Les Valentins lettres portugaises, Épigrammes et Madrigaux* de Guilleraques.

# XIV

# NODIER

## SUPERCHERIES D'AUTEUR

Nodier, *Questions de littérature légale. Du plagiat, de la supposition d'auteur, des supercheries qui ont rapport aux livres* (1828),
Crapelet (2e édition), p. 74-79.

Le chapitre VIII des *Questions de littérature légale* de Charles Nodier, qui ont pour objet ce qu'on ne nomme pas encore des questions d'intertextualité (allusion, citation, plagiat, imitation, suppléments, pastiches, écoles littéraires, contrefaçon), traite plus étroitement de la supposition d'auteur. La dimension juridique de la question est envisagée à travers ces jurisprudences que constituent les anecdotes de l'histoire littéraire, d'Homère à l'actualité que constituent les cas Gresset ou Clotilde de Surville, en passant par Ossian. L'enjeu du dossier que construit ce divertissement est d'appeler à une législation de la profession d'écrivain, et à une moralisation de ses pratiques. Inutile de dire que (heureusement ?) l'appel ne fut que peu entendu ; la question de l'authenticité de la *Chasse spirituelle* pseudo-rimbaldienne posa à nouveau, au cœur du XXe siècle, la question de l'attribution du texte. Encore l'invention d'auteur, telle qu'Ossian la manifesta, semble-t-elle un cas rarement dépassé par son étendue et sa force mythologique : la fascination pour le texte, comme le note Nodier à la fin du passage, tient pour beaucoup à la figure auctoriale qui s'y fait jour, et le « barde du troisième siècle », dans la consommation littéraire, constitue une valeur ajoutée beaucoup plus forte que celle du « bourgeois écossais » ; manière de dire, donc, que la vie d'auteur participe du texte dont elle informe la valeur même.

On ne saurait nier que la supposition d'un ouvrage placé sous le nom d'un auteur fameux n'ait au moins le mérite de la difficulté bravée, les objets de comparaison qui peuvent éclairer le lecteur étant à la portée de tout le monde. Il n'est pas même besoin d'une grande finesse de goût pour bien discerner l'original de la copie la plus parfaite, et un écrivain distingué a toujours dans son style quelques secrets que les imitateurs ne trouvent pas. Par exemple, il n'y a point d'école qui ait fait plus de progrès en son temps que celle de Gresset [1], et point de versificateurs dont on ait saisi plus facilement la manière ou le ton général. Les recueils littéraires fourmillent de petites épîtres en vers de huit syllabes à rimes riches et redoublées, dont chaque période s'allonge en détails souvent redondants, mais étincelants de contrastes et d'antithèses. Jusque-là peut s'étendre la portée de l'imitation ; mais pour qu'elle parvînt à ce je-ne-sais-quoi qui fait le

1. En 1810 paraît *Le Parrain magnifique*, attribué à J.-B. L. Gresset, qui avait connu le succès au XVIIIe siècle grâce à sa poésie.

véritable charme de l'auteur, à cette facilité abondante qui prodigue les figures sans en laisser voir la recherche, à cet heureux choix de traits où l'enchaînement des observations n'est jamais sacrifié à la nécessité des effets, pour réunir enfin la sagesse sans morgue, la gaieté sans bouffonnerie, la satire sans causticité et la parure sans prétention, il faudrait avoir avec Gresset une de ces conformités entières et universelles dont l'ordre intellectuel et moral n'a pas plus d'exemples que la nature. Aussi je me crois bien convaincu qu'à défaut même de preuves qui me rendent incontestable l'authenticité du *Parrain magnifique*, je n'aurais jamais été tenté de l'attribuer à un autre.

La contrariété dont je viens de parler, et qui résulte de cette faculté qu'a le lecteur d'opposer l'original à la copie, déconcerte si souvent la fable la mieux arrangée d'ailleurs, qu'il ne faut pas s'étonner que les faussaires aient essayé d'y pourvoir. C'est le motif qui les a déterminés à chercher dans les temps anciens des noms infiniment peu connus, ou même à en inventer, pour étayer leurs conceptions de la recommandation d'une antiquité imposante. Il est de toute évidence que cette dernière espèce de supposition est la plus innocente qui se puisse faire, et que la légère atteinte qu'elle porte à la vérité est à peine de nature à mériter le reproche de la probité scrupuleuse ; le public la pardonne cependant rarement, parce qu'il ne veut point qu'on se serve de sa crédulité même pour lui procurer des plaisirs, et que rien ne compense l'outrage fait à sa vanité.

C'est donc par un effet de la passion la plus excitable du cœur humain que Chatterton ne jouit pas en Angleterre de toute la réputation que devaient lui obtenir ses *Poésies* de Rowley, qui auraient fait plus certainement sa gloire s'il les eût publiés sans supercherie : génie étonnant et déplorable qui anticipa toute sa destinée d'une manière si rapide qu'il avait atteint à dix-huit ans la vieillesse du malheur et qu'à peine sorti du nombre des enfants célèbres, il augmenta de son nom la liste des suicides [1] ! On ne sera pas surpris après cela que cette lumière précoce se soit éteinte sous le boisseau et sans avoir frappé les regards du monde. Il était mort, cet infortuné Chatterton, quand la voix toujours généreuse du chevalier Croft [2] réclama quelque estime pour sa mémoire, comme elle l'a fait depuis en France pour ce Grainville [3], non moins recommandable et non moins malheureux, à qui il n'a manqué, pour s'assurer une célébrité solide, que la vogue capricieuse qui la donne, ou la fortune qui l'achète.

Les malheurs de Chatterton n'étaient pas si propres à décourager les faussaires que le succès de Macpherson [4] à les aguerrir ; car il faut consentir, sur tant de preuves incontestables que cette discussion a fait éclore, à lui restituer le principal mérite des poésies d'Ossian. Ce qu'on a retrouvé des chants de la muse calédonienne se réduit certainement à quelques lambeaux informes et décousus, qui n'ont pu donner à l'ingénieux Écossais qu'une idée vague de ses plans et un sentiment général du style propre. On alléguera inutilement que les poèmes d'Homère ne furent peut-être pas autre chose dans leur origine, et que sans le soin de Pisistrate, qui les fit scrupuleusement rassembler, ils n'eussent bientôt offert que des rhapsodies imparfaites et sans ordre. Le nom d'Homère, qui n'est pas mieux garanti que celui d'Ossian, a traversé fièrement les siècles, sans qu'on s'avisât de régler l'admiration que ses ouvrages inspirent sur l'authenticité de leur auteur, et qu'on soupçonnât, au moins d'une manière dangereuse pour sa

1. Il y fut peut-être déterminé par les mêmes motifs que Terenzio, connu dans les annales des arts par la supériorité avec laquelle il contrefaisait les peintures anciennes, et qui ne put survivre au chagrin d'avoir été découvert. [NdA]

2. Savant anglais, collaborateur de Johnson et commentateur d'Horace. [NdA]

3. Auteur d'une espèce d'épopée en prose intitulée *Le Dernier Homme*, qui présente de grandes beautés. [NdA]

4. En 1760, Macpherson commence à publier des poèmes qu'il attribua au barde Ossian, sorte d'Homère gaëlique.

renommée, que cette singulière agrégation de fragments en différents dialectes pouvait bien être le résultat d'un travail complexe, où nous admirions plusieurs poètes sous un nom commun. Horace s'indigne quand Homère dort ! Eh ! qui sait, quand Homère dort, si ce n'est pas seulement Homère qui cesse de parler ? On a peu considéré jusqu'ici deux des livres de Tibulle, sans que la mémoire de Tibulle ait à s'en offenser, si l'on prouve, comme on l'a promis, que cette partie de son recueil est d'un certain Lygdamus. Quoi qu'il en soit, Ossian a eu le bonheur de faire des enthousiastes aussi fervents que ceux d'Homère, et je crois même davantage ; car il est, je ne sais pourquoi, du destin des opinions hasardées d'être embrassées plus chaudement que les autres ; mais son triomphe a été de bien plus courte durée, parce qu'on a reconnu Macpherson sous son déguisement sauvage, et qu'il est trop dur d'accorder à un bourgeois écossais, qui a d'ailleurs le tort de vivre, l'admiration exaltée qu'on croyait pouvoir porter à un barde du troisième siècle. Les *Poésies* d'Ossian n'en sont pas moins un ouvrage d'une originalité fort remarquable, et qui assigne à Macpherson un rang éminent parmi les littérateurs de son temps.

# XV

# BARTHES

## L'ABYME AUCTORIAL

Barthes, « Barthes puissance trois »,
*Le Magazine littéraire*, 1er mars 1975,
repris dans *Œuvres complètes*, t. III,
Le Seuil, 1995, p. 253-255.

Le *Roland Barthes par Roland Barthes* est un livre ambigu, dont témoigne l'emploi des pronoms *je* et *il* pour renvoyer à R.B. : ici l'écrivain semble céder la place à l'écrivant (voir l'article sur « La mort de l'auteur », p. 152), pour reprendre les catégories forgées par Barthes, et le premier se voit interdit de critique, réservée au second. Pourtant la référence à la « Bêtise » paraît un écho flaubertien. Aussi la vie de l'auteur, qui fait le principe même du livre paru dans la collection « Écrivains de toujours », n'est-elle pas simple succession d'événements référentiels : tout au contraire, elle semble se construire d'abord par jeu fictif, comme s'il n'était pas de solution de continuité entre le geste de se dire, le geste de l'écrivain, et le geste du critique (comme en témoigne l'insistance de l'article sur les motifs, précisément, de la Bêtise et de la Valeur), ce qu'affirme d'ailleurs l'épigraphe même du livre : « Tout ceci doit être considéré comme dit par un personnage de roman » (*ibid.*, p. 250). Le livre est en fait un moment clé de la réflexion de Barthes sur la notion d'écrivain, et donc sur son propre statut, dont il montre bien comment il se fonde sur le fantasme : « [...] ce que le fantasme impose, c'est l'écrivain tel qu'on peut le voir dans son journal intime, c'est *l'écrivain moins son œuvre* : forme suprême du sacré : la marque et le vide » (*ibid.*, p. 154). Or Barthes (dont les *Œuvres complètes* se terminent par des brouillons de journaux), lorsqu'il écrit un *Roland Barthes par Roland Barthes*, sait bien qu'il touche à ce moment de devenir fantasmatique de lui-même comme écrivain, lors même que son écriture s'affirme en rappelant sa pensée critique. Aussi bien, dans l'utopie de ce neutre qui domine la fin de son œuvre, se rêve un nouveau statut de l'écrivain, qui peut-être ne serait plus auteur, un écrivain sans responsabilité, qui puisse tenir cette gageure que formule le *Roland Barthes par Roland Barthes* : « [...] la visée de son discours n'est pas la vérité, et ce discours est néanmoins assertif » (*ibid.*, p. 131).

Je suppose que si l'on demandait à Barthes une critique de son propre livre, il ne pourrait que se récuser. Sans doute n'aurait-il aucun mal à relever les ratés de son texte, à établir lui-même le bilan de sa performance ; mais ce ne serait pas sortir du champ opératoire de l'écrivain, qui relève plutôt de la conversation intime. Pour le reste, puisque la critique n'est jamais rien d'autre, traditionnellement, qu'une herméneutique, comment pourrait-il accepter de donner un sens à un livre qui est tout entier refus du sens, qui semble n'avoir été écrit que pour refuser le sens ?

Essayons de le faire à sa place, puisqu'il déclare forfait (et qu'on n'attende pas de nous que nous le lui reprochions). Qu'est-ce que le sens d'un livre ? Non pas ce dont il débat, mais ce avec quoi il débat. En tant que sujet individuel, corporel, Barthes est visiblement aux prises avec deux Figures (deux Allégories, au sens médiéval) : la *Valeur* (ce qui fonde toute chose en goût et en dégoût) et la *Bêtise* ; en tant que sujet historique, avec deux notions d'époque : l'*Imaginaire* et l'*Idéologique*.

Il est curieux qu'un auteur, ayant à parler de lui, soit à ce point obsédé par la Bêtise, comme si c'était la chose interne dont il avait peur : menaçante, toujours prête à fuser, à revendiquer son droit à parler (pourquoi n'aurais-je pas le droit d'être bête ?) ; bref, *la Chose*. Pour tenter de l'exorciser, Barthes fait comme Gribouille, il s'y met dedans ; certains fragments du « R.B. » sont *courts* (« C'est un peu court, jeune homme ») ; en un sens, tout ce petit livre, d'une façon retorse et naïve, joue avec la bêtise – non celle des autres (ce serait trop facile), mais celle du sujet *qui va écrire* : ce qui vient à l'esprit est *d'abord* bête (tout empêtré de l'Autre, qui me souffle mon premier discours) : la spontanéité est imbécile, parce qu'elle ne peut que reproduire, imiter et cela *en toute bonne conscience*. Quoique écrit de façon un peu distante et comme mate (sans brio), le « R.B. » donne un état immédiat des idées ; un tour de plus, et celle-ci ou celle-là serait peut-être devenue une idée d'« avant-garde » ; mais ce tour n'est pas donné. On dirait que Barthes fait ici l'expérience de sa propre banalité, qu'il descend en elle. Qu'est-ce qu'il trouve au fond ? Évidemment, l'Idéologie. L'idéologie n'est pas donnée ici comme un objet extérieur d'étude ou de dénonciation, mais comme une puissance contaminante, un ver qui ronge toute énonciation : l'idéologie (bourgeoise, petite-bourgeoise) parle en moi, et cette parole, le « R.B. » ne peut que l'offrir *silencieusement* à entendre, d'une façon, si l'on peut dire, stoïque (rien de plus culpabilisant, aujourd'hui, que la marque idéologique). La création dont le livre est le lieu n'est ni dans les énoncés, ni même dans l'écriture, mais essentiellement dans l'acte clandestin par lequel Barthes « s'imagine » une idée, lui met des guillemets et puis les ôte : déboîtement qui s'offre évidemment à tous les malentendus, à commencer par celui (recherché ou non ?) de passer inaperçu.

Au plan de l'Idéologie, le sujet historique qu'est Barthes – ou du moins Barthes-en-train-de-s'exprimer – se débat avec son image de classe, dont le langage est le miroir fatal. Or, ce débat avec l'Image, Barthes le reprend ailleurs, à travers une notion psychanalytique : l'Imaginaire. L'Imaginaire n'est pas aujourd'hui très bien considéré, peut-être parce qu'il a encore trop d'attaches avec le moralisme classique, qui était réflexion sur l'« amour-propre », la « sincérité », et autres attributs idéaux du Moi ; on lui préfère actuellement tout énoncé sur le Désir et la Jouissance. En mettant au premier plan de son livre l'Imaginaire – son imaginaire –, Barthes se démode quelque peu ; son livre paraîtra à certains en retrait par rapport au *Plaisir du texte* (à moins qu'un nouveau tour de la Mode ne vienne bientôt donner un peu de prestige à ce registre déshérité, que se partagent seulement les petits enfants et les amoureux). Mais pouvait-il faire autrement ? Ayant accepté d'écrire sur « lui », il ne pouvait énoncer que ce qui lui appartient en propre : non pas le Symbolique, la Jouissance, mais le Miroir : les modes, variés, échelonnés, reportés, toujours décevants, sous lesquels *il s'imagine*, ou encore (c'est la même chose) : sous lesquels *il veut être aimé*. Ce n'est pas pour rien, semble-t-il, que l'imagerie du « R.B. » (rassemblée symboliquement avant que le texte commence) est l'imagerie à peu près exclusive d'une enfance. Ce n'est pas pour rien que le livre est ponctué trois fois par l'image de la Mère : d'abord radieuse, désignant la seule Nature reconnue par un sujet qui n'a cesse de dénoncer partout le « naturel » ; puis comblante, enserrant l'enfant triste dans la relation duelle, le marquant d'une éternelle « demande d'amour » ; posée enfin à côté, devant et derrière le Miroir et fondant dès lors l'identité imaginaire du sujet. Créativement (car, après tout, le « sujet » Barthes n'intéresse que lui), l'Imaginaire conduit, tout comme l'Idéologie, à une énonciation qui n'en finit pas de se décrocher et ne parvient à s'ancrer dans aucun référent. D'où l'encadrement des énoncés : discontinus, cernés, « écrits », frôlant parfois la maxime, la dictée, le pastiche, le morceau, la grimace, assumant le « figé » de l'image, on dirait vaguement qu'ils tentent de participer à cette sidération imaginaire, qui saisit l'animal face à son leurre.

L'Idéologique, c'est quoi ? C'est ce qui fait consister l'idée. Et l'Imaginaire ? Ce qui fait consister l'Image. Il s'agit donc une fois de plus d'un débat sur le sens, en tant qu'il consiste, qu'il « prend » ; bref, il s'agit encore d'une sémiologie, mais cette fois-ci tacite, défaite, sauvage et glacée tout à la fois, débarrassée de toute visée scientifique (ou simplement métalinguistique). Cette sémiologie est bien différente de l'ancienne ; tout son effort semble être d'assigner aux énoncés idéologiques et imaginaires une même place : celle de la méconnaissance : là où je m'imagine, je me méconnais. Quoi, pas de vérité ? – Si, aux autres, au lecteur, à l'Autre. Prisonnier d'une collection (« X par lui-même ») qui lui proposait de « se dire », Barthes n'a pu dire qu'une chose : qu'il est le seul à ne pouvoir parler *vraiment* de lui. Tel est le sens, « décevant », de son livre. Il aurait beau entasser déclarations, interviews ou articles, s'entourer d'un nuage de commentaires, comme la seiche de son encre, rien n'y fera : comme sujet imaginaire et idéologique, la méconnaissance (non l'erreur, mais le report infini de la vérité à travers le langage) est son lot fatal, quoi qu'il écrive sur lui et de quelque nom qu'il le signe – fût-ce le plus éprouvé des pseudonymes : son propre nom, son Nom Propre.

# IV

# L'AUTORITÉ DE L'AUTEUR :
## POUVOIR DE LA LITTÉRATURE

# XVI

# HUGO

## L'ÉVANGILE DE VOLTAIRE SELON HUGO

Hugo, « Le centenaire de Voltaire »,
discours du 30 mai 1878,
*Actes et paroles IV, Depuis l'exil, 1876-1885*,
publiés par P. Meurice et A. Vacquerie,
Hetzel et Quantin, 1889.

Voltaire ne fut sans doute pas le premier « grand écrivain » que connut la république des lettres : un Guez de Balzac, au XVII$^{e}$ siècle, peut-être même un Ronsard, dont les portraits ornent très tôt les *Œuvres complètes*, occupent sans doute déjà une telle place. Mais c'est assurément à lui que revient d'avoir transfiguré cette figure, faisant de l'écrivain – et plus encore du philosophe – le tenant d'un pouvoir spirituel laïc, pour reprendre l'expression consacrée par P. Bénichou, se substituant à l'Église pour dire le juste et l'injuste, et ouvrant la voie aux mages romantiques. Aussi bien l'hommage de Hugo est-il aussi celui d'un héritier à son glorieux ancêtre : Voltaire est le premier avatar de cette espèce particulière d'auteurs que l'histoire littéraire nomme intellectuels, et qu'incarneront, de façon très consciente, Gide ou Sartre au XX$^{e}$ siècle. Ainsi ce dernier note : « Je tiens Flaubert et Goncourt pour responsables de la répression qui suivit la Commune parce qu'ils n'ont pas écrit une ligne pour l'empêcher. Ce n'était pas leur affaire, dira-t-on. Mais le procès de Calas, était-ce l'affaire de Voltaire ? La condamnation de Dreyfus, était-ce l'affaire de Zola ? L'administration du Congo, était-ce l'affaire de Gide ? » C'est qu'à travers Voltaire s'est construite l'image d'un philosophe (opposée à celle des gens de lettres) exerçant un légitime empire sur les esprits, parce qu'il dispose d'un accès direct à la vérité. Ce mythe de Voltaire, auquel contribuent déjà les éloges académiques du XVIII$^{e}$ siècle lui-même, sera repris par un La Harpe, comme par un Hugo : c'est dire son efficacité. Rien n'en témoigne plus peut-être que les représentations de l'écrivain, statufié nu par Pigalle, ou trônant en toge sous le ciseau de Jean Antoine Houdon. Ainsi y a-t-il bien des triomphes de Voltaire, des clameurs théâtrales pour l'auteur d'*Irène* le 30 mars 1778 au transfert de ses restes au Panthéon en 1791… Mais une pièce centrale de la sacralisation voltairienne tient sans doute au discours que lui consacra Hugo en 1878, qui le peint en prophète d'une vérité nouvelle, en des termes proprement religieux. Dans ce discours sacre, dans ce discours consécration, Hugo fait jouer à plein l'imaginaire prophétique de l'écrivain, pour, peut-être, construire aussi sa propre statue.

En présence de cette société frivole et lugubre, Voltaire, seul, ayant là sous ses yeux toutes ces forces réunies, la cour, la noblesse, la finance ; cette puissance inconsciente, la multitude aveugle ; cette effroyable magistrature, si lourde aux sujets, si docile au maître, écrasant et flattant, à genoux sur le peuple devant le roi (Bravo !) ; ce clergé sinistrement mélangé d'hypocrisie et de fanatisme, Voltaire, seul, je le répète, déclara la guerre à cette coalition de toutes les iniquités sociales, à ce monde énorme et terrible, et il accepta la bataille. Et quelle était son arme ? celle qui a la légèreté du vent et la puissance de la foudre. Une plume. (Applaudissements.)

Avec cette arme il a combattu, avec cette arme il a vaincu.

Messieurs, saluons cette mémoire.

Voltaire a vaincu, Voltaire a fait la guerre rayonnante, la guerre d'un seul contre tous, c'est-à-dire la grande guerre. La guerre de la pensée contre la matière, la guerre de la raison contre le préjugé, la guerre du juste contre l'injuste, la guerre pour l'opprimé contre l'oppresseur, la guerre de la bonté, la guerre de la douceur. Il a eu la tendresse d'une femme et la colère d'un héros. Il a été un grand esprit et un immense cœur. (Bravos.)

Il a vaincu le vieux code et le vieux dogme. Il a vaincu le seigneur féodal, le juge gothique, le prêtre romain. Il a élevé la populace à la dignité de peuple. Il a enseigné, pacifié et civilisé. Il a combattu pour Sirven et Montbailly comme pour Calas et La Barre ; il a accepté toutes les menaces, tous les outrages, toutes les persécutions, la calomnie, l'exil. Il a été infatigable et inébranlable. Il a vaincu la violence par le sourire, le despotisme par le sarcasme, l'infaillibilité par l'ironie, l'opiniâtreté par la persévérance, l'ignorance par la vérité.

Je viens de prononcer ce mot, le sourire, je m'y arrête. Le sourire, c'est Voltaire.

Disons-le, messieurs, car l'apaisement est le grand côté du philosophe, dans Voltaire l'équilibre finit toujours par se rétablir. Quelle que soit sa juste colère, elle passe, et le Voltaire irrité fait toujours place au Voltaire calmé. Alors, dans cet œil profond, le sourire apparaît.

Ce sourire, c'est la sagesse. Ce sourire, je le répète, c'est Voltaire. Ce sourire va parfois jusqu'au rire, mais la tristesse philosophique le tempère. Du côté des forts, il est moqueur ; du côté des faibles, il est caressant. Il inquiète l'oppresseur et rassure l'opprimé. Contre les grands, la raillerie ; pour les petits, la pitié. Ah ! soyons émus de ce sourire. Il a eu des clartés d'aurore. Il a illuminé le vrai, le juste, le bon, et ce qu'il y a d'honnête dans l'utile ; il a éclairé l'intérieur des superstitions ; ces laideurs sont bonnes à voir, il les a montrées. Étant lumineux, il a été fécond. La société nouvelle, le désir d'égalité et de concession et ce commencement de fraternité qui s'appelle la tolérance, la bonne volonté réciproque, la mise en proportion des hommes et des droits, la raison reconnue loi suprême, l'effacement des préjugés et des partis pris, la sérénité des âmes, l'esprit d'indulgence et de pardon, l'harmonie, la paix, voilà ce qui est sorti de ce grand sourire.

Le jour, prochain sans nul doute, où sera reconnue l'identité de la sagesse et de la clémence, le jour où l'amnistie [1] sera proclamée, je l'affirme, là-haut, dans les étoiles, Voltaire sourira. (Triple salve d'applaudissements. Cris : Vive l'amnistie !)

Messieurs, il y a entre deux serviteurs de l'humanité qui ont apparu à dix-huit cents ans d'intervalle un rapport mystérieux.

1. Pour les insurgés de la Commune.

Combattre le pharisaïsme, démasquer l'imposture, terrasser les tyrannies, les usurpations, les préjugés, les mensonges, les superstitions, démolir le temple, quitte à le rebâtir, c'est-à-dire à remplacer le faux par le vrai, attaquer la magistrature féroce, attaquer le sacerdoce sanguinaire, prendre un fouet et chasser les vendeurs du sanctuaire, réclamer l'héritage des déshérités, protéger les faibles, les pauvres, les souffrants, les accablés, lutter pour les persécutés et les opprimés ; c'est la guerre de Jésus-Christ ; et quel est l'homme qui fait cette guerre ? c'est Voltaire. (Bravos.)

L'œuvre évangélique a pour complément l'œuvre philosophique ; l'esprit de mansuétude a commencé, l'esprit de tolérance a continué ; disons-le avec un sentiment de respect profond, Jésus a pleuré, Voltaire a souri ; c'est de cette larme divine et de ce sourire humain qu'est faite la douceur de la civilisation actuelle. (Applaudissements prolongés.)

Voltaire a-t-il souri toujours ? Non. Il s'est indigné souvent. Vous l'avez vu dans mes premières paroles.

Certes, messieurs, la mesure, la réserve, la proportion, c'est la loi suprême de la raison. On peut dire que la modération est la respiration même du philosophe. L'effort du sage doit être de condenser dans une sorte de certitude sereine tous les à peu près dont se compose la philosophie. Mais, à de certains moments, la passion du vrai se lève puissante et violente, et elle est dans son droit comme les grands vents qui assainissent. Jamais, j'y insiste, aucun sage n'ébranlera ces deux augustes points d'appui du labeur social, la justice et l'espérance, et tous respecteront le juge s'il incarne la justice, et tous vénéreront le prêtre s'il représente l'espérance. Mais si la magistrature s'appelle la torture, si l'Église s'appelle l'Inquisition, alors l'humanité les regarde en face et dit au juge : Je ne veux pas de ta loi ! et dit au prêtre : Je ne veux pas de ton dogme ! je ne veux pas de ton bûcher sur la terre et de ton enfer dans le ciel ! (Vive sensation.

Applaudissements prolongés.) Alors le philosophe courroucé se dresse, et dénonce le juge à la justice, et dénonce le prêtre à Dieu ! (Les applaudissements redoublent.)

C'est ce qu'a fait Voltaire. Il est grand.

Ce qu'a été Voltaire, je l'ai dit ; ce qu'a été son siècle, je vais le dire.

Messieurs, les grands hommes sont rarement seuls ; les grands arbres semblent plus grands quand ils dominent une forêt, ils sont là chez eux ; il y a une forêt d'esprits autour de Voltaire ; cette forêt, c'est le dix-huitième siècle. Parmi ces esprits, il y a des cimes, Montesquieu, Buffon, Beaumarchais, et deux entre autres, les plus hautes après Voltaire – Rousseau et Diderot. Ces penseurs ont appris aux hommes à raisonner ; bien raisonner mène à bien agir, la justesse dans l'esprit devient la justice dans le cœur. Ces ouvriers du progrès ont utilement travaillé. Buffon a fondé l'histoire naturelle ; Beaumarchais a trouvé, au-delà de Molière, une comédie inconnue, presque la comédie sociale ; Montesquieu a fait dans la loi des fouilles si profondes qu'il a réussi à exhumer le droit. Quant à Rousseau, quant à Diderot, prononçons ces deux noms à part ; Diderot, vaste intelligence curieuse, cœur tendre altéré de justice, a voulu donner les notions certaines pour bases aux idées vraies, et a créé l'Encyclopédie. Rousseau a rendu à la femme un admirable service, il a complété la mère par la nourrice, il a mis l'une auprès de l'autre ces deux majestés du berceau ; Rousseau, écrivain éloquent et pathétique, profond rêveur oratoire, a souvent deviné et proclamé la vérité politique ; son idéal confine au réel ; il a eu cette gloire d'être le premier en France qui se soit appelé citoyen ; la fibre civique vibre en Rousseau ; ce qui vibre en Voltaire, c'est la fibre universelle. On peut dire que, dans ce fécond dix-huitième siècle, Rousseau représente le Peuple ; Voltaire, plus vaste encore, représente l'Homme. Ces puissants écrivains ont disparu ; mais ils nous ont laissé leur âme, la Révolution. (Applaudissements.)

Oui, la Révolution française est leur âme. Elle est leur émanation rayonnante. Elle vient d'eux ; on les retrouve partout dans cette catastrophe bénie et superbe qui a fait la clôture du passé et l'ouverture de l'avenir. Dans cette transparence qui est propre aux révolutions, et qui à travers les causes laisse apercevoir les effets et à travers le premier plan le second, on voit derrière Diderot Danton, derrière Rousseau Robespierre, et derrière Voltaire Mirabeau. Ceux-ci ont fait ceux-là.

Messieurs, résumer des époques dans des noms d'hommes, nommer des siècles, en faire en quelque sorte des personnages humains, cela n'a été donné qu'à trois peuples, la Grèce, l'Italie, la France. On dit le siècle de Périclès, le siècle d'Auguste, le siècle de Léon X, le siècle de Louis XIV, le siècle de Voltaire. Ces appellations ont un grand sens. Ce privilège, donner des noms à des siècles, exclusivement propre à la Grèce, à l'Italie et à la France, est la plus haute marque de civilisation. Jusqu'à Voltaire, ce sont des noms de chefs d'État ; Voltaire est plus qu'un chef d'État, c'est un chef d'idées. À Voltaire un cycle nouveau commence. On sent que désormais la suprême puissance gouvernante du genre humain sera la pensée. La civilisation obéissait à la force, elle obéira à l'idéal. C'est la rupture du sceptre et du glaive remplacés par le rayon ; c'est-à-dire l'autorité transfigurée en liberté. Plus d'autre souveraineté que la loi pour le peuple et la conscience pour l'individu. Pour chacun de nous, les deux aspects du progrès se dégagent nettement, et les voici : exercer son droit, c'est-à-dire, être un homme ; accomplir son devoir, c'est-à-dire, être un citoyen.

Telle est la signification de ce mot, le siècle de Voltaire ; tel est le sens de cet événement auguste, la Révolution française.

# XVII

# ARISTOTE

## AUTOUR DE L'*ÉTHOS*

Aristote, *Rhétorique*, II, 1, II à VI,
traduction inédite de Gilles Van Heems.

Aristote emploie à plusieurs moments dans la *Rhétorique* le vocabulaire moral de l'« état d'esprit », du « caractère de l'individu », qui se concentre, en grec, autour de la notion d'*éthos* (le terme promis à la postérité n'est pas présent dans le passage), développée par Aristote dans son analyse et sa théorie du discours persuasif. La situation de l'orateur devant un tribunal ou au conseil résume en effet toutes les mutations et les peurs du monde grec du IVe siècle, où s'affirme l'idée selon laquelle la vérité est bien souvent affaire de point de vue : dès lors, les preuves comptent moins que les opinions, les apparences et la vraisemblance. Le bon orateur doit donc nécessairement, sous peine de ne pas parvenir à ses fins, être un subtil psychologue et savoir inspirer à son auditoire un état d'esprit qui lui soit favorable. L'*éthos* est une notion complexe qui, dans la théorie aristotélicienne de l'être, renvoie aux accidents qui affectent la substance. On est donc du côté de l'analyse des affections de l'âme, et Aristote construit alors une véritable rhétorique des passions. L'*éthos* et le *pathos* sont ainsi les revers d'une même médaille : dans un discours où convaincre par le *logos* ne suffit pas (tel est le cas du discours judiciaire, où l'on parle moins du vrai que du vraisemblable), c'est un art oratoire de la persuasion qui s'impose, dans lequel il s'agit de jouer sur les passions de l'auditoire, et de se présenter comme vertueux. Lisant les textes de l'Antiquité, les rhétoriciens de l'âge moderne feront de l'écrivain l'héritier des orateurs antiques – lors même que l'Aristote de la *Poétique* affirme que le poète, à l'inverse de l'historien, se soucie moins de l'anecdote que de la philosophie, dans la mesure où son discours tient d'abord du vraisemblable.

[...] Puisque la rhétorique a pour objet un jugement (de fait, non seulement on juge les conseils, mais les décisions du tribunal aussi représentent un jugement), l'orateur doit impérativement s'occuper de son discours et tout faire pour le rendre à même de démontrer et de persuader de ce qu'il avance ; mais cela ne suffit pas, s'il ne se montre pas en outre dans certaines dispositions et ne les inspire pas au juge ; il est en effet primordial, s'il veut être persuasif, qu'il apparaisse – surtout dans les conseils, mais aussi devant les tribunaux – dans une certaine disposition d'esprit, que ses auditeurs supposent qu'il est disposé d'une certaine manière à leur égard, et, de surcroît, que ces derniers se trouvent eux-mêmes dans une certaine disposition.

Or, si le jour sous lequel apparaît l'orateur sert davantage dans les conseils, inspirer à l'auditoire une certaine disposition d'esprit est cependant plus utile dans les tribunaux, étant donné que tout n'apparaît pas sous le même jour selon que l'on aime ou que l'on hait, selon que l'on est en colère ou que l'on est calme. Au contraire, une même situation peut sembler différente : les choses paraissent tout autres ou en tout cas bien plus grandes ou bien moindres. Oui, si l'on a le cœur plein d'amour, on trouve que la personne jugée n'est pas coupable, ou alors qu'elle l'est à peine, tandis que si l'on est rempli de haine, c'est le contraire qui se passe ; de même, si l'on espère passionément l'arrivée de quelque chose – s'il s'agit de quelque chose d'agréable – on a l'impression que cette chose arrivera et que de surcroît ce sera un bien ; si au contraire on est impassible et de mauvaise humeur, c'est le contraire qui se passe.

Quant aux orateurs, s'ils parviennent à être persuasifs, c'est pour trois raisons (ces trois raisons qui seules, en effet – mis à part les démonstrations –, déterminent notre adhésion) : l'intelligence, la vertu et la bienveillance. De fait, si les propos qu'ils donnent ou les conseils qu'ils prodiguent ne sont que mensonges, c'est bien soit pour ces trois raisons à la fois, soit pour l'une d'elles. On a ainsi trois cas de figures : ou c'est faute d'intelligence que l'orateur se fait une opinion fausse, ou bien, malgré une opinion juste, c'est par méchanceté qu'il ne dit pas ce qu'il pense, ou enfin, ne manquant certes pas d'intelligence ni de probité, mais étant dénué de bienveillance, il est alors capable de ne pas conseiller le meilleur parti, tout en le connaissant pertinemment. Et voilà tout. L'orateur qui unit ces trois qualités est à même, par une conséquence nécessaire, de persuader son auditoire.

Quant aux moyens qui permettent de paraître intelligent et honnête, on doit les tirer de nos distinctions relatives aux vertus, car c'est grâce aux mêmes procédés que l'on est susceptible de mettre aussi bien autrui que soi-même dans la disposition voulue. La bienveillance et l'amitié, elles, recquièrent que l'on en parle dans le chapitre consacré aux passions. Les passions recouvrent toutes les causes qui provoquent en l'homme des modifications et des changements dans les jugements qu'il donne ; elles s'accompagnent de peine et de plaisir – on pense, par exemple, à la colère, la pitié, la crainte ou toute autre émotion similaire – ainsi que de leurs contraires. Mais chaque passion veut que l'on fasse trois distinctions – c'est-à-dire, si l'on prend l'exemple de la colère, il faut se demander d'abord quelles dispositions d'esprit caractérisent le colérique, puis contre qui habituellement il s'emporte, et enfin pour quelles raisons il le fait. C'est que si nous ne connaissons qu'un seul ou deux de ces éléments, nous serions incapables d'inspirer la colère. Et il en va de même pour toutes les autres passions.

# XVIII

# D'AUBIGNÉ

## L'AUTEUR PROPHÈTE DE LA VÉRITÉ

D'Aubigné, *Les Tragiques*, V (« Les Fers »),
v. 1195-1262, éd. J. Bailbé, GF-Flammarion,
p. 232-234 (orthographe modernisée).

*Les Tragiques* sont une épopée déçue. Lorsque le livre paraît en 1616, il est peu de choses pour contrebalancer le souvenir des désolations qui se sont abattues sur la France et sur le peuple protestant, ce nouvel Israël qui a vu son Prince, Henri de Bourbon, se convertir en souverain catholique sous le nom d'Henri IV ; d'autant que l'édit de Nantes, depuis 1598, interdisait qu'on rappelât le souvenir des guerres de Religion. Aussi est-ce une des gageures du poème que de tourner le spectacle de désolation en chant de triomphe, de dévoiler la vérité divine et d'annoncer, par la voix même du poète prophète, le salut à venir : il ne s'agit plus alors de changer le monde, d'agir dans l'histoire, mais d'en annoncer la fin (prévue pour 1666). Ainsi, après avoir évoqué au premier livre la France désolée, aux deuxième et troisième la cour débauchée des Valois, aux quatrième et cinquième le martyre protestant, les deux derniers livres désignent-ils l'accomplissement de la volonté divine, sur la terre et au ciel, dans, puis hors de, l'histoire. À l'articulation de ces deux mouvements est figuré le poète, qui atteste l'égale réalité de ces deux évocations. L'âme du poète, « en pâmoison », est transportée au ciel, où lui sont montrés les tableaux des desseins éternels de Dieu : nouveau Jonas qui a fui sa mission prophétique avant de s'y plier (voir le début du livre VI), Agrippa d'Aubigné évoque la vision de Talcy, à l'automne 1572 ; grièvement blessé, il voit un ange lui faire la « leçon », c'est-à-dire la lecture, de l'avenir. Entre la vision horizontale du narrateur et la vision verticale et surnaturelle qui s'ouvre dans les deux derniers livres, c'est donc le corps du poète qui s'inscrit : comme l'écrit Frank Lestringant dans son étude des *Tragiques* (PUF, « Études littéraires », 1986, p. 55), « si l'auteur se manifeste au centre de son poème, corps et âme dissociés, c'est que sa présence entière est requise pour autoriser un discours dès lors dédoublé entre l'ici-bas et l'au-delà ».

Parmi ces âpres temps l'esprit, ayant laissé
Aux assassins mon corps en divers lieux percé,
Par l'Ange consolant mes amères blessures,
Bien qu'impur, fut mené dans les régions pures.
Sept heures me parut le céleste pourpris
Pour voir les beaux secrets et tableaux que j'écris,
Soit qu'un songe au matin m'ait donné ces images,
Soit qu'en la pâmoison l'esprit fît ces voyages.
Ne t'enquiers, mon lecteur, comment il vit et fit,

Mais donne gloire à Dieu en faisant ton profit.
Et cependant qu'en lui, extatic, je me pâme,
Tourne à bien les chaleurs de mon enthousiasme.
    Doncques, le front tourné vers le Midi ardent,
Paraissaient du zénith, penchant vers l'Occident,
Les spectacles passés qui tournaient sur la droite.
Ce qui est au-devant est cela qui s'exploite :
Là éclatent encor cent portraits éloignés,
Où se montrent les fils du siècle embesognés ;
On voit qu'en plusieurs lieux les bourreaux refusèrent
Ce que bourgeois, voisins et parents achevèrent.
L'esprit lassé, par force avisa le monceau
Des chrétiens condamnés qui, nus jusqu'à la peau,
Attendent par deux jours quelque main ennemie
Pour leur venir ôter la faim avec la vie ;
Puis voici arriver secours aux enfermés,
Les bouchers aux bras nus, au sang accoutumés,
Armés de leurs couteaux qui apprêtent les bêtes,
Et ne font qu'un corps mort de bien quatre cents têtes.
    Les temples des Baalins étaient remplis de cris
De ceux de qui les corps, comme vides d'esprits,
Vivant du seul sentir, par force, par paroles,
Par menaces, par coups s'enclinaient aux idoles ;
Et, à pas regrettés, les infirmes de cœur
Pour la peur des humains de Dieu perdaient la peur.
Ces désolés, transis par une aveugle envie
D'un vivre malheureux, quittaient l'heureuse vie,
La plupart préparant, en se faisant ce tort,
Les âmes à la géhenne et les corps à la mort,
Quand Dieu juste permit que ces piteux exemples
N'allongeassent leurs jours que sur le seuil des temples.
Non pourtant que son œil de pitié fût ôté,
Que le Saint-Esprit fût blessé d'infirmité :
Sa grâce y met la main. Tels étaient les visages
Des jugements à terme accomplis en nos âges.
    À la gauche du ciel, au lieu de ces tableaux,
Éblouissent les yeux les astres clairs et beaux :

Infinis millions de brillantes étoiles,
Que les vapeurs d'en bas n'offusquaient de leurs voiles,
En lignes, points et ronds, parfaits ou imparfaits,
Font ce que nous lisons après dans les effets.
L'Ange m'en fait leçon, disant : « Voila les restes
Des hauts secrets du ciel : là les bourgeois célestes
Ne lisent qu'aux rayons de la face de Dieu ;
C'est de tout l'avenir le registre, le lieu
Où la harpe royale était lors élevée
Qu'elle en sonna ces mots : *Pour jamais engravée*
*Est dedans le haut ciel que tu créas jadis*
*La vraie éternité de tout ce que tu dis.*
C'est le registre saint des actions secrètes,
Fermé d'autant de sceaux qu'il y a de planètes.
Le prophète dompteur des lions indomptés
Le nomme en ses écrits l'écrit des vérités.
Tout y est bien marqué, nul humain ne l'explique ;
Ce livre n'est ouvert qu'à la troupe angélique,
Puis aux élus de Dieu, quand en perfection
L'âme et le corps goûtront la résurrection.
Cependant ces portraits leur mettent en présence
Les biens et maux présents de leur très chère engeance.

# XIX

# CORNEILLE

## LE SUCCÈS DE L'AUTEUR

Corneille, « Excuse à Ariste » (1637), dans *La Querelle du « Cid »*, pièces et pamphlets publiés d'après les originaux avec une introduction par Armand Gasté (1898), Slatkine reprints, 1970.

La querelle du *Cid*, l'une des plus violentes dont l'histoire littéraire ait gardé le souvenir, pose de façon éclatante le problème de l'auctorialité. Comme Hélène Merlin l'a montré dans *Public et littérature en France au XVII*[e] *siècle* (Les Belles Lettres,

1994), une des raisons de la querelle, notamment pour un Scudéry, est la revendication auctoriale de Corneille qui fonde son statut d'auteur et d'autorité sur le succès qu'il a rencontré, donc sur l'élection publique dont il fait l'objet ; Scudéry accuse ainsi Corneille de s'être « déifié d'autorité privée ». Par l'« Excuse à Ariste », le poète déclare se soustraire à la demande (d'Ariste) d'écrire des chansons, parce que son génie, sa Muse, a choisi le genre dramatique et la liberté d'y créer, contre la tyrannie générique de la chanson. C'est le vers 50 qui fait scandale, lequel proclame que le Je du dramaturge est comme consacré par le public – ou, pour les adversaires de Corneille, par son intolérable orgueil. Aussi bien les adversaires de Corneille le représenteront-ils en tyran, en usurpateur, déniant au succès le pouvoir de fonder une autorité, et faisant de la dramaturgie cornélienne une entreprise de tromperie. Pourtant, et Hélène Merlin le montre (*ibid.*, p. 167-168), « Corneille ne s'y est pas [dans l'« Excuse »], d'« autorité privée », proclamé le souverain de la république des lettres. Il s'est simplement placé en dehors de son régime de légitimation – en dehors de sa juridiction ». C'est le public, alors, qui vient remplacer les doctes de la république des lettres : ce ne sont plus les pairs, mais les destinataires de l'œuvre (peuple et courtisans), qui autorisent l'auteur, mis directement en contact avec « son » public.

Ce n'est donc pas assez, et de la part des Muses,
Ariste, c'est en vers qu'il vous faut des excuses,
Et la mienne pour vous n'en plaint pas la façon,
Cent vers lui coûtent moins que deux mots de [chanson :
Son feu ne peut agir quand il faut qu'il s'applique
Sur les fantasques airs d'un rêveur de Musique,
Et que pour donner lieu de paraître à sa voix
De sa bizarre* quinte* il se fasse des lois,
Qu'il ait sur chaque ton ses rimes ajustées,
Sur chaque tremblement ses syllabes comptées,

*bigearre* : bizarre / *quinte* : musique, et caprice, humeur fanstasque.

Et qu'une froide pointe à la fin d'un couplet
En dépit de Phébus donne à l'art un soufflet :
Enfin cette prison déplaît à son génie,
Il ne peut rendre hommage à cette tyrannie,
Il ne se leurre point d'animer de beaux chants,
Et veut pour se produire avoir la clef des champs.
C'est lors qu'il court d'haleine, et qu'en pleine carrière
Quittant souvent la terre, en quittant la barrière,
Puis d'un vol élevé se cachant dans les cieux
Il rit du désespoir de tous ses envieux.
Ce trait est un peu vain, Ariste, je l'avoue,
Mais faut-il s'étonner d'un Poète qui se loue ?
Le Parnasse autrefois dans la France adoré
Faisait pour ses mignons un autre âge doré,
Notre fortune enflait du prix de nos caprices,
Et c'était une Blanque* à de bons bénéfices ;
Mais elle est épuisée, et les vers à présent
Aux meilleurs du métier n'apportant que du vent,
Chacun s'en donne à l'aise et souvent se dispense
À prendre par ses mains toute sa récompense.
Nous nous aimons un peu, c'est notre faible à tous,
Le prix que nous valons, qui le sait mieux que nous ?
Et puis la mode en est, et la Cour l'autorise.
Nous parlons de nous-mêmes avec toute franchise ;
La fausse humilité ne met plus en crédit,
Je sais ce que je vaux, et crois ce qu'on m'en dit :
Pour me faire admirer je ne fais point de ligue,
J'ai peu de voix pour moi, mais je les ai sans brigue,
Et mon ambition pour faire plus de bruit
Ne les va point quêter de Réduit en Réduit,
Mon travail sans appui monte sur le Théâtre,
Chacun en liberté l'y blâme ou l'idolâtre,
Là sans que mes amis prêchent leurs sentiments
J'arrache quelquefois trop d'applaudissements,
Là content du succès que le mérite donne

*Blanque* : loterie.

Par d'illustres avis je n'éblouis personne,
Je satisfais ensemble et peuple et courtisans,
Et mes vers en tous lieux sont mes seuls partisans ;
Par leur seule beauté ma plume est estimée :
Je ne dois qu'à moi seul toute ma Renommée,
Et pense toutefois n'avoir point de rival
À qui je fasse tort en le traitant d'égal :
Mais insensiblement je baille ici le change,
Et mon esprit s'égare en sa propre louange,
Sa douceur me séduit, je m'en laisse abuser,
Et me vante moi-même au lieu de m'excuser.
Revenons aux chansons que l'amitié demande,
J'ai brûlé fort longtemps d'une amour assez grande,
Et que jusqu'au tombeau je dois bien estimer,
Puisque ce fut par là que j'appris à rimer :
Mon bonheur commença quand mon âme fut prise,
Je gagnai de la gloire en perdant ma franchise,
Charmé de deux beaux yeux, mon vers charma la Cour,
Et ce que j'ai de nom je le dois à l'amour.
J'adorai donc Philis, et la secrète estime
Que ce divin esprit faisait de notre rime
Me fit devenir Poète aussitôt qu'amoureux :
Elle eut mes premiers Vers, elle eut mes derniers feux,
Et bien que maintenant cette belle inhumaine
Traite mon souvenir avec un peu de haine,
Je me trouve toujours en état de l'aimer,
Je me sens tout ému quand je l'entends nommer,
Et par le doux effet d'une prompte tendresse
Mon cœur sans mon aveu reconnaît sa maîtresse,
Après beaucoup de vœux et de soumissions
Un malheur rompt le cours de nos affections ;
Mais toute mon amour en elle consommée,
Je ne vois rien d'aimable après l'avoir aimée,
Aussi n'aimai-je plus, et nul objet vainqueur
N'a possédé depuis ma veine ni mon cœur.
Vous le dirai-je, ami ? tant qu'ont duré nos flammes
Ma Muse également chatouillait nos deux âmes,

Elle avait sur la mienne un absolu pouvoir,
J'aimais à le décrire, elle à le recevoir :
Une voix ravissante ainsi que son visage
La faisait appeler le Phénix de notre âge,
Et souvent de sa part je me suis vu presser
Pour avoir de ma main de quoi mieux l'exercer.
Jugez vous-même, Ariste, à cette douce amorce,
Si mon génie était pour épargner sa force :
Cependant mon amour, le père de mes vers,
Le fils du plus bel œil qui fut en l'univers,
À qui désobéir c'était pour moi des crimes,
Jamais en sa faveur n'en put tirer deux rimes ;
Tant mon esprit alors contre moi révolté
En haine des chansons semblait m'avoir quitté,
Tant ma veine se trouve aux airs mal assortie,
Tant avec la Musique elle a d'Antipathie,
Tant alors de bon cœur elle renonce au jour,
Et l'amitié voudrait ce que n'a pu l'amour !
N'y pensez plus, Ariste, une telle injustice
Exposerait ma Muse à son plus grand supplice,
Laissez-la toujours libre agir suivant son choix,
Céder à son caprice, et s'en faire des lois.

# V

# L'INSTANCE CRÉATRICE

# XX

# SAINTE-BEUVE

## LA BIOGRAPHIE DU GÉNIE

Sainte-Beuve, « Histoire de la vie et des ouvrages de Pierre Corneille de Jules Taschereau », *Le Globe*, 12 août et 12 septembre 1829, repris dans *Portraits littéraires*, t. I, p. 29 *sq.*, sous le titre « Pierre Corneille ».

Il est difficile, il faut bien l'avouer, de sauver Sainte-Beuve, Proust étant devenu l'auteur et l'autorité qu'il est, et sa condamnation s'étant réduite, dans la *doxa* des études littéraires, à une trop brève injonction, dont la complexité a disparu. D'ailleurs les choix mêmes de Sainte-Beuve le condamnent pour partie aux yeux de l'histoire littéraire, et Proust ne s'y trompe pas, qui pointe non sans cruauté les erreurs d'appréciation du journaliste : il ne fait pas bon avoir connu et jugé vivantes les idoles sacralisées de la littérature. La méthode n'était pourtant pas sans subtilité ; voici comment Ferdinand Brunetière, bon témoin de l'influence du critique, la présente, dans son *Évolution des genres dans l'histoire de la littérature* : « Ce n'est plus seulement de la biographie ; c'est ici l'introduction du portrait dans la critique. [...] L'anatomie de l'écrivain, c'est la considération générale et sommaire de son individu physique. [...] Voilà tout un ordre de questions dont à peine encore s'était-on avisé. Elles s'introduisent dans la critique avec Sainte-Beuve ; et il ne paraît pas qu'elles soient près de cesser d'en faire l'un des plus vifs attraits. La science y trouve son compte ; l'humaine malignité s'y délecte ; et les faiblesses des grands hommes réjouissent notre vanité. » Mais cette critique n'est pas que de commérage, et Brunetière y revient quelques pages plus loin : « Ce que Sainte-Beuve n'a jamais admis non plus, c'est que, dans la critique des œuvres littéraires, on fît abstraction du point de vue littéraire, et que, traitant, je suppose, les tragédies de Racine ou les comédies de Molière comme de purs documents sur les mœurs, l'esprit et la société du XVII^e^ siècle, on fît abstraction, en parlant de *L'École des femmes* et d'*Andromaque*, de l'espèce de plaisir qu'elles sont faites pour nous procurer ; – et encore bien moins de la personne ou de l'individualité de Molière ou de Racine. » Aussi doit-on relire Sainte-Beuve, pour y chercher, derrière les masques du biographique, son idée de la littérature, qui fut celle de l'université française pour quelques décennies.

En fait de critique et d'histoire littéraire, il n'est point, ce me semble, de lecture plus récréante, plus délectable, et à la fois plus féconde en enseignements de toute espèce, que les biographies bien faites des grands hommes : non pas ces biographies minces et sèches, ces notices exiguës et précieuses, où l'écrivain a la pensée de briller, et dont chaque paragraphe est effilé en épigramme ; mais de larges, copieuses, et parfois même diffuses histoires de l'homme et de ses œuvres : entrer en son auteur, s'y installer, le produire sous ses aspects divers ; le faire vivre, se mouvoir et parler, comme il a dû faire ; le suivre en son intérieur et dans ses mœurs domestiques aussi avant que l'on peut ; le rattacher par tous les côtés à cette terre, à cette existence réelle, à ces habitudes de chaque jour, dont les grands hommes ne dépendent pas moins que nous autres, fond véritable sur lequel ils ont pied, d'où ils partent pour s'élever quelque temps, et où ils retombent sans cesse.

Les Allemands et les Anglais, avec leur caractère complexe d'analyse et de poésie, s'entendent et se plaisent fort à ces excellents livres. Walter Scott déclare, pour son compte, qu'il ne sait point de plus intéressant ouvrage en toute la littérature anglaise que l'histoire du docteur Johnson par Boswell. En France, nous commençons aussi à estimer et à réclamer ces sortes d'études. De nos jours, les grands hommes dans les lettres, quand bien même, par leurs mémoires ou leurs confessions poétiques, ils seraient moins empressés d'aller au-devant des révélations personnelles, pourraient encore mourir, fort certains de ne point manquer après eux de démonstrateurs, d'analystes et de biographes. Il n'en a pas été toujours ainsi ; et lorsque nous venons à nous enquérir de la vie, surtout de l'enfance et des débuts de nos grands écrivains et poètes du dix-septième siècle, c'est à grand-peine que nous découvrons quelques traditions peu authentiques, quelques anecdotes douteuses, dispersées dans les Ana. La littérature et la poésie d'alors étaient peu personnelles ; les auteurs n'entretenaient guère le public de leurs propres sentiments ni de leurs propres affaires ; les biographes s'étaient imaginé, je ne sais pourquoi, que l'histoire d'un écrivain était tout entière dans ses écrits, et leur critique superficielle ne poussait pas jusqu'à l'homme au fond du poète. D'ailleurs, comme en ce temps les réputations étaient lentes à se faire, et qu'on n'arrivait que tard à la célébrité, ce n'était que bien plus tard encore, et dans la vieillesse du grand homme, que quelque admirateur empressé de son génie, un Brossette, un Monchesnay, s'avisait de penser à sa biographie ; ou encore cet historien était quelque parent pieux et dévoué, mais trop jeune pour avoir bien connu la jeunesse de son auteur, comme Fontenelle pour Corneille, et Louis Racine pour son père. De là, dans l'histoire de Corneille par son neveu, dans celle de Racine par son fils, mille ignorances, mille inexactitudes qui sautent aux yeux, et en particulier une légèreté courante sur les premières années littéraires, qui sont pourtant les plus décisives.

Lorsqu'on ne commence à connaître un grand homme que dans le plus fort de sa gloire, on ne s'imagine pas qu'il ait jamais pu s'en passer, et la chose nous paraît si simple, que souvent on ne s'inquiète pas le moins du monde de s'expliquer comment cela est advenu ; de même que, lorsqu'on le connaît dès l'abord et avant son éclat, on ne soupçonne pas d'ordinaire ce qu'il devra être un jour : on vit auprès de lui sans songer à le regarder, et l'on néglige sur son compte ce qu'il importerait le plus d'en savoir. Les grands hommes eux-mêmes contribuent souvent à fortifier cette double illusion par leur façon d'agir : jeunes, inconnus, obscurs, ils s'effacent, se taisent, éludent l'attention et n'affectent aucun rang, parce qu'ils n'en veulent qu'un, et que, pour y mettre la main, le temps n'est pas mûr encore ; plus tard, salués de tous et glorieux, ils rejettent dans l'ombre leurs commencements, d'ordinaire rudes et amers ; ils ne racontent pas volontiers leur propre formation, pas plus que le Nil n'étale ses sources. Or, cependant, le point essentiel dans une vie de grand écrivain, de grand poète, est celui-ci : saisir, embrasser et analyser tout l'homme au moment où, par un concours plus ou moins lent ou facile, son génie, son éducation et les circonstances se sont accordés de telle sorte, qu'il ait enfanté son premier chef-d'œuvre. Si vous comprenez le poète à ce moment critique, si vous dénouez ce nœud auquel tout en lui se liera désormais, si vous trouvez, pour ainsi dire, la clef de cet anneau mystérieux, moitié de fer, moitié de diamant, qui rattache sa seconde existence, radieuse, éblouissante et solennelle, à son existence première, obscure, refoulée, solitaire, et dont plus d'une fois il voudrait dévorer la mémoire, alors on peut dire de vous que vous possédez à fond et que vous savez votre poète ; vous avez franchi avec lui les régions ténébreuses, comme Dante avec Virgile ; vous êtes digne de l'accompagner sans fatigue et comme de plain-pied à travers ses autres merveilles.

De *René* au dernier ouvrage de M. de Chateaubriand, des premières *Méditations* à tout ce que pourra créer jamais M. de Lamartine, d'*Andromaque* à *Athalie*, du *Cid* à *Nicomède*, l'initiation est facile : on tient à la main le fil conducteur, il ne s'agit plus que de le dérouler. C'est un beau moment pour le critique comme pour le poète que celui où l'un et l'autre peuvent, chacun dans un juste sens, s'écrier avec cet ancien : *Je l'ai trouvé !* Le poète trouve la région où son génie peut vivre et se déployer désormais ; le critique trouve l'instinct et la loi de ce génie. Si le statuaire, qui est aussi à sa façon un magnifique biographe, et qui fixe en marbre aux yeux l'idée du poète, pouvait toujours choisir l'instant où le poète se ressemble le plus à lui-même, nul doute qu'il ne le saisît au jour et à l'heure où le premier rayon de gloire vient illuminer ce front puissant et sombre. À cette époque unique dans la vie, le génie, qui, depuis quelque temps adulte et viril, habitait avec inquiétude, avec tristesse, en sa conscience, et qui avait peine à s'empêcher d'éclater, est tout d'un coup tiré de lui-même au bruit des acclamations, et s'épanouit à l'aurore d'un triomphe. Avec les années, il deviendra peut-être plus calme, plus reposé, plus mûr ; mais aussi il perdra en naïveté d'expression, et se fera un voile qu'on devra percer pour arriver à lui : la fraîcheur du sentiment intime se sera effacée de son front ; l'âme prendra garde de s'y trahir : une contenance plus étudiée ou du moins plus machinale aura remplacé la première attitude si libre et si vive. Or, ce que le statuaire ferait s'il le pouvait, le critique biographe, qui a sous la main toute la vie et tous les instants de son auteur, doit à plus forte raison le faire ; il doit réaliser par son analyse sagace et pénétrante ce que l'artiste figurerait divinement sous forme de symbole. La statue une fois debout, le type une fois découvert et exprimé, il n'aura plus qu'à le reproduire avec de légères modifications dans les développements successifs de la vie du poète, comme en une série de bas-reliefs. Je ne sais si toute cette théorie, mi-partie poétique et mi-partie critique, est fort claire ; mais je la crois vraie, et tant que les biographes des grands poètes ne l'auront pas présente à l'esprit, ils feront des livres utiles, exacts, estimables sans doute, mais non des œuvres de haute critique et d'art ; ils rassembleront des anecdotes, détermineront les dates, exposeront des querelles littéraires : ce sera l'affaire du lecteur d'en faire jaillir le sens et d'y souffler la vie ; ils seront des chroniqueurs, non des statuaires ; ils tiendront les registres du temple, et ne seront pas les prêtres du dieu.

Cela posé, nous nous garderons d'en faire une sévère application à l'ouvrage plein de recherches et de faits que vient de publier M. Taschereau sur Pierre Corneille. Dans cette histoire, aussi bien que dans celle de Molière, M. Taschereau a eu pour but de recueillir et de lier tout ce qui nous est resté de traditions sur la vie de ces illustres auteurs, de fixer la chronologie de leurs pièces, et de raconter les débats dont elles furent l'occasion et le sujet. Il renonce assez volontiers à la prétention littéraire de juger les œuvres, de caractériser le talent, et s'en tient d'ordinaire là-dessus aux conclusions que le temps et le goût ont consacrées. Quand les faits sont clairsemés ou manquent, ce qui arrive quelquefois, il ne s'efforce point d'y suppléer par les suppositions circonspectes et les inductions légitimes d'une critique sagement conjecturale ; mais il passe outre, et s'empresse d'arriver à des faits nouveaux : de là chez lui des intervalles et des lacunes que l'esprit du lecteur est involontairement provoqué à combler. Les vies complètes, poétiques, pittoresques, vivantes en un mot, de Corneille et de Molière, restent à faire ; mais à M. Taschereau appartient l'honneur solide d'en avoir, avec une scrupuleuse érudition, amassé, préparé, numéroté en quelque sorte les matériaux longtemps épars. Pour nous, dans le petit nombre d'idées que nous essaierons d'avancer sur Corneille, nous confessons devoir beaucoup au travail de son biographe ; c'est bien souvent la lecture de son livre qui nous les a suggérées.

# XXI

# PROUST

## LES AUTRES MOI DE MARCEL

Proust, *Contre Sainte-Beuve*, Gallimard, 1954, Folio, p. 130-132.

Le *Contre Sainte-Beuve* de Proust est un texte posthume. On en a gardé le souvenir d'un interdit porté sur la biographie de l'écrivain, et d'un pamphlet virulent contre la méthode de Sainte-Beuve, et c'est bien là que se joue sans doute une rupture avec la tradition critique, dont les structuralistes français garderont vive la mémoire. Mais à relire le texte en entier, la rupture n'apparaît pas si franche. Loin d'interdire toute approche de l'auteur, Proust dessine un espace où peut se jouer l'interrogation critique autour de la figure du Poète héritée du romantisme, transcendant les individus, mais effectivement présent dans ses incarnations ; ainsi conclut-il l'article consacré à Baudelaire par ces lignes surprenantes, qui méritent qu'on s'y arrête : « [Baudelaire] a surtout sur ce dernier portrait une ressemblance fantastique avec Hugo, Vigny et Leconte de Lisle, comme si tous les quatre n'étaient que des épreuves un peu différentes d'un même visage, du visage de ce grand poète qui au fond est un, depuis le commencement du monde, dont la vie intermittente, aussi longue que celle de l'humanité, eut en ce siècle ses heures tourmentées et cruelles, que nous appelons vie de Baudelaire, ses heures laborieuses et sereines, que nous appelons vie de Hugo, ses heures vagabondes et innocentes que nous appelons vie de Gérard et peut-être de Francis Jammes, ses égarements et abaissements sur des buts d'ambition étrangers à la vérité, que nous appelons vie de Chateaubriand et de Balzac, ses égarements et surélévation au-dessus de la vérité, que nous appelons deuxième partie de la vie de Tolstoï, comme de Racine, de Pascal, de Ruskin, peut-être de Maeterlinck. »

« La littérature, disait Sainte-Beuve, n'est pas pour moi distincte ou, du moins, séparable du reste de l'homme et de l'organisation... On ne saurait s'y prendre de trop de façons et de trop de bouts pour connaître un homme, c'est-à-dire autre chose qu'un pur esprit. Tant qu'on ne s'est pas adressé sur un auteur un certain nombre de questions et qu'on n'y a pas répondu, ne fût-ce que pour soi seul et tout bas, on n'est pas sûr de le tenir tout entier, quand même ces questions sembleraient les plus étrangères à la nature de ses écrits : Que pensait-il de la religion ? Comment était-il affecté du spectacle de la nature ? Comment se comportait-il sur l'article des femmes, sur l'article de l'argent ? Était-il riche, pauvre ; quel était son régime, sa manière de vivre journalière ? Quel était son vice ou son faible ? Aucune réponse à ces questions n'est indifférente pour juger l'auteur d'un livre et le livre lui-même, si ce livre n'est pas un traité de géométrie pure, si c'est surtout un ouvrage littéraire, c'est-à-dire où il entre de tout. »

L'œuvre de Sainte-Beuve n'est pas une œuvre profonde. La fameuse méthode, qui en fait, selon Taine, selon Paul Bourget et tant d'autres, le maître inégalable de la critique du XIXe, cette méthode, qui consiste à ne pas séparer l'homme et l'œuvre, à considérer qu'il n'est pas indifférent pour juger l'auteur d'un livre, si ce livre n'est pas un « traité de géométrie pure », d'avoir d'abord répondu aux questions qui paraissaient les plus étrangères à son œuvre (comment se comportait-il, etc.), à s'entourer de tous les renseignements possibles sur un écrivain, à collationner ses correspondances, à interroger les hommes qui l'ont connu, en causant avec eux s'ils vivent encore, en lisant ce qu'ils ont pu écrire sur lui s'ils sont morts, cette méthode méconnaît ce qu'une fréquentation un peu profonde avec nous-mêmes nous apprend : qu'un livre est le produit d'un autre moi que celui que nous manifestons dans nos habitudes, dans la société, dans nos vices. Ce moi-là, si nous voulons essayer de le comprendre, c'est au fond de nous-mêmes, en essayant de le recréer en nous, que nous pouvons y parvenir. Rien ne peut nous dispenser de cet effort de notre cœur. Cette vérité, il nous faut la faire de toutes pièces et il est trop facile de croire qu'elle nous arrivera, un beau matin, dans notre courrier, sous forme d'une lettre inédite, qu'un bibliothécaire de nos amis nous communiquera, ou que nous la recueillerons de la bouche de quelqu'un, qui a beaucoup connu l'auteur. Parlant de la grande admiration, qu'inspire à plusieurs écrivains de la nouvelle génération l'œuvre de Stendhal, Sainte-Beuve disait : « Qu'ils me permettent de leur dire, pour juger au net de cet esprit assez compliqué, et sans rien exagérer dans aucun sens, j'en reviendrai toujours de préférence, indépendamment de mes propres impressions et souvenirs, à ce que m'en diront ceux qui l'ont connu en ses bonnes années et à ses origines, à ce qu'en diront M. Mérimée, M. Ampère, à ce que m'en dirait Jacquemont s'il vivait, ceux, en un mot, qui l'ont beaucoup vu et goûté sous sa forme première. »

Pourquoi cela ? En quoi le fait d'avoir été l'ami de Stendhal permet-il de le mieux juger ? Le moi qui produit les œuvres est offusqué pour ces camarades par l'autre, qui peut être très inférieur au moi extérieur de beaucoup de gens. Du reste, la meilleure preuve en est que Sainte-Beuve, ayant connu Stendhal, ayant recueilli auprès de M. Mérimée et de M. Ampère tous les renseignements qu'il pouvait, s'étant muni, en un mot, de tout ce qui permet, selon lui, au critique de juger plus exactement d'un livre, a jugé Stendhal de la façon suivante : « Je viens de relire, ou d'essayer, les romans de Stendhal ; ils sont franchement détestables. » Il y revient ailleurs, où il reconnaît que *Le Rouge et le Noir* « intitulé ainsi on ne sait trop pourquoi et par un emblème qu'il faut deviner, a du moins de l'action. Le premier volume a de l'intérêt, malgré la manière et les invraisemblances. Il y a là une idée. Beyle avait, pour ce commencement du roman, un exemple précis, m'assure-t-on, dans quelqu'un de sa connaissance et, tant qu'il s'y est tenu, il a pu paraître vrai. La prompte introduction de ce jeune homme timide dans ce monde pour lequel il n'a pas été élevé, etc., tout cela est bien rendu ou, du moins, le serait si l'auteur, etc. Ce ne sont pas des êtres vivants, mais des automates ingénieusement construits... Dans les nouvelles, qui ont des sujets italiens, il a mieux réussi... *La Chartreuse de Parme* est, de tous les romans de Beyle, celui qui a donné à quelques personnes la plus grande idée de son talent dans ce genre. On voit combien je suis, à l'égard de *La Chartreuse* de Beyle, loin de partager l'enthousiasme de M. de Balzac. Quand on a lu cela, on revient, tout naturellement il me semble, au genre français, etc. On demande une part de raison, etc., telle que l'offre l'histoire des *Fiancés* de Manzoni, tout beau roman de Walter Scott ou une adorable et vraiment simple nouvelle de Xavier de Maistre ; le reste n'est que l'œuvre d'un homme d'esprit. »

Et cela finit par ces deux paroles : « En critiquant ainsi, avec quelque franchise, les romans de Beyle, je suis loin de le blâmer de les avoir écrits. Ses romans sont ce qu'ils peuvent, mais ils ne sont pas vulgaires. Ils sont, comme sa critique, surtout à l'usage de ceux qui en font... » Et ces mots par lesquels l'étude finit : « Beyle avait, au fond, une droiture et une sûreté dans les rapports intimes, qu'il ne faut jamais oublier de reconnaître, quand on lui a dit d'ailleurs ses vérités. » Tout compte fait, ce Beyle, un brave homme ! Ce n'était peut-être pas la peine de rencontrer si souvent à dîner, à l'Académie, M. Mérimée, de tant « faire parler M. Ampère », pour arriver à ce résultat et, quand on a lu cela, on est moins inquiet que Sainte-Beuve en pensant que viendront de nouvelles générations. Barrès, avec une heure de lecture et sans « renseignements », en eût fait plus que vous. Je ne dis pas que tout ce qu'il dit de Stendhal soit faux. Mais, quand on se rappelle sur quel ton d'enthousiasme il parle des nouvelles de Mme Gasparin ou Töpffer, il est bien clair que, si tous les ouvrages du XIXe siècle avaient brûlé sauf les Lundis, et que ce soit dans les Lundis que nous dussions nous faire une idée des rangs des écrivains du XIXe siècle, Stendhal nous apparaîtrait inférieur à Charles de Bernard, à Vinet, à Mole, à Mme de Verdelin, à Ramond, à Sénac de Meilhan, à Vicq d'Azyr, à combien d'autres, et assez indistinct, à vrai dire, entre d'Alton Shée et Jacquemont.

Je montrerai, d'ailleurs, qu'il en a été de même à l'égard de presque tous ses contemporains vraiment originaux ; beau succès pour un homme qui assignait pour tout rôle à la critique de désigner ses grands contemporains. Et là, il n'avait pas, pour l'égarer, les rancunes qu'il nourrissait contre d'autres écrivains.

## XXII

## MALLARMÉ

### LE LANGAGE SEUL AUTEUR

Mallarmé, « Le Tombeau d'Edgar Poe »
(1887, forme définitive), *Poésies*, éd. L.J. Austin,
GF-Flammarion, p. 99.

« Le Tombeau d'Edgar Poe », contrairement au « Tombeau de Baudelaire » ou au « Toast funèbre » dédié à Gautier, ne s'inspire qu'assez peu de la poétique du poète américain. C'est qu'à travers lui se définit le poète même, dépouillé des oripaux de la personne par sa mort, comme l'affirme le premier vers bien connu du sonnet. La mort en effet, abandonnant l'œuvre à elle-même, triomphe dès celle-ci, puisque la thèse fameuse de la « disparition élocutoire du poète » creuse pour Mallarmé toute la poésie. Car si Hugo, qui « incarnait le vers personnellement » (*Crise de vers*), a empêché toute voix personnelle de se faire jour, c'est sa présence, puis sa disparition en 1885 qui laisse au poète maudit, qu'évoque la mythologie du deuxième quatrain, la tâche critique de mettre en cause la langue. Ainsi la figure mallarméenne constitue une étape ambiguë : la poésie, porteuse des plus hauts enjeux, réflexion de la langue sur elle-même, intime au poète l'ordre de disparaître : « le maître est allé puiser des fleurs au Styx » dit déjà « Ses purs ongles très hauts », et ce maître sans pleurs, ce maître mal-larmé, vide la scène poétique, la laissant vide, ouverte au seul langage. La mort de l'auteur telle que Barthes la proclamera se lit à l'horizon de ces vers.

## Le Tombeau d'Edgar Poe

Tel qu'en Lui-même enfin l'éternité le change,
Le Poète suscite avec un glaive nu
Son siècle épouvanté de n'avoir pas connu
Que la mort triomphait dans cette voix étrange !

Eux, comme un vil sursaut d'hydre oyant jadis l'ange
Donner un sens plus pur aux mots de la tribu
Proclamèrent très haut le sortilège bu
Dans le flot sans honneur de quelque noir mélange.

Du sol et de la nue hostiles, ô grief !
Si notre idée avec ne sculpte un bas-relief
Dont la tombe de Poe éblouissante s'orne

Calme bloc ici-bas chu d'un désastre obscur
Que ce granit du moins montre à jamais sa borne
Aux noirs vols du Blasphème épars dans le futur.

# XXIII

# BARTHES

## LE LECTEUR AUTEUR DU TEXTE

Barthes, « La mort de l'auteur » (1968),
*Œuvres complètes*, t. II, Le Seuil, p. 491-495.

Texte manifeste, cet article de Barthes – comme souvent les écrits du critique – vint signifier, en 1968, qu'un âge de la critique était définitivement révolu. Comme dans l'article de Foucault, « Qu'est-ce qu'un auteur ? », la mort de l'homme, la mort de Dieu venaient trouver dans cette proclamation programmatique leur conclusion critique. Mais si la thèse ici formulée trouva un tel écho, c'est aussi en raison de la figure qu'incarnait alors Barthes, figure d'auteur et figure d'autorité. Il faut dire aussi que le parcours de Barthes n'avait cessé de rencontrer les figures de l'auteur consacrées par l'histoire littéraire. Le *Sur Racine*, en 1963, ne rompait du reste que très secondairement avec la notion d'auteur et bien loin d'en proclamer la mort, tendait plutôt à en renouveler le mythe, empruntant un certain nombre de ses conclusions aux travaux de L. Goldmann et de Ch. Mauron, qui remobilisaient la figure de l'auteur en l'investissant de nouvelles compréhensions. Barthes avait également été conduit à penser la notion dans son article « Écrivains et écrivants », en 1960, qui s'ouvrait déjà sur la question par laquelle finalement Barthes proclame la mort de l'auteur : « Qui parle ? Qui écrit ? » Posant un mythique âge classique où seuls les *écrivains* avaient véritablement le monopole du « langage de la nation », il fait apparaître à la Révolution de nouveaux usagers, politiques, de la langue des écrivains ; ceux-ci « contribuent à élargir la fonction littéraire, à faire de cette parole institutionnalisée dont ils sont encore les propriétaires reconnus, l'instrument d'une action nouvelle » ; ces *écrivants,* n'occupent plus une fonction mais exercent une activité. Barthes annonce le passage de l'un à l'autre, la condamnation des premiers au profit des seconds, tout en notant que « chacun aujourd'hui se meut plus ou moins ouvertement entre les deux postulations ». Cette réflexion semble trouver un aboutissement possible en 1968, quand le critique, se plaçant dans une logique que Mallarmé avait incarnée, affirme : que « L'écriture, c'est ce neutre, ce composite, cet oblique où fuit notre sujet, le noir-et-blanc où vient se perdre toute identité, à commencer par celle-là même du corps qui écrit. »

Sans doute en a-t-il toujours été ainsi : dès qu'un fait est raconté, à des fins intransitives, et non plus pour agir directement sur le réel, c'est-à-dire finalement hors de toute fonction autre que l'exercice même du symbole, ce décrochage se produit, la voix perd son origine, l'auteur entre dans sa propre mort, l'écriture commence. Cependant, le sentiment de ce phénomène a été variable ; dans les sociétés ethnographiques, le récit n'est jamais pris en charge par une personne, mais par un médiateur, shaman ou récitant, dont on peut à la rigueur admirer la « performance » (c'est-à-dire la maîtrise du code narratif), mais jamais le « génie ». L'auteur est un personnage moderne, produit sans doute par notre société dans la mesure où, au sortir du Moyen Âge, avec l'empirisme anglais, le rationalisme français, et la foi personnelle de la Réforme, elle a découvert le prestige de l'individu, ou, comme on dit plus noblement, de la « personne humaine ». Il est donc logique que, en matière de littérature, ce soit le positivisme, résumé et aboutissement de l'idéologie capitaliste, qui ait accordé la plus grande importance à la « personne » de l'auteur. L'auteur règne encore dans les manuels d'histoire littéraire, les biographies d'écrivains, les interviews des magazines, et dans la conscience même des littérateurs, soucieux de joindre, grâce à leur journal intime, leur personne et leur œuvre ; l'image de la littérature que l'on peut trouver dans la culture courante est tyranniquement centrée sur l'auteur, sa personne, son histoire, ses goûts, ses passions ; la critique consiste encore, la plupart du temps, à dire que l'œuvre de Baudelaire, c'est l'échec de l'homme Baudelaire, celle de Van Gogh, c'est sa folie, celle de Tchaïkovski, c'est son vice : l'explication de l'œuvre est toujours cherchée du côté de celui qui l'a produite, comme si, à travers l'allégorie plus ou moins transparente de la fiction, c'était toujours finalement la voix d'une seule et même personne, l'auteur, qui livrait sa « confidence ».

---

Bien que l'empire de l'Auteur soit encore très puissant (la nouvelle critique n'a fait bien souvent que le consolider), il va de soi que certains écrivains ont depuis longtemps déjà tenté de l'ébranler. En France, Mallarmé, sans doute le premier, a vu et prévu dans toute son ampleur la nécessité de substituer le langage lui-même à celui qui jusque-là était censé en être le propriétaire ; pour lui, comme pour nous, c'est le langage qui parle, ce n'est pas l'auteur ; écrire, c'est, à travers une impersonnalité préalable – que l'on ne saurait à aucun moment confondre avec l'objectivité castratrice du romancier réaliste –, atteindre ce point où seul le langage agit, « performe », et non « moi » : toute la poétique de Mallarmé consiste à supprimer l'auteur au profit de l'écriture (ce qui est, on le verra, rendre sa place au lecteur). Valéry, tout embarrassé dans une psychologie du Moi, édulcora beaucoup la théorie mallarméenne, mais, se reportant par goût du classicisme aux leçons de la rhétorique, il ne cessa de tourner en doute et en dérision l'Auteur, accentua la nature linguistique et comme « hasardeuse » de son activité, et revendiqua tout au long de ses livres en prose en faveur de la condition essentiellement verbale de la littérature, en face de laquelle tout recours à l'intériorité de l'écrivain lui paraissait pure superstition. Proust lui-même, en dépit du caractère apparemment psychologique de ce que l'on appelle ses analyses, se donna visiblement pour tâche de brouiller inexorablement, par une subtilisation extrême, le rapport de l'écrivain et de ses personnages : en faisant du narrateur non celui qui a vu ou senti, ni même celui qui écrit, mais celui qui va écrire (le jeune homme du roman – mais, au fait, quel âge a-t-il et qui est-il ? – veut écrire, mais il ne le peut, et le roman finit quand enfin l'écriture devient possible), Proust a donné à l'écriture moderne son épopée : par un renversement radical, au lieu de mettre sa vie dans son roman, comme on le dit si souvent, il fit de sa vie même une œuvre dont son propre livre fut comme le modèle, en sorte qu'il nous soit bien évident que ce n'est pas Charlus qui imite Montesquiou, mais que Montesquiou, dans sa réalité anecdotique, historique, n'est qu'un fragment secondaire, dérivé, de Charlus. Le Surréalisme enfin, pour en rester à cette préhistoire de la modernité, ne pouvait sans doute attribuer au langage une place souveraine, dans la mesure où le langage est système, et où ce qui était visé par ce mouvement, c'était, romantiquement, une subversion directe des codes – d'ailleurs illusoire, car un code ne peut se détruire, on peut seulement le « jouer » ; mais en recommandant sans cesse de décevoir brusquement les sens attendus (c'était la fameuse « saccade » surréaliste), en confiant à la main le soin d'écrire aussi vite que possible ce que la tête même ignore (c'était l'écriture automatique), en acceptant le principe et l'expérience d'une écriture à plusieurs, le surréalisme a contribué à désacraliser l'image de l'Auteur. Enfin, hors la littérature elle-même (à vrai dire, ces distinctions deviennent périmées), la linguistique vient de fournir à la destruction de l'Auteur un instrument analytique précieux, en montrant que l'énonciation dans son entier est un processus vide, qui fonctionne parfaitement sans qu'il soit nécessaire de le remplir par la personne des interlocuteurs : linguistiquement, l'Auteur n'est jamais rien de plus que celui qui écrit, tout comme *je* n'est autre que celui qui dit *je* : le langage connaît un « sujet », non une « personne », et ce sujet, vide en dehors de l'énonciation même qui le définit, suffit à faire « tenir » le langage, c'est-à-dire à l'épuiser.

---

L'éloignement de l'Auteur (avec Brecht, on pourrait parler ici d'un véritable « distancement », l'Auteur diminuant comme une figurine tout au bout de la scène littéraire) n'est pas seulement un fait historique ou un acte d'écriture : il transforme de fond en comble le texte moderne (ou – ce qui est la même chose – le texte est désormais fait et lu de telle sorte qu'en lui, à tous ses niveaux, l'auteur s'absente). Le temps, d'abord, n'est plus le même. L'Auteur, lorsqu'on y croit, est toujours conçu comme le passé de son propre livre : le livre et l'auteur se placent d'eux-mêmes sur une même ligne, distribuée comme un avant et un après : l'Auteur est censé nourrir le livre, c'est-à-dire qu'il existe avant lui, pense, souffre, vit pour lui ; il est avec son œuvre dans le même rapport d'antécédence qu'un père entretient avec son enfant. Tout au contraire, le scripteur moderne naît en même temps que son texte ; il n'est d'aucune façon pourvu d'un être qui précéderait ou excéderait son écriture, il n'est en rien le sujet dont son livre serait le prédicat ; il n'y a d'autre temps que celui de l'énonciation, et tout texte est écrit éternellement ici et maintenant. C'est que (ou il s'ensuit que) écrire ne peut plus désigner une opération d'enregistrement, de constatation, de représentation, de « peinture » (comme disaient les Classiques), mais bien ce que les linguistes, à la suite de la philosophie oxfordienne, appellent un performatif, forme verbale rare (exclusivement donnée à la première personne et au présent), dans laquelle l'énonciation n'a d'autre contenu (d'autre énoncé) que l'acte par lequel elle se profère : quelque chose comme le Je déclare des rois ou le Je chante des très anciens poètes ; le scripteur moderne, ayant enterré l'Auteur, ne peut donc plus croire, selon la vue pathétique de ses prédécesseurs, que sa main est trop lente pour sa pensée ou sa passion, et qu'en conséquence, faisant une loi de la nécessité, il doit accentuer ce retard et « travailler » indéfiniment sa forme ; pour lui, au contraire, sa main, détachée de toute voix, portée par un pur geste d'inscription (et non d'expression), trace un champ sans origine – ou qui, du moins, n'a d'autre origine que le langage lui-même, c'est-à-dire cela même qui sans cesse remet en cause toute origine.

---

Nous savons maintenant qu'un texte n'est pas fait d'une ligne de mots, dégageant un sens unique, en quelque sorte théologique (qui serait le « message » de l'Auteur-Dieu), mais un espace à dimensions multiples, où se marient et se contestent des écritures variées, dont aucune n'est originelle : le texte est un tissu de citations, issues des mille foyers de la culture. Pareil à Bouvard et Pécuchet, ces éternels copistes, à la fois sublimes et comiques, et dont le profond ridicule désigne précisément la vérité de l'écriture, l'écrivain ne peut qu'imiter un geste toujours antérieur, jamais originel ; son seul pouvoir est de mêler les écritures, de les contrarier les unes par les autres, de façon à ne jamais prendre appui sur l'une d'elles ; voudrait-il s'exprimer, du moins devrait-il savoir que la « chose » intérieure qu'il a la prétention de « traduire », n'est elle-même qu'un dictionnaire tout composé, dont les mots ne peuvent s'expliquer qu'à travers d'autres mots, et ceci indéfiniment : aventure qui advint exemplairement au jeune Thomas de Quincey, si fort en grec que pour traduire dans cette langue morte des idées et des images absolument modernes, nous dit Baudelaire, « il avait créé pour lui un dictionnaire toujours prêt, bien autrement complexe et étendu que celui qui résulte de la vulgaire patience des thèmes purement littéraires » (*Les Paradis artificiels*) ; succédant à l'Auteur, le scripteur n'a plus en lui passions, humeurs, sentiments, impressions, mais cet immense dictionnaire où il puise une écriture qui ne peut connaître aucun arrêt : la vie ne fait jamais qu'imiter le livre, et ce livre lui-même n'est qu'un tissu de signes, imitation perdue, infiniment reculée.

# XXIV

# FREUD

## L'INCONSCIENT CRÉATEUR

Freud, « La création littéraire et la fantaisie »,
dans *L'Inquiétante Étrangeté et autres essais*,
trad. B. Féron, Gallimard, 1985, p. 41-46.

La mise en cause d'une interprétation esthétique de l'œuvre par la mise au jour de l'intention de son auteur ne peut que se nourrir de la théorie freudienne de l'inconscient ; ainsi l'auctorialité, liée dans son acception intentionnaliste à la compréhension de l'homme comme subjectivité, se voit considérablement déplacée par la psychanalyse. L'intérêt de Freud pour le sujet, dont témoigneraient des essais comme « Le Moïse de Michel-Ange », « L'inquiétante étrangeté », ou « Le délire et les rêves dans la *Gradiva* de W. Jensen », tente ici de considérer le créateur littéraire comme un cas psychique particulier, selon un double point de vue de création et de réception : « Nous autres profanes, commence ainsi Freud, nous avons toujours été très curieux de savoir où cette singulière personnalité, le créateur littéraire, va prendre sa matière [...] et comment il parvient, par elle, à tellement nous saisir, à provoquer en nous des émotions dont nous ne nous serions peut-être même pas cru capables. » C'est surtout la première voie que la critique psychanalytique, ou psychocritique, exploitera, remplaçant l'intention de l'auteur par l'intention de son psychisme.

Ainsi Charles Mauron élabora-t-il une « méthode expérimentale », déterminant un « réseau de métaphores obsédantes » dans une œuvre (Mallarmé, Racine) qui conduit à découvrir un « mythe personnel propre à chaque écrivain et objectivement définissable » (*Des métaphores obsédantes au mythe personnel. Introduction à la psychocritique*, Corti, 1963, p. 9). Il résume ainsi son travail sur Racine : il s'agit d'étudier « l'expression de l'inconscient, et elle seule », afin de découvrir « l'image d'une structure inconsciente, de son dynamisme et de son évolution », vérifiée, « secondairement et à titre de contrôle », par l'examen de la vie du poète (p. 339-340). Cela conduit Mauron à poser que la psychocritique rejoint en fait la « critique classique », pour qui « l'écrivain garde une fenêtre ouverte sur son milieu. La psychocritique ajoute qu'il en ouvre une autre, symétriquement, sur ce milieu intérieur qu'est son inconscient. Les deux milieux ont un passé et durent : ils sont fonction du temps, bien que les formes des deux fonctions soient distinctes. La création [...] exprime la personnalité entière » (p. 341-342).

À cette psychocritique humaniste, succédera avec Bellemin-Noël une psychocritique structurale : tout part chez lui d'une « incuriosité : à l'égard des auteurs » (*Vers l'inconscient du texte*, PUF, 1975), et de la volonté conséquente de psychanalyser non le créateur (récusé d'entrée) mais le texte, pour découvrir son inconscient. Dépassant « l'auteur encombrant », pour reprendre le titre d'une analyse de l'*Armance* de Stendhal (Presses universitaires de Lille, 1985), il s'agit alors d'employer la méthode psychanalytique sur le texte même.

Sommes-nous vraiment autorisé à tenter l'essai de comparer le créateur littéraire avec le « rêveur en plein jour », ses créations avec des rêves diurnes ? Dans ce cas, une première distinction s'impose sans doute ; nous devons séparer les auteurs qui reprennent des matières toutes prêtes, comme les anciens poètes épiques et tragiques, de ceux qui paraissent créer librement. Tenons-nous-en à ces derniers, et ne sélectionnons pas pour notre comparaison justement les auteurs qui sont le plus hautement prisés par la critique, mais les narrateurs moins ambitieux que sont les auteurs de romans, de nouvelles et d'histoires, qui pour cette raison trouvent les lecteurs et les lectrices les plus nombreux et les plus assidus. Dans les créations de ces narrateurs, il est un trait qui doit nous frapper entre tous ; elles ont toutes un héros qui est au centre de l'intérêt, pour qui l'auteur cherche à gagner notre sympathie par tous les moyens, et qu'il semble protéger comme par une providence particulière. Quand à la fin du chapitre d'un roman, j'ai quitté le héros sans connaissance, perdant son sang par des blessures graves, je suis sûr de le trouver au début du suivant, objet des soins les plus attentifs et en voie de rétablissement ; et quand le premier volume s'est terminé par le naufrage dans la tempête du bateau sur lequel se trouvait notre héros, je suis sûr d'entendre parler au commencement du deuxième volume de son sauvetage miraculeux, sans lequel, du reste, le roman ne pourrait continuer. Le sentiment de sécurité avec lequel j'accompagne le héros à travers ses destinées périlleuses, est le même que celui avec lequel un héros réel plonge dans l'eau pour sauver quelqu'un qui se noie, ou s'expose au feu de l'ennemi pour prendre une batterie d'assaut : c'est proprement ce sentiment héroïque que l'un de nos meilleurs créateurs littéraires a gratifié de la savoureuse expression : « Es kann dir nix g'schehen » (Anzengruber) [1]. Je pense quant à moi qu'à cette caractéristique révélatrice de l'invulnérabilité, on reconnaît sans peine… Sa Majesté le Moi, héros de tous les rêves diurnes, comme de tous les romans [2].

D'autres traits typiques encore de ces récits égocentriques renvoient à la même parenté. Quand toutes les femmes du roman tombent régulièrement amoureuses du héros, cela ne peut guère être conçu comme une peinture de la réalité, mais peut être entendu aisément comme un élément obligé du rêve diurne. De même quand les autres personnages du roman se scindent nettement en bons et en méchants, au mépris de la nature composite des caractères humains qu'on peut observer dans la réalité ; les « bons » sont justement les auxiliaires, les « méchants » au contraire les ennemis et les concurrents du moi devenu héros.

Cela dit, nous ne méconnaissons nullement que beaucoup de créations littéraires se tiennent très à l'écart du

---

1. « Y peut rien t'arriver. » Nous reproduisons l'original allemand pour lui garder sa saveur de transcription phonétique du parler autrichien populaire. Cette formule d'Anzengruber, dramaturge viennois, était l'une des citations favorites de Freud. Cf. « Considérations actuelles sur la guerre et sur la mort ». [NdT]

2. Voir « Pour introduire le narcissisme », fin du chapitre II. [NdT]

rêve diurne naïf, mais je ne peux pour autant réprimer la conjecture que même les déviations les plus extrêmes pourraient être mises en relation avec ce modèle par une série continue de transitions. Dans beaucoup de ce qu'on appelle des romans psychologiques, j'ai été également frappé par le fait qu'un seul personnage, encore le héros, est décrit de l'intérieur ; le créateur est en quelque sorte installé dans son âme, et il regarde les autres personnages de l'extérieur. Le roman psychologique doit sans doute dans l'ensemble sa particularité à la tendance du créateur littéraire moderne à scinder son moi en moi partiels, par l'effet de l'observation de soi ; et par voie de conséquence, à personnifier les courants conflictuels de sa vie psychique en plusieurs héros. Les romans qui paraissent s'opposer tout particulièrement au type du rêve diurne sont ceux qu'on pourrait qualifier d'« excentriques », dans lesquels le personnage introduit comme héros joue le rôle actif le plus réduit, voit défiler devant lui, plutôt en spectateur, les actes et les souffrances des autres. À ce genre appartiennent plusieurs des derniers romans de Zola. Je dois toutefois remarquer que l'analyse psychologique d'individus non créateurs, et s'écartant par bien des aspects de ce qu'on appelle la norme, nous a fait connaître des variantes analogues de rêves diurnes, dans lesquelles le moi se contente du rôle de spectateur.

Si notre assimilation du créateur littéraire au rêveur diurne, de la création poétique au rêve diurne doit prendre quelque valeur, il faut qu'avant tout, d'une manière ou d'une autre, elle s'avère féconde. Essayons par exemple d'appliquer aux œuvres littéraires notre thèse précédemment avancée sur la relation de la fantaisie aux trois temps et au désir qui les traverse, et d'étudier par ce moyen les relations entre la vie de l'écrivain et ses créations. En règle générale, on ne sait pas avec quelles représentations d'attente on doit aborder ce problème ; souvent, on s'est représenté cette relation d'une manière beaucoup trop simple. À partir des aperçus que nous avons acquis sur les fantaisies, nous devrions nous attendre à trouver l'état de choses suivant : une expérience actuelle intense réveille chez l'écrivain le souvenir d'une expérience antérieure, appartenant la plupart du temps à l'enfance, dont émane maintenant le désir qui se crée son accomplissement dans l'œuvre littéraire ; l'œuvre littéraire elle-même permet de reconnaître aussi bien des éléments de l'occasion récente que des éléments du souvenir ancien [1].

Ne vous effrayez pas de la complexité de cette formule ; je présume qu'en réalité, elle se révélera être un schéma trop indigent, mais il se pourrait tout de même qu'elle contienne une première approximation de l'état des choses réel, et au terme de quelques essais que j'ai entrepris, je suis à même de penser qu'une telle manière de considérer les productions littéraires ne peut manquer d'être féconde. Vous n'oublierez pas que l'insistance, qui peut vous paraître déconcertante, que nous mettons sur le souvenir d'enfance dans la vie du créateur littéraire dérive en dernier ressort du présupposé que la création littéraire, comme le rêve diurne, est la continuation et le substitut du jeu enfantin d'autrefois.

N'oublions pas de revenir sur cette classe d'œuvres littéraires dans lesquelles nous sommes obligés d'apercevoir non des créations libres, mais les remaniements de matières toutes prêtes et connues. Dans ce cas aussi, il reste à l'auteur une marge d'autonomie qui est autorisée à se manifester dans le choix de la matière et dans la modification de celle-ci, qui va souvent assez loin. Mais dans la mesure où les matières sont données, elles sont issues du trésor populaire des mythes, des légendes et des contes. L'investigation de ces formations relevant de la

1. Un point de vue analogue avait déjà été suggéré par Freud dans une lettre à Fliess du 7 juillet 1898, à propos d'une nouvelle de Conrad. Ferdinand Meyer, *Die Hochzeit des Mönchs* (« Les noces du miroir »). [NDT]

psychologie des peuples n'est nullement close, mais il est extrêmement probable, par exemple à propos des mythes, qu'ils correspondent aux vestiges déformés de fantaisies de désir propres à des nations entières, aux *rêves séculaires* de la jeune humanité.

Vous allez dire que je vous ai parlé beaucoup plus des fantaisies que du créateur littéraire, que j'avais pourtant mis à la première place dans le titre de ma conférence. Je le sais, et j'essaie de m'en excuser en arguant de l'état actuel de nos connaissances. Je n'ai pu vous apporter que des incitations et des exhortations qui, à partir de l'étude des fantaisies, conduisent au problème du choix de sa matière par le créateur littéraire. Quant à l'autre problème, à savoir par quels moyens l'auteur obtient chez nous les effets d'affect qu'il suscite par ses créations, nous ne l'avons pas abordé du tout. Je voudrais au moins vous montrer encore quelle voie mène de nos analyses des fantaisies aux problèmes des effets poétiques.

Vous vous souvenez que nous avons dit que le rêveur diurne cache soigneusement ses fantaisies aux autres, parce qu'il éprouve des raisons d'en avoir honte. J'ajoute maintenant que, même s'il nous les communiquait, il ne nous procurerait aucun plaisir par un tel dévoilement. De telles fantaisies, quand nous les apprenons, nous rebutent, ou nous laissent tout au plus froids. Mais quand le créateur littéraire nous joue ses jeux ou nous raconte ce que nous inclinons à considérer comme ses rêves diurnes personnels, nous ressentons un plaisir intense, résultant probablement de la confluence de nombreuses sources. Comment parvient-il à ce résultat ? C'est là son secret le plus intime ; c'est dans la technique du dépassement de cette répulsion, qui a sans doute quelque chose à voir avec les barrières qui s'élèvent entre chaque moi individuel et les autres, que gît la véritable *ars poetica.* Nous pouvons soupçonner à cette technique deux sortes de moyens : le créateur littéraire atténue le caractère du rêve diurne égoïste par des modifications et des voiles, et il nous enjôle par un gain de plaisir purement formel, c'est-à-dire esthétique, qu'il nous offre à travers la présentation de ses fantaisies. Un tel gain de plaisir, qui nous est offert pour rendre possible par son biais la libération d'un plaisir plus grand, émanant de sources psychiques plus profondes, c'est ce qu'on appelle une *prime de séduction* ou un *plaisir préliminaire* [1]. Je pense que tout le plaisir esthétique que le créateur littéraire nous procure porte le caractère d'un tel plaisir préliminaire, et que la jouissance propre de l'œuvre littéraire est issue du relâchement de tensions siégeant dans notre âme. Peut-être même le fait que le créateur littéraire nous mette en mesure de jouir désormais de nos propres fantaisies, sans reproche et sans honte, n'entre-t-il pas pour peu dans ce résultat. Ici, nous serions au seuil de nouvelles investigations, intéressantes et complexes, mais, au moins pour cette fois, au terme de nos analyses.

# XXV

# GOLDMANN

## LES FORCES SOCIALES À L'ŒUVRE

Goldmann, « La méthode en histoire de la littérature »,
*Pour une sociologie du roman*, Gallimard,
Tel, 1964, p. 365-366.

L'influence de Lucien Goldmann sur les études littéraires fut sans doute aussi marquante que brève ; à l'instar de la psychocritique, sa sociocritique donnait les moyens de penser l'intention de l'auteur au moment de la mort du sujet, mais, ruinée peut-être parce qu'elle ne rendait pas compte de cette

1. Cette théorie du « plaisir préliminaire » et de la « prime de séduction » avait été appliquée par Freud aux mots d'esprit dans les derniers paragraphes du chapitre IV du livre consacré à ce sujet. La nature du « plaisir préliminaire » avait aussi été analysée dans les *Trois Essais sur la théorie de la sexualité* [NdT].

mort, elle fut remplacée par de nouvelles critiques des rapports entre littérature et société. La théorie de Goldmann, dont on peut lire ici un essai de méthode, affirmait qu'à travers l'écrivain, c'est un groupe social qui s'exprime, se situant ainsi dans l'héritage d'un Georg Lukàcs. Mais ses lectures de Racine ou Pascal furent remises en cause notamment parce qu'elles apparaissaient comme reposant sur une théorie du reflet, l'œuvre d'art se comprenant comme l'expression presque directe d'une vision du monde. Aussi les structuralistes eurent-ils beau jeu d'inculper cette théorie : le mot d'homologie, qui décrivait le rapport de la réalité sociale et de l'œuvre, semblait n'être qu'un masque d'une simple relation d'analogie ; les postulats de la méthode informaient la description même du texte : sa compréhension précédait donc son explication, ce qui ruinait sa prétention scientifique.

Dès lors, pour penser le rapport du social et de la littérature, la théorie littéraire fut conduite à réfléchir sur l'implication sociale de l'écrivain : s'appuyant sur les concepts forgés par Pierre Bourdieu et développés, notamment, dans *Les Règles de l'art. Genèse et structure du champ littéraire*, ce courant critique comprend le travail de l'écrivain comme déterminé (pour partie) par les stratégies sociales qu'il déploie. Ainsi Alain Viala dégage-t-il, dans *Naissance de l'écrivain*, l'émergence d'un champ littéraire autonome au XVIIe siècle. La sociocritique semble ainsi avoir été remplacée par une sociologie de la littérature attentive à l'institution du champ littéraire, de l'écrivain, et par là de la littérature.

Le structuralisme génétique part de l'hypothèse que *tout* comportement humain est un essai de donner une *réponse significative* à une situation particulière et tend par cela même à créer un équilibre entre le sujet de l'action et l'objet sur lequel elle porte, le monde ambiant. Cette tendance à l'équilibration garde cependant toujours un caractère labile et provisoire, dans la mesure où tout équilibre plus ou moins satisfaisant entre les structures mentales du sujet et le monde extérieur aboutit à une situation à l'intérieur de laquelle le comportement des hommes transforme le monde et où cette transformation rend l'ancien équilibre insuffisant et engendre une tendance à une équilibration nouvelle qui sera à son tour ultérieurement dépassée.

Ainsi les réalités humaines se présentent-elles comme des processus à double face : *déstructuration* de structurations anciennes et *structuration* de totalités nouvelles aptes à créer des équilibres qui sauraient satisfaire aux nouvelles exigences des groupes sociaux qui les élaborent.

Dans cette perspective, l'étude scientifique de faits humains, qu'ils soient économiques, sociaux, politiques ou culturels, implique l'effort de mettre en lumière ces processus en dégageant à la fois les équilibres qu'ils défont et ceux vers lesquels ils s'orientent. Ceci dit, il suffit de s'engager dans une recherche concrète pour se heurter à toute une série de problèmes dont nous esquisserons ici quelques-uns des plus importants.

En premier lieu, celui de savoir qui est en réalité le *sujet* de la pensée et de l'action. Trois types de réponses sont possibles et elles entraînent des attitudes essentiellement différentes. On peut en effet, et c'est le cas des positions empiristes, rationalistes et récemment phénoménologiques, voir ce sujet dans *l'individu* ; on peut aussi, et c'est le cas de certains types de pensée romantique, réduire l'individu à un simple épiphénomène et voir dans *la collectivité* le seul sujet réel et authentique ; on peut enfin, et c'est le cas de la pensée dialectique, hégélienne et surtout marxiste, admettre, avec le romantisme, la collectivité comme sujet réel, sans cependant oublier que cette collectivité n'est rien d'autre qu'un réseau complexe de relations interindividuelles et qu'il faut toujours préciser la structure de ce réseau et la place particulière qu'y occupent les individus qui apparaissent de manière manifeste comme les sujets sinon derniers, du moins immédiats du comportement étudié.

Si nous laissons de côté la position romantique, orientée vers le mysticisme, qui nie toute réalité et toute autonomie de l'individu, dans la mesure où elle pense que celui-ci peut et doit s'identifier intégralement à l'ensemble, la question peut se poser sérieusement de savoir pourquoi rattacher l'œuvre en premier lieu au groupe social et non à l'individu qui l'a écrite, d'autant plus que si la perspective dialectique ne nie pas l'importance de ce dernier, les positions rationalistes, empiristes ou phénoménologiques ne nient pas non plus la réalité du milieu social, à condition d'y voir seulement un conditionnement extérieur, c'est-à-dire une réalité dont l'action sur l'individu a un caractère causal [1].

La réponse est simple : lorsqu'elle s'efforce de saisir l'œuvre dans ce qu'elle a de spécifiquement culturel (littéraire, philosophique, artistique), l'étude qui la rattache uniquement ou en premier lieu à son auteur peut, dans l'état actuel des possibilités d'étude empirique, rendre compte, *dans le meilleur des cas,* de son unité interne et de la relation entre l'ensemble et ses parties ; mais elle ne saurait, en aucun cas, établir de manière positive une relation *du même type* entre cette œuvre et l'homme qui l'a créée. Sur ce plan, si l'on prend l'individu comme le sujet, la plus grande partie de l'ouvrage étudié demeure accidentelle et il est impossible de dépasser le niveau des réflexions plus ou moins intelligentes et ingénieuses.

Car, nous l'avons déjà dit ailleurs, la structure psychologique est une réalité trop complexe pour qu'on puisse l'analyser à la lumière de tel ou tel groupe de témoignages concernant un individu qui n'est plus en vie, ou un auteur que l'on ne connaît pas directement, ou même en se fondant sur la connaissance intuitive ou empirique

1. Dans cette perspective, une étude sociologique peut, à la limite, contribuer à expliquer la *genèse* de l'œuvre, mais ne saurait en aucune manière aider à la *comprendre*. [NdA]

d'une personne à laquelle on est lié par des liens d'amitié plus ou moins étroits.

En bref, aucune étude psychologique ne saurait rendre compte du fait que Racine a écrit précisément l'ensemble de ses drames et de ses tragédies et expliquer pourquoi il n'aurait pu, en aucun cas, écrire les pièces de Corneille ou celles de Molière [1].

Or, si curieux que cela puisse paraître, lorsqu'il s'agit d'étudier les grandes œuvres de la culture, l'étude sociologique parvient plus facilement à dégager des liens *nécessaires* en les rattachant à des unités collectives dont la structuration est beaucoup plus facile à mettre en lumière.

Sans doute, ces unités ne sont-elles que des réseaux complexes de relations, interindividuelles, mais la complexité de la psychologie des individus vient de ce que chacun d'entre eux appartient à un nombre plus ou moins important de groupes différents (familiaux, professionnels, nationaux, relations amicales, classes sociales, etc.) et que chacun de ces groupes agit sur sa conscience, contribuant ainsi à engendrer une structure unique, complexe et relativement incohérente, alors qu'inversement, dès que nous étudions un nombre suffisamment grand d'individus *appartenant à un seul et même groupe social,* l'action des différents autres groupes sociaux auxquels appartient chacun d'entre eux et les éléments psychologiques dus a cette appartenance s'annulent mutuellement, et nous nous trouvons

1. Cependant, s'il est impossible d'insérer dans la structure biographique le contenu et la forme, bref la structure proprement littéraire, philosophique ou artistique des grandes œuvres culturelles, une école psychologique de type structuraliste-génétique, la psychanalyse, réussit, dans une certaine mesure, à dégager *à côté de cette essence culturelle spécifique* une structure et une signification *individuelle* de ces œuvres, qu'elle pense pouvoir insérer dans le devenir biographique. Nous reviendrons brièvement à la fin de cet article sur les possibilités et les limites de cette insertion. [NdA]

devant une structure beaucoup plus simple et plus cohérente [1].

Dans cette perspective, les relations entre l'œuvre vraiment importante et le groupe social qui – par l'intermédiaire du créateur – se trouve *être, en dernière instance, le véritable sujet de la création* sont du même ordre que les relations entre les éléments de l'œuvre et son ensemble. Dans un cas comme dans l'autre, nous nous trouvons devant des relations entre les éléments d'une structure compréhensive et la totalité de celle-ci, relations de type à la fois compréhensif et explicatif. C'est pourquoi, s'il n'est pas absolument absurde d'imaginer que si l'individu Racine avait reçu une éducation différente, ou vécu dans un autre milieu, il eût pu écrire des pièces du type de celles de Corneille ou de Molière, il est, en revanche, absolument inconcevable d'imaginer la noblesse de robe du XVIIe siècle élaborant une idéologie épicurienne ou radicalement optimiste.

C'est dire que, dans la mesure ou la science est un effort pour dégager des relations *nécessaires* entre les phénomènes, les tentatives de mettre en relation les œuvres culturelles avec les groupes sociaux en tant que sujets créateurs s'avèrent – dans le niveau actuel de nos connaissances – beaucoup plus opératoires que tous les essais de considérer l'individu comme le véritable sujet de la création.

---

1. La statistique empiriste connaît d'ailleurs des conséquences analogues du même facteur : il est pratiquement impossible de prévoir sans une grande marge d'erreur si Pierre, Jacques ou Jean se marieront, auront un accident de voiture ou décéderont dans l'année à venir, mais il n'est, par contre, pas difficile de prévoir avec une marge d'erreur très réduite le nombre de mariages, accidents, décès, qui auront lieu en France dans telle ou telle semaine de l'année.

Ceci dit, et bien qu'il s'agisse de phénomènes apparentés, il y a des différences considérables entre ces prévisions statistiques, concernant une réalité dont on n'a pas dégagé les structures, et une analyse structuraliste-génétique. [NdA]

# VI

# DU LECTEUR À L'AUTEUR :
## LA RELATION CRITIQUE

# XXVI

# RABELAIS

## L'INTENTION DE L'AUTEUR

Rabelais, prologue de l'auteur, *Gargantua* (1534), éd. F. Joukovski, GF-Flammarion, p. 37-39.

La pluralité des interprétations d'un texte est pensée, au XVIe siècle, sous le visage de l'allégorie par la tradition herméneutique médiévale, prenant modèle sur la tradition exégétique, pour se réapproprier le texte en dégageant un sens acceptable sous la lettre – par nature anachronique – du texte. Mais comment concilier ce mode de lecture avec l'historicité du texte, dès lors qu'on la pense sous le visage de l'intention de l'auteur ? L'auteur, pour être garant (*auctor*) de son texte, doit assumer son sens, et l'interprétation se fait alors par restitution de cette intention première. C'est un tel dilemme que formule le prologue du *Gargantua*. Avant d'appeler son lecteur à regarder la lettre de son texte, Rabelais commence par l'inciter à la dépasser : « Et, posé le cas qu'au sens literal vous trouvez matieres assez joyeuses et bien correspondentes au nom, toutesfois pas demourer là ne fault, comme au chant de Sirenes, ains à plus hault sens interpreter ce que par adventure cuidiez dict en gayeté de cueur. » Cette injonction s'appuie sur la métaphore du lecteur vu comme un « chien rencontrant quelque os medulare », c'est-à-dire quelque os à moelle, et le rongeant avec avidité. « Qui le induict à ce faire ? Quel est l'espoir de son estude ? Quel bien pretend il ? Rien plus qu'un peu de mouelle. Vray est que ce peu plus est delicieux que le beaucoup de toutes aultres, pour ce que la mouelle est aliment elabouré à perfection de nature. »

[...] A l'exemple d'icelluy vous convient estre saiges, pour fleurer, sentir et estimer ces beaulx livres de haulte gresse, legiers au prochaz * et hardiz à la rencontre ; puis, par curieuse leçon et meditation frequente, rompre l'os et sugcer la sustantificque mouelle – c'est à dire ce que

*prochaz* : poursuite.

j'entends par ces symboles Pythagoricques – avecques espoir certain d'être faictz escors * et preux à ladicte lecture ; car en icelle bien aultre goust trouverez et doctrine plus absconce, laquelle vous revelera de très haultz sacremens et mysteres horrificques, tant en ce que concerne nostre religion que aussi l'estat politicq et vie oeconomicque.

Croiez vous en vostre foy qu'oncques Homere, escrivent l'*Iliade* et *Odyssée*, pensast es allegories lesquelles de luy ont calfreté * Plutarche, Heraclides Ponticq, Eustatie, Phornute, et ce que d'iceulx Politian a desrobé ? Si le croiez, vous n'approchez ne de pieds ne de mains à mon opinion, qui decrete icelles aussi peu avoir esté songées d'Homere que d'Ovide en ses *Metamorphoses* les sacremens de l'Evangile, lesquelz un Frere Lubin, vray croque lardon, s'est efforcé demonstrer, si d'adventure il rencontroit gens aussi folz que luy, et (comme dict le proverbe) couvercle digne du chaudron.

Si ne le croiez, quelle cause est pourquoy autant n'en ferez de ces joyeuses et nouvelles chronicques ? Combien que *, les dictans, n'y pensasse en plus que vous, qui par adventure beviez comme moy ? Car, à la composition de ce livre seigneurial, je ne perdiz ne emploiay oncques plus, ny aultre temps que celluy qui estoit estably à prendre ma refection corporelle, sçavoir est beuvant et mangeant. Aussi est ce la juste heure d'escrire ces haultes matieres et sciences profundes, comme bien faire sçavoit Homere, paragon de tous philologes, et Ennie, pere des poetes latins, ainsi que tesmoigne Horace, quoy qu'un malautru ait dict que ses carmes * sentoyent plus le vin que l'huille.

Autant en dict un tirelupin * de mes livres ; mais bren * pour luy ! L'odeur du vin, ô combien plus est friant, riant, priant, plus celeste et delicieux que d'huille ! Et

*escors* : habiles, avisés / *calfreté* : rapetassé / *combien que* : bien que / *carmes* : poèmes / *tirelupin* : gueux / *bren* : merde.

prendray autant à gloire qu'on die de moy que plus en vin aye despendu que en huyle, que fist Demosthenes, quand de luy on disoit que plus en huyle que en vin despendoit. A moy n'est que honneur et gloire d'estre dict et reputé bon gaultier * et bon compaignon, et en ce nom suis bien venu en toutes bonnes compaignies de Pantagruelistes. A Demosthenes, fut reproché par un chagrin que ses *Oraisons* sentoient comme la serpilliere d'un ord * et sale huillier *. Pourtant *, interpretez tous mes faictz et mes dictz en la perfectissime partie ; ayez en reverence le cerveau caseiforme * qui vous paist de ces belles billes vezées, et, à vostre povoir, tenez moy tousjours joyeux.

Or esbaudissez vous, mes amours, et guayement lisez le reste, tout à l'aise du corps et au profit des reins ! Mais escoutez, vietz d'azes *, que le maulubec * vous trousque *, vous soubvienne de boyre à my pour la pareille : et je vous plegeray * tout ares metys *.

# XXVII

# MAZON

## L'APPROCHE PHILOLOGIQUE, DE L'AUTEUR AU TEXTE

Mazon, « Les interpolations dans la *Théogonie* »,
notice d'Hésiode, *Théogonie, Les Travaux et les jours, Le Bouclier*,
Les Belles Lettres, 1982, p. 13-18.

L'approche philologique ne peut faire l'économie d'une figure stable d'auteur : dans son souci d'éditer un texte fiable, l'éditeur se doit d'annuler les interpolations liées à la transmission du texte. Aussi les éditions des textes antiques se composent-elles souvent d'une évocation de la vie de l'auteur, suivie d'une

*gaultier* : gaillard / *ord* : infect / *huillier* : marchand d'huile / *pourtant* : c'est pourquoi / *caseiforme* : semblable au fromage blanc / *vietz d'azes* : sexes d'ânes / *maulubec* : ulcère aux jambes (et allusion aux maladies vénériennes) / *trousque* : rende boiteux / *plegeray* : cautionnerai, *d'où* : répondrai / *tout ares metys* : tout de suite (en gascon).

justification des principes d'édition appuyée sur une mise au jour des passages altérés de l'œuvre. La juxtaposition n'est évidemment pas gratuite : l'enjeu de l'édition est d'établir une cohérence double, interne à l'œuvre d'une part, dans son rapport à son auteur d'autre part. Mais le principal problème réside dans l'exactitude de l'information concernant l'auteur : on constate que, bien souvent, l'auteur est inventé par son œuvre même, tant pour ce qui concerne son caractère que pour les données de sa biographie, comme le rappelle Suzanne Saïd dans « De l'homme à l'œuvre et retour. Lectures de l'auteur dans l'Antiquité », sa préface à *Fictions d'auteur. Le discours biographique sur l'auteur de l'Antiquité à nos jours* (textes réunis par Sandrine Dubel et Sophie Rabau, à paraître aux éditions Champion). L'auteur, effet produit par le texte, est aussi un moyen pour qui construit sa vie à partir du texte de légitimer sa propre lecture : écrire une vie d'auteur, c'est déjà interpréter, le degré minimal de cette interprétation étant produit par l'édition même de l'œuvre, et les délimitations qu'elle impose au texte (c'est-à-dire à la construction qu'elle produit de lui). Au recto scientifique de la philologie, qu'illustre ici l'analyse de Paul Mazon, correspondrait ainsi le verso de la fiction d'auteur.

## Les interpolations dans la *Théogonie*

La seule analyse indique suffisamment que l'œuvre a subi des altérations : plusieurs morceaux de la *Théogonie* y font l'effet de « corps étrangers ». Il importe d'abord de les reconnaître et de les éliminer, si l'on veut apprécier équitablement la composition du poème. Mais, pour cela, il faut procéder avec prudence. La *Théogonie* est une généalogie coupée d'épisodes. L'authenticité de chacun de ces épisodes doit être étudiée à part, et aucun d'eux ne peut être suspecté simplement parce qu'il interrompt l'exposé généalogique. Il ne peut pas l'être davantage parce qu'il renferme des contradictions. L'emploi d'une telle méthode ferait condamner l'œuvre entière. Hésiode combine et compile : les contradictions abondent dans la *Théogonie*. Le rôle de la critique est justement de distinguer celles qui peuvent être prêtées au poète de celles qu'on ne saurait raisonnablement lui attribuer.

La première contradiction de ce genre se rencontre dans la *Titanomachie*. Les Olympiens luttent depuis dix ans contre les Titans ; ils n'en triomphent que le jour où ils se donnent pour auxiliaires les Cent-Bras. Ce sont les Cent-Bras qui écrasent les Titans sous leurs traits et qui les « dépêchent sous la terre » (716-18) ; ce sont eux, qui sont les « vainqueurs » (voir 719 νικήσαντεσ χερσίν). Or, au milieu de la description du combat décisif, Zeus apparaît, armé de la foudre, et c'est alors que la bataille change de face (711). Il est évident que deux traditions sont ici juxtaposées : d'après l'une, Zeus doit le succès aux Cent-Bras ; d'après l'autre, il le doit à la foudre, dont les Cyclopes lui ont fait présent. Hésiode connaît cette seconde forme de la légende : les vers 504 et suivants y font nettement allusion. Est-ce donc lui-même qui a mêlé les deux versions ? L'hypothèse est admissible en soi. Mais l'examen du texte doit la faire rejeter. Il y a chez les conteurs primitifs une certaine logique du récit, à laquelle ils ne manquent guère, car elle est contrôlée par l'attention de leur public, qui les suit avec un sérieux naïf et qui, dans le merveilleux même, exige une stricte vraisemblance. Si Hésiode avait voulu rapprocher les deux traditions, il se fût appliqué à les fondre [1], de façon à en dissimuler les différences, que notre texte au contraire semble vouloir souligner. Si Zeus, pendant dix ans, n'a pu triompher des Titans, c'est qu'il n'était pas le maître de la foudre. S'il l'est devenu, quand lui a-t-elle été donnée ? Le texte est muet sur ce point. L'interpolation est ici d'autant plus aisée à reconnaître et à limiter qu'elle n'est pas amalgamée au texte authentique : elle se dénonce elle-même. Zeus vient de lancer la foudre. Aussitôt, dit le

1. Il a montré ailleurs beaucoup d'habileté à concilier des traditions divergentes, par exemple celles qui concernent l'origine des Muses. [NdA]

texte, « le combat déclina ». La bataille est donc gagnée ? Non ; au même moment, les Cent-Bras « éveillèrent un âpre combat ». La contradiction dépasse la mesure permise ; elle n'est pas de celles qui peuvent échapper à un auditoire. Les vers 687-712 sont donc à supprimer, et les vers 713 et suiv. doivent être rattachés à 686.

La *Titanomachie* s'achève par une brève peinture du Tartare, à la porte duquel veillent Gyes, Cottos et Briarée (726-735). Mais voici qu'à cette première description viennent s'en ajouter plusieurs autres, qui l'amplifient ou la contredisent. Les images se heurtent violemment : il ne s'agit plus du même Tartare, mais de toute une série d'« Enfers » différents. Nous avons là un faisceau d'interpolations des plus faciles à reconnaître et qui se laissent aisément détacher du texte authentique (736-819).

Le caractère apocryphe du morceau qui suit (820-880) n'est guère moins évident. Les Titans vaincus, Terre engendre un dernier fils, un fils monstrueux, Typhée, qui, aussitôt né, menace le pouvoir de Zeus ; mais celui-ci, sans retard, le frappe de sa foudre, et, comme les Titans, le jette au Tartare. C'est de Typhée que sortent tous les vents de tempête, funestes aux mortels. – Bien des traits surprennent dans ce récit. Typhée n'attaque même pas Zeus : il vient au jour, et Zeus aussitôt sent son trône en danger et lance la foudre. Sans cette prompte défense, le monstre « eût commandé aux hommes et aux dieux ». Pourquoi ? Faut-il penser qu'il était l'instrument d'une divinité plus puissante – sans doute celle qui l'avait mis au monde, Terre ? – Mais Terre, au contraire, a sauvé Zeus de Cronos (479-86) et va elle-même conseiller aux autres dieux de choisir Zeus pour leur roi (884) : c'est l'alliée de Zeus, et non son ennemie [1]. Peut-on prêter à Hésiode une contradiction aussi flagrante ? Peut-on croire également

1. Le vers 505 ne prouve rien contre cette constatation : rien ne dit que ce soit à Zeus que la terre ait voulu dissimuler la foudre. [NdA]

qu'il ait, dans le cours du même poème, présenté Typhée – sous le nom de Typhaon – comme fils d'Échidna (306), puis comme fils de Terre ? Peut-on enfin lui attribuer le style ampoulé de ce morceau, fort différent de celui de la *Titanomachie* authentique et si semblable au contraire à celui de l'interpolateur des vers 687-712 que le second récit semble copié sur le premier ? Ce sont là des indices déjà frappants : une preuve décisive vient les confirmer. Les vers qui font suite à l'épisode de Typhée se rapportent à la *Titanomachie* et ignorent l'épisode de Typhée : « Et, lorsque les dieux eurent achevé leur tâche et réglé par la force leur conflit d'honneurs avec les Titans... » Il est clair que nous avons là la conclusion de la *Titanomachie* et qu'il faut la placer immédiatement après le vers 735 ; elle ne saurait suivre l'épisode de Typhée, qui débutait par une formule analogue, mais inexacte : « Et lorsque Zeus *eut chassé du ciel* les Titans... » L'interpolation est donc encore ici nettement reconnaissable et bien délimitée : elle n'a donné lieu à aucun raccord ; elle n'a modifié en rien le texte original.

La *Titanomachie* se termine donc par la mention de l'avènement de Zeus comme souverain désormais incontesté du monde. Mais Zeus ne règne pas seul dans l'Olympe : il a lui-même « réparti les honneurs » entre les autres divinités. Il est donc assez naturel que le poète ait placé ici le catalogue des épouses et des enfants de Zeus. Pouvait-il laisser en dehors de sa *Théogonie* des dieux comme Apollon, Hermès ou Dionysos ? Ce nouveau catalogue doit donc être authentique. Il se termine d'ailleurs par deux vers qui marquent nettement la fin du poème (963-964). C'est un adieu, une formule de congé – congé donné aux deux sujets principaux de la *Théogonie*, les *dieux* – les dieux de l'Olympe, dont le triomphe a été le dénouement de l'histoire contée et qu'Hésiode adore encore – et le *monde* – le monde né avec les premiers dieux, qu'Hésiode a devant les yeux : les deux continents d'Europe et d'Asie, la mer qui les sépare, les îles qui les relient [1]. « Salut donc à vous, habitants de l'Olympe ; à vous aussi, îles et continents, ainsi qu'aux flots marins entre vous épandus ». Ces deux vers correspondent aux vers 108-110 du prélude ; ils attestent la conscience qu'a eue Hésiode de faire à la fois une théogonie et une cosmogonie. Et ils sont d'un mouvement et d'une forme si heureux et si simples qu'ils ont été imités [2] par Callimaque. Un tel témoignage garantit suffisamment leur authenticité. Il est de nature à confirmer aussi l'impression qu'ils étaient bien les derniers vers du poème : ils auraient moins frappé le poète alexandrin, s'ils eussent été entourés d'autres vers, comme ils le sont dans le texte de nos manuscrits.

La *Théogonie* est terminée. Ce qui suit est une *hérôogonie,* un catalogue – sec et incomplet – des héros nés de l'amour d'une déesse et d'un mortel. Il a été placé ici pour préparer le passage de la *Théogonie* au *Catalogue,* c'est-à-dire à l'énumération des mortelles aimées d'un dieu, dont une formule presque identique annoncera le début, au moment où s'achève l'*Hérôogonie* (1021-22). Ce morceau a peu de chances d'être authentique. En tout cas, il n'a pu être destiné par le poète au rôle de « transition » qu'il joue ici. Une telle façon de réunir des poèmes divers en un ensemble artificiellement lié est l'œuvre de rhapsodes postérieurs. Les mots Υμεῖς μέν..., très naturels en grec et qui ne réclament aucun δέ correspondant [3], ont été considérés comme une pierre d'attente, qui supposait l'annonce d'un nouveau poème. Ce poème une fois ajouté, l'interpolateur l'a terminé en posant à son tour une nouvelle pierre d'attente, à laquelle put venir s'emboîter le début du *Catalogue*.

---

1. C'est ce qui a été très bien vu par Carl Robert (*Mélanges Nicole*, p. 461 *sq*.). Je ne puis le suivre, en revanche, quand il prétend ajouter un vers formule après ces deux vers de conclusion et considérer la *Théogonie* toute entière comme un prélude à une autre récitation épique. [NDA]
2. *Hymne à Délos*, 267. [NdA]
3. Comme, par exemple, à la fin du Ier et du XIVe *Hymne homérique*. [NdA]

La *Théogonie* a donc subi de nombreuses interpolations ; mais toutes se trouvent dans la dernière partie du poème. La forme de *catalogue* – et de *catalogue original* – a préservé l'ensemble de la *Théogonie* des interpolateurs. Mais, dans la dernière partie de son exposé, Hésiode rencontrait un thème souvent exploité par les aèdes [1], la *Titanomachie.* Les variantes abondaient : on en a introduit plusieurs dans son récit. Heureusement on les y a glissées, sans chercher à mettre le texte original en accord avec elles. Il suffit de les détacher [2] : l'œuvre d'Hésiode est demeurée intacte.

# XXVIII

# LANSON

## LE CRITIQUE ET L'HISTORIEN

Lanson, « La méthode de l'histoire littéraire »,
*Revue du mois*, 10 octobre 1910, p. 385-413.

Gustave Lanson a élaboré une méthode qui fut celle des études littéraires jusque dans les années 1960, et que la nouvelle critique vint finalement ébranler, sans la défaire totale-

1. Avant et après lui, je considère la *Titanomachie cyclique* comme postérieure à Hésiode. [NdA]

2. Ne nous imaginons pas que les éditeurs anciens aient jugé authentiques tous les vers que nous condamnons. Ils se croyaient seulement tenus, comme la plupart des éditeurs de tous les temps, de ne rien retrancher au texte qui leur était transmis, et ils se contentaient de noter d'un signe critique les vers qu'ils refusaient à Hésiode. L'édition savante d'où dérive notre archétype n'était pas différente en cela de la nouvelle édition que je publie ici aujourd'hui et où je conserve systématiquement dans le texte des vers dont j'affirme l'inauthenticité. Je les signale seulement au lecteur par des crochets droits et par une différence d'interligne : l'éditeur antique les notait en marge d'un obel. Ces obels ont disparu : qu'on se garde d'en conclure que nos collègues anciens avaient moins d'esprit critique que nous. Qu'on se garde surtout de croire que nous devons admettre les pires sottises parce que les anciens les avaient eux-mêmes admises : la règle serait absurde, et le fait est faux. [NdA]

ment. Confrontant la position du critique littéraire à celle de l'historien, il affirme ici la prise en compte du facteur humain comme fondatrice de l'étude littéraire. La prééminence de l'individu, du personnel, inscrit ainsi cette méthode dans l'héritage de Sainte-Beuve, mais en tentant d'articuler cette subjectivité créatrice à une collectivité. Encore semble-t-il parfois plus sceptique que Sainte-Beuve sur la pertinence de l'approche biographique ; ainsi termine-t-il le premier chapitre de son *Corneille* (Hachette, s.d., p. 29) consacré à « La vie et l'homme » sur ces quelques mots : « Tous ces rapports admis, il reste que l'on a à peine touché l'œuvre. Elle subsiste à part de la vie, très dissemblable de l'homme extérieur, pur produit d'une interne et inexplicable nécessité. »
Mais si quelque place est faite à la subjectivité créatrice, la subjectivité critique est, au nom d'une exigence de scientificité, totalement récusée. Aussi bien l'auctorialité instable ainsi construite devient-elle aisément récusable : face à un objet pleinement subjectif, individuel, comment construire un discours critique pleinement objectif ? Ou, pour le dire autrement, comment construire une science du particulier ? C'est à cet obstacle que s'attache ici Lanson, dégageant les difficultés de sa méthode.

Ce caractère sensible et esthétique des ouvrages qui sont nos « faits spéciaux » fait que nous ne pouvons les étudier sans un ébranlement de notre cœur, de notre imagination et de notre goût. Il nous est à la fois impossible d'éliminer notre réaction personnelle et dangereux de la conserver. Première difficulté de méthode.

L'historien, en face d'un document, s'efforce d'en évaluer les éléments personnels, pour les éliminer. Ces éléments personnels, c'est justement à eux qu'est attachée la puissance émotive ou esthétique de l'œuvre ; il nous faut donc les garder. L'historien, pour employer un témoignage de Saint-Simon, s'applique à le rectifier, c'est-à-dire à en retrancher Saint-Simon ; et nous, à en retrancher justement ce qui n'est pas Saint-Simon. Tandis que l'historien recherche les faits généraux, et ne s'occupe guère des individus que dans la mesure où ils représentent des groupes ou modifient des mouvements, nous nous arrêtons, nous, aux individus d'abord, parce que sensation, passion, goût, beauté sont des choses individuelles. Racine ne nous intéresse pas uniquement parce qu'il absorbe Quinault, contient Pradon et engendre Campistron, mais d'abord parce qu'il est Racine, une combinaison unique de sentiments traduits en beauté.

Le sens historique, dit-on, est le sens des différences. À ce compte, nous serions les plus historiens des historiens : car les différences que l'historien poursuit entre des faits généraux, nous les poussons, nous, jusqu'aux individus. Nous prétendons définir les originalités individuelles, c'est-à-dire des phénomènes singuliers, sans équivalents, et incommensurables. Seconde difficulté de méthode.

Mais si grands et si beaux que soient les individus, notre étude ne peut s'y enfermer. D'abord nous ne les connaîtrions pas, si nous ne voulions connaître qu'eux. L'écrivain le plus original est en grande partie un dépôt des générations antérieures, un collecteur des mouvements contemporains : il est fait aux trois quarts de ce qui n'est pas lui. Pour le trouver, lui, en lui-même, il faut séparer de lui toute cette masse d'éléments étrangers. Il faut connaître ce passé qui s'est prolongé en lui, ce présent qui s'est infiltré en lui : alors nous pourrons dégager son originalité réelle, la mesurer, la définir. Mais elle ne nous sera encore connue que virtuellement : pour savoir sa qualité, son intensité réelles, il nous faut la voir agir et développer ses effets, c'est-à-dire suivre l'influence de l'écrivain dans la vie littéraire et sociale. Et voilà toute l'étude des faits généraux, genres, courants d'idées, états de goût et de sensibilité, qui s'impose à nous, autour des grands écrivains et des chefs-d'œuvre.

Puis, ce que le génie individuel a, tout de même, de plus beau et de plus grand, ce n'est pas la singularité qui l'isole, c'est, dans cette singularité même, de ramasser en lui et de symboliser la vie collective d'une époque et d'un groupe, c'est d'être représentatif. Il nous faut donc chercher à connaître toute cette humanité qui s'est exprimée dans les grands écrivains, toutes ces lignes de plissement de la pensée et de la sensibilité humaines ou nationales dont ils indiquent les directions et les sommets.

Ainsi nous devons pousser à la fois en deux sens contraires, dégager l'individualité, l'exprimer en son aspect unique, irréductible, indécomposable, et aussi replacer le chef-d'œuvre dans une série, faire apparaître l'homme de génie comme le produit d'un milieu et le représentant d'un groupe. Troisième difficulté de méthode.

L'esprit critique est un esprit scientifique averti, qui ne se fie pas à la rectitude naturelle de nos facultés pour trouver la vérité et qui règle ses démarches sur l'idée des erreurs à éviter. Les réflexions qui précèdent nous aideront à constituer les méthodes de l'histoire littéraire, en nous indiquant les points principaux où, selon la nature de notre objet, et les conditions de notre étude, nous sommes les plus exposés à nous tromper.

Le propre de l'œuvre littéraire est de provoquer chez le lecteur des réactions du goût, de la sensibilité et de l'imagination : mais plus ces réactions sont intenses et fréquentes, moins nous sommes en état de nous distinguer de l'œuvre. Dans l'impression littéraire que nous fait *Iphigénie*, qu'est-ce qui est de Racine ? qu'est-ce qui est de nous ? comment extraire de notre modification personnelle une connaissance valable pour d'autres ? La définition même de la littérature ne nous enferme-t-elle pas dans l'impressionnisme ?

Si nous devons entreprendre la description des génies originaux, comment peut-on être sûr d'y atteindre « ce que jamais on ne verra deux fois » ? L'individuel est-il jamais accessible ? Pouvons-nous connaître, autrement que par comparaison, autre chose que ce dont nous retrouvons l'analogue en nous et hors de nous ? Le reste, nous pouvons en percevoir, en signaler l'existence : sera-ce jamais pour nous autre chose qu'un je ne sais quoi ?

Nous dirons le connaître quand nous en aurons décrit certains effets que nous aurons constatés par les impressions des autres et par les nôtres. Qui nous assurera que cette connaissance est exacte et complète ? qui nous assurera que ce n'est pas Taine et nous que nous décrivons, et non Racine, quand nous disons les effets de Racine sur Taine et sur nous ?

Et enfin pour réduire le particulier au général, pour doser dans un chef-d'œuvre le collectif et l'individuel, pour soumettre le génie à des dépendances sans le diminuer, pour y voir une synthèse sans le borner à être une somme, pour lui faire exprimer la foule médiocre sans l'y rabattre, que de difficultés ! que d'incertitudes ! que d'études délicates à faire, où pourront se glisser toutes nos fantaisies et nos émotions personnelles !

De toute manière, le danger pour nous est d'imaginer au lieu d'observer, et de croire que nous savons, quand nous sentons. Les historiens ne sont pas à l'abri de ce danger ; mais leurs documents ne les y exposent pas au même degré. Au lieu que l'effet naturel et normal des œuvres littéraires est de produire de fortes modifications subjectives chez le lecteur. Toute notre méthode doit donc être disposée de manière à rectifier la connaissance, à l'épurer des éléments subjectifs.

# XXIX

# BORGES

## L'AUTEUR ET LE STATUT DE L'ŒUVRE

Borges, « Paul Ménard auteur du *Quichotte* »,
trad. P. Verdevoye, *Fictions*, Gallimard, 1965,
Folio, 1983, p. 48-52.

L'entreprise retracée par Borges dans ce texte constitue sans doute un sommet dans la réflexion sur la fonction auteur, sous une forme ludique qui ne donne que plus de poids et d'étrangeté à la démonstration. Dans cette fiction d'auteur, Paul Ménard choisit en effet, au début du XXe siècle, de (re ?)créer le *Quichotte* ; loin de vouloir le continuer, le parodier ou le copier, il tente de l'énoncer à nouveau et produire le même objet textuel que celui publié par Cervantès : « son admirable ambition était de reproduire quelques pages qui coïncideraient – mot à mot et ligne à ligne – avec celles de Miguel de Cervantès » (p. 45). Lorsqu'il parvient à ce résultat, P. Ménard arrive à une création extrêmement originale, tout à fait distincte de celle de Cervantès, d'abord parce que, génériquement, il substitue un roman historique à un roman qui a marqué l'histoire, ensuite et surtout parce que, si les deux objets sont textuellement identiques, ils n'en sont pas moins profondément différents, et tout aussi valables, le texte le plus tardif étant même, à en croire l'analyse très fine de Borges, plus intéressant en bien des points. L'opposition traditionnelle de la lettre et de l'esprit d'un texte trouve ici une reformulation saisissante : si la lettre est la même, l'esprit des deux romans est profondément différent, parce que l'esprit d'un texte, c'est son auteur.

[…] le fragmentaire *Quichotte* de Ménard est plus subtil que celui de Cervantès. Celui-ci oppose grossièrement aux fictions chevaleresques la pauvre réalité provinciale de son pays ; Ménard choisit comme « réalité » le pays de Carmen pendant le siècle de Lépante et Lope de Vega. Quelles « espagnolades » ce choix n'aurait-il pas conseillées à Maurice Barrès ou au docteur Rodriguez Larreta ! Ménard, avec un grand naturel, les élude. Dans son ouvrage il n'y a ni « gitaneries », ni conquistadors, ni mystiques, ni Philippe II, ni *autos da fe*. Il néglige ou proscrit la couleur locale. Ce dédain indique un sentiment nouveau du roman historique. Ce dédain condamne *Salammbô* sans appel.

Il n'est pas moins stupéfiant de considérer des chapitres isolés. Examinons, par exemple, le chapitre XXXVIII de la première partie, « qui traite du curieux discours que Don Quichotte fit sur les armes et les lettres ». On sait que Don Quichotte (comme Quevedo dans le passage analogue et postérieur de *L'Heure de tous)* tranche contre les lettres et en faveur des armes. Cervantès était un vieux militaire : son arrêt s'explique. Mais, que le *Don Quichotte* de Pierre Ménard – homme contemporain de *La Trahison des clercs* et de Bertrand Russell – retombe dans ces sophistications nébuleuses ! Madame Bachelier y a vu une admirable et typique subordination de l'auteur à la psychologie du héros ; d'autres (dépourvus totalement de perspicacité) une *transcription* du *Quichotte* ; la baronne de Bacourt, l'influence de Nietzsche. À cette troisième interprétation (que je juge irréfutable) je ne sais si j'oserai en ajouter une quatrième, qui s'accorde fort bien avec la modestie presque divine de Pierre Ménard : son habitude résignée ou ironique de propager des idées strictement contraires à celles qu'il préférait. (Rappelons encore une fois sa diatribe contre Paul Valéry, dans la feuille surréaliste éphémère de Jacques Reboul.) Le texte de Cervantès et celui de Ménard sont verbalement identiques, mais le second est presque infiniment plus riche. (Plus ambigu, diront ses détracteurs ; mais l'ambiguïté est une richesse.)

Comparer le *Don Quichotte* de Ménard à celui de Cervantès est une révélation. Celui-ci, par exemple, écrivit (*Don Quichotte*, première partie, chapitre IX) :

*... la vérité, dont la mère est l'histoire, émule du temps, dépôt des actions, témoin du passé, exemple et connaissance du présent, avertissement de l'avenir.*

Rédigée au XVIIe siècle, rédigée par le « génie ignorant » Cervantès, cette énumération est un pur éloge rhétorique de l'histoire. Ménard écrit en revanche :

*... la vérité, dont la mère est l'histoire, émule du temps, dépôt des actions, témoin du passé, exemple et connaissance du présent, avertissement de l'avenir.*

L'histoire, mère de la vérité ; l'idée est stupéfiante. Ménard, contemporain de William James, ne définit pas l'histoire comme une recherche de la réalité mais comme son origine. La vérité historique, pour lui, n'est pas ce qui s'est passé ; c'est ce que nous pensons qui s'est passé. Les termes de la fin – *exemple et connaissance du présent, avertissement de l'avenir* – sont effrontément pragmatiques.

Le contraste entre les deux styles est également vif. Le style archaïsant de Ménard – tout compte fait étranger – pèche par quelque affectation. Il n'en est pas de même pour son précurseur, qui manie avec aisance l'espagnol courant de son époque.

Il n'y a pas d'exercice intellectuel qui ne soit finalement inutile. Une doctrine philosophique est au début une description vraisemblable de l'univers ; les années tournent et c'est un pur chapitre – sinon un paragraphe ou un nom – de l'histoire de la philosophie. En littérature, cette caducité finale est encore plus notoire. Le *Quichotte* – m'a dit Ménard – fut avant tout un livre agréable ; maintenant il est un prétexte à toasts patriotiques, à superbe grammaticale, à éditions de luxe indécentes. La gloire est une incompréhension, peut-être la pire.

Ces constatations nihilistes n'ont rien de neuf ; ce qui est singulier c'est la décision que Pierre Ménard en fit dériver. Il décida d'aller au-devant de la vanité qui attend toutes les fatigues de l'homme ; il entreprit un travail très complexe et *a priori* futile. Il consacra ses scrupules et ses veilles à reproduire dans une langue étrangère un livre préexistant. Il multiplia les brouillons, corrigea avec ténacité et déchira des milliers de pages manuscrites [1]. Il ne permit à personne de les examiner et eut soin de ne pas les laisser lui survivre. C'est en vain que j'ai essayé de les reconstituer.

---

1. Je me rappelle ses cahiers quadrillés, ses ratures noires, ses symboles typographiques particuliers et son écriture d'insecte. Il aimait se promener dans les faubourgs de Nîmes à la tombée du soir ; il emportait habituellement un cahier, et en faisait une joyeuse flambée. [NdA]

À la réflexion je pense qu'il est légitime de voir dans le *Quichotte* « final » une sorte de palimpseste, dans lequel doivent transparaître les traces – ténues mais non indéchiffrables – de l'écriture « préalable » de notre ami. Malheureusement, seul un second Pierre Ménard, en inversant le travail de son prédécesseur, pourrait exhumer et ressusciter ces villes de Troie…

« Penser, analyser, inventer (m'écrivit-il aussi) ne sont pas des actes anormaux, ils constituent la respiration normale de l'intelligence. Glorifier l'accomplissement occasionnel de cette fonction, thésauriser des pensées anciennes appartenant à autrui, se rappeler avec une stupeur incrédule que le *doctor universalis* a pensé, c'est confesser notre langueur ou notre barbarie. Tout homme doit être capable de toutes les idées et je suppose qu'il le sera dans le futur. »

Ménard (peut-être sans le vouloir) a enrichi l'art figé et rudimentaire de la lecture par une technique nouvelle : la technique de l'anachronisme délibéré et des attributions erronées. Cette technique, aux applications infinies, nous invite à parcourir l'*Odyssée* comme si elle était postérieure à l'*Énéide* et le livre *Le Jardin du centaure*, de madame Henri Bachelier, comme s'il était de madame Henri Bachelier. Cette technique peuple d'aventures les livres les plus paisibles. Attribuer l'*Imitation de Jésus-Christ* à Louis-Ferdinand Céline ou à James Joyce, n'est-ce pas renouveler suffisamment les minces conseils spirituels de cet ouvrage ?

# XXX
# BOOTH

## LA SÉDUCTION ENTRE LES LIGNES

Wayne C. Booth, *The Rhetoric of Fiction*,
© The University of Chicago, 1961,
2e édition Penguin Book, 1983, p. 70-77,
traduction inédite de D. Chevallier.

Comment penser le rapport de l'auteur à son texte, lorsque l'interdit structuraliste pèse sur lui ? Dans quelle mesure y joue-t-il un rôle ? Tentant de rendre compte des effets d'ironie (et donc de polyphonie) qui peuvent jeter le trouble sur la voix du narrateur, W.C. Booth est amené dans cet ouvrage à forger l'idée d'un « auteur implicite », c'est-à-dire d'un auteur inscrit dans son œuvre pour en orienter l'univers moral, « toujours distinct de l'homme réel », et présent en coulisse comme un metteur en scène ou un dieu indifférent (p. 151, et voir aussi p. 218). Il peut être plus ou moins distant de son lecteur (p. 157), mais tente toujours d'informer l'attitude de celui-ci (p. 200, 217). Gérard Genette, dans *Nouveau Discours du récit* (chap. XIX), s'appuyant sur la confusion parfois lisible entre l'auteur et le narrateur chez Booth, niera que la distinction de l'auteur et de l'auteur implicite ait une quelconque efficacité descriptive, sinon dans les cas (limites) que représentent les apocryphes d'une part, les ouvrages écrits par des nègres d'autre part (encore est-il peu sûr que l'auteur implicite d'un tel ouvrage se rapproche vraiment de la figure définie par W.C. Booth). Si la pertinence de la notion peut en effet sembler discutable dès lors que ne pèse plus un interdit critique sur l'auteur, il n'en est pas moins vrai que l'ouvrage de Booth rend compte de la séduction que, dans notre pratique de la littérature tout au moins, la figure auctoriale peut dégager : « Ce que je dis ici peut faire figure de simple tautologie : les narrateurs dignes d'intérêt sont dignes d'intérêt. Mais il y a là bien plus que cela : certains narrateurs dignes d'intérêt accomplissent une sorte de fonction dans leurs œuvres que rien d'autre ne saurait accomplir. Ils ne sont pas seulement adaptés à un contexte, bien que ce point soit essentiel.

Ils ont depuis le début réussi, et ils réussissent toujours, à persuader le lecteur de les accepter pour vivants oracles. Ils sont les guides dignes de confiance non seulement du monde des romans dans lesquels ils se manifestent, mais aussi des vérités morales du monde qui est hors du livre » (p. 220-221 ; voir p. 395 *sq.* et 213 *sq.*). Il se dessinerait, alors, quelque chose de ce mode de présence persistante de l'auteur après sa mort proclamée : l'auteur est un fantasme du lecteur, il lui est nécessaire pour qu'ait lieu ce que nous nommons littérature. Barthes lui-même, qui avait proclamé la mort de l'auteur, revient en des termes différents sur la question de cette présence (proprement littéraire) dans *Le Plaisir du texte* : « Comme institution, l'auteur est mort : sa personne civile, passionnelle, biographique, a disparu ; dépossédée, elle n'exerce plus sur son œuvre la formidable paternité dont l'histoire littéraire, l'enseignement, l'opinion avaient à charge d'établir et de renouveler le récit : mais dans le texte, d'une certaine façon, je *désire* l'auteur : j'ai besoin de sa figure (qui n'est ni sa représentation, ni sa projection), comme il a besoin de la mienne (sauf à "babiller") » (*Œuvres complètes*, t. II, *op. cit.*, p. 1508).

[...] Cela revient cependant à sous-estimer l'importance de l'individualité de l'auteur. Par l'écriture, il ne crée pas simplement un « homme en général » idéal et impersonnel, mais une version implicite de « lui-même » qui est distincte de l'auteur implicite [1] que l'on rencontre dans les œuvres d'autres écrivains. Il semble en fait, pour certains romanciers, qu'ils se découvrent ou se créent au fur et à mesure qu'ils écrivent. Comme le dit Jessamyn West, c'est parfois « uniquement en écrivant l'histoire que le romancier en vient à découvrir non pas son histoire, mais son écrivain, pour ainsi dire le scribe officiel de ce récit

1. L'expression « implied author » est souvent traduite par « auteur impliqué » ; on a préféré garder la traduction la plus fidèle de l'expression anglaise. [NdT]

particulier [1] ». Que nous appelions cet auteur implicite « scribe officiel », ou que nous adoptions le terme récemment remis au goût du jour par Kathleen Tillotson le « second moi [2] » de l'auteur, il est clair que l'image que reçoit le lecteur de cette présence est un des effets les plus importants voulus par l'auteur. Quelque impersonnel qu'il tente d'être, son lecteur se construira inévitablement une image du scribe officiel qui écrit de cette manière, et bien entendu, ce scribe officiel ne sera jamais neutre face à toute valeur. Nos réactions à ses engagements divers, secrets ou déclarés, aideront à déterminer nos réactions vis-à-vis de l'œuvre. [...] Ce qui nous intéresse ici est la relation complexe qu'entretient le soi-disant auteur véritable avec les différentes facettes officielles de lui-même.

Il nous faut dire les différentes facettes, car, quelque sincère qu'un auteur tente d'être, ses différentes œuvres révéleront différentes facettes, différentes combinaisons idéales de normes. De même que les lettres personnelles révèlent différentes facettes de leur auteur, qui dépendent des relations diverses entretenues avec chaque correspon-

---

1. « The Slave Cast Out » (L'Esclave renvoyé) dans *The Living Novel* (*Le Roman vivant*), New York, Granville Hicks, 1957, p. 202 ; Miss West poursuit : « L'écriture est une façon de jouer plusieurs rôles, d'enfiler plusieurs masques, d'adopter plusieurs personnalités, non pour le plaisir, mais par nécessité impérieuse, non par égard pour soi mais pour l'écriture. "Composer une œuvre d'art, quelle qu'elle soit, dit Elizabeth Sewell, c'est se faire ou plutôt se défaire et se refaire". » [NdA]

2. Dans sa conférence inaugurale à l'université de Londres, publiée sous le titre *Le Conte et le Conteur* (Londres, 1959). « Alors qu'il s'exprimait sur George Eliot en 1877, Dowden dit que ce qui nous reste le plus présent à l'esprit après la lecture de ses romans n'est pas un de ses personnages, mais "quelqu'un qui, s'il ne s'agit pas de la véritable George Eliot, est ce second moi qui écrit ses livres, vit et parle au travers d'eux. Ce second moi, poursuit-il, est plus substantiel qu'une simple personnalité humaine et a moins de réserve ; tandis que derrière lui se cache, ravi, le moi historique véritable, protégé de toute observation et critique impertinente". » [NdA]

dant et de l'objet de chaque lettre, de même l'écrivain se présente sous un jour différent selon les besoins des œuvres spécifiques.

Ces différences apparaissent le plus clairement lorsque le second moi joue un rôle déclaré dans l'histoire. Lorsque Fielding fait des commentaires, il nous donne des preuves explicites d'un processus qui se modifie d'œuvre en œuvre ; ce n'est pas une image unique de Fielding qui se dégage de la lecture du satirique *Jonathan Wild*, des deux « grandes épopées comiques » *Joseph Andrews* et *Tom Jones*, et de cet étonnant hybride qu'est *Amelia*. Certes, il y a de nombreuses ressemblances entre elles ; tous les auteurs implicites accordent de la valeur à la bienveillance et à la générosité ; tous déplorent la brutalité égoïste. Sous cet aspect et bien d'autres, ils ne se distinguent pas de la plupart des auteurs implicites de la plupart des œuvres majeures écrites jusqu'au XXe siècle. Mais lorsqu'on quitte ce niveau de généralité pour observer la hiérarchie des valeurs dans chacun des romans, on découvre une grande variété. [...] Notre vision n'est, bien sûr, que partiellement construite sur le commentaire explicite du narrateur ; elle découle bien plus du genre d'histoire qu'il décide de nous conter. Mais le commentaire nous rend explicite une relation présente dans toute œuvre de fiction, même si elle passe inaperçue dans les œuvres dépourvues de commentaire.

Il est curieux que nous n'ayons pas de terme pour définir ce « second moi » fictif, pas plus que pour définir notre relation à lui. Aucun des termes que nous utilisons pour définir le narrateur sous ses différents aspects ne convient parfaitement. On dit parfois « personnage », « masque », ou « narrateur », mais cela fait communément référence à celui qui parle dans l'œuvre qui après tout n'est qu'un des éléments créés par l'auteur implicite et peut en être séparé par une grande distance ironique. « Narrateur » signifie habituellement le « je » dans une œuvre, mais le « je » est rarement – l'est-il jamais ? –

reproduction à l'identique de l'image implicite de l'artiste.

« Thématique », « sens », « signification symbolique », « théologie » ou même « ontologie », tous ces termes ont été utilisés pour décrire les normes que le lecteur doit appréhender dans chaque œuvre s'il veut la saisir correctement. Cette terminologie est utile dans certains cas, mais peut aussi induire en erreur, car elle finit presque inévitablement par être assimilée aux raisons pour lesquelles l'œuvre existe. Quoique l'on répudie généralement aujourd'hui les tentatives, à l'ancienne, de lecture d'une thématique ou d'une morale, l'approche, nouvelle, du « sens » que l'œuvre « communique » ou qu'elle « symbolise » peuvent mener aux mêmes types de fausse lecture. Il est vrai que les deux approches, quelque maladroite qu'elles soient, expriment une nécessité fondamentale : le besoin qu'éprouve le lecteur de savoir où dans l'échelle des valeurs il se situe, c'est-à-dire de savoir où l'auteur veut qu'il se situe. Mais la plupart des œuvres qui valent la peine d'être lues ont tant de « thématiques » possibles, tant d'analogues mythologiques, métaphoriques, symboliques possibles, que d'en déterminer un et d'annoncer qu'il est la *raison d'être* de l'œuvre, revient à n'accomplir, au mieux, qu'une part infime du travail critique. Notre manière d'appréhender l'auteur implicite inclut non seulement les sens que l'on peut extraire de l'œuvre, mais aussi le contenu moral et émotionnel de chaque élément d'action et de souffrance de tous les personnages. Bref, il inclut l'appréhension intuitive d'un tout artistique complet ; la valeur principale à laquelle est tenu *cet* auteur implicite, quelle que soit celle à laquelle son créateur adhère dans la vie réelle, est celle qui est exprimée par l'ensemble formel. [...]

C'est uniquement par la distinction entre l'auteur et son image implicite que l'on évitera les bavardages inutiles et invérifiables sur la « sincérité » et le « sérieux » de l'auteur. C'est parce qu'il considère Fielding, Defoe et

Thackeray comme les auteurs sans intermédiaire de leurs romans que Ford Maddox Ford finit inévitablement par les taxer de mauvaise foi, puisqu'il a toutes les raisons de croire qu'ils écrivent « des passages sur les aspirations à la vertu qui ne représentent en rien leurs propres aspirations [1] ». On suppose qu'il s'appuie sur des preuves extérieures du manque d'aspiration à la vertu de Fielding. Mais nous n'avons que l'œuvre comme preuve de la seule sorte de bonne foi qui nous importe : l'auteur implicite est-il en harmonie avec lui-même, c'est-à-dire ses autres choix sont-ils en harmonie avec son personnage narratif explicite ? Si un narrateur qui selon toute apparence nous est présenté comme le porte-parole fiable de l'auteur professe sa foi en des valeurs que l'on ne voit jamais matérialisées dans l'ensemble de la structure, alors nous pouvons parler d'une œuvre de mauvaise foi. Une grande œuvre établit la « bonne foi » de son auteur implicite quelque grossièrement que l'homme qui a créé cet auteur démente dans ses *autres* formes de conduite les valeurs incarnées dans son œuvre. Pour ce que nous en savons, il a peut-être vécu les seuls moments de sincérité de sa vie lors de l'écriture de son roman.

Qui plus est, dans cette distinction entre auteur et auteur implicite, nous trouvons une position d'équilibre entre l'absence d'intérêt technique de la discussion sur l'objectivité de l'artiste et l'erreur préjudiciable qui consiste à prétendre qu'un auteur permet l'intrusion directe de ses propres problèmes et désirs immédiats. Les grands défenseurs de l'objectivité travaillaient sur une matière importante et ils le savaient. Flaubert a raison de dire que Shakespeare n'intervient pas maladroitement

---

1. *The English Novel* (*Le Roman anglais*), Londres, 1930, p. 58. Voir Geoffrey Tillotson, *Thackeray le romancier*, Cambridge, 1954, surtout au chapitre IV, « Le contenu du "je" de l'auteur » (p. 55-70), pour y trouver la convaincante démonstration du fait qu'il faut établir une soigneuse distinction entre le "je" de Thackeray et Thackeray lui-même. [NdA]

dans ses œuvres. Nous n'avons jamais à subir ses problèmes personnels mal digérés. Flaubert a aussi raison de réprimander Louise Colet lorsqu'elle écrit « La Servante » sous forme d'attaque personnelle contre Musset, la passion personnelle détruisant la valeur esthétique du poème (9-10 janvier 1854). Et il a sans doute raison lorsqu'il contraint le jeune héros de *L'Éducation sentimentale* (1854) à choisir entre la confession et l'œuvre d'art.

Mais a-t-il raison lorsqu'il affirme que nous ne savons pas ce qu'aimait ou ce que haïssait Shakespeare [1] ? Peut-être, s'il veut simplement dire qu'il nous est impossible de savoir au travers des pièces si l'homme Shakespeare préférait les brunes ou les blondes, ou s'il détestait les bâtards, les Juifs, ou les Mores. Mais cette affirmation est sans aucun doute erronée si elle signifie que l'auteur implicite des pièces de Shakespeare est neutre par rapport à toute valeur. Nous savons ce que *ce* Shakespeare-*là* aimait et haïssait ; il est difficile de voir comment il aurait pu écrire ses pièces s'il avait refusé de s'impliquer clairement, en tout cas par rapport à un ou deux des sept péchés capitaux. Je reviendrai au chapitre V sur la question des croyances en littérature, et j'essaierai alors de faire la liste de quelques-unes des valeurs par rapport auxquelles l'engagement de Shakespeare est clair et évident. La plupart du temps il ne s'agit pas d'une implication personnelle, idiosyncratique ; Shakespeare, de ce point de vue, n'est pas clairement subjectif. Mais il s'agit bel et bien de violations d'une vraie neutralité ; le Shakespeare implicite est entièrement engagé dans la vie, et ne cache pas le jugement qu'il porte sur l'égoïsme, la bêtise et la cruauté.

---

1. « Qu'est-ce qui me dira, en effet ce que Shakespeare a aimé, ce qu'il a haï, ce qu'il a senti ? » (*Corr.*, I, 386). [NdA, en français dans le texte]

Même si l'on niait tout ceci, il est difficile de voir pourquoi il y aurait un lien nécessaire entre neutralité et absence de commentaire. Un auteur peut fort bien utiliser le commentaire pour prévenir le lecteur de tout jugement. Mais si j'ai raison d'affirmer que la neutralité est impossible, alors même le commentaire le plus proche de la neutralité révélera une forme d'engagement.

# XXXI

# BÉNICHOU

## L'AUTEUR À LIRE

Bénichou, *L'Écrivain et ses travaux*,
« Jean-Jacques Rousseau : de la personne
à la doctrine », Corti, 1967, p. 38-40.

À l'opposé de la psychocritique, l'œuvre de Paul Bénichou – qui s'est longuement attachée à l'émergence et aux différentes compréhensions de l'auteur aux XVIII^e^ et XIX^e^ siècles – a principalement essayé de penser le texte comme ressortissant moins d'une instance auctoriale singulière que de déterminismes littéraires – idéaux ou idéologiques – pluriels au sein desquels il s'inscrit. Aussi la préflexion critique sur l'auteur postule-t-elle, comme l'affirme P. Bénichou à T. Todorov dans « La littérature comme fait et valeur » (*Critique de la critique. Un roman d'apprentissage*, Le Seuil, 1984), que « les pensées des écrivains et de leurs personnages répondent à des façons de voir et de sentir contemporaines » (p. 155), mais aussi que l'auteur, loin de créer *ex nihilo*, crée à partir de schémas préexistants.

L'exemple de Rousseau, tel que P. Bénichou le met ici en place, montre les précautions qui s'imposent à qui veut penser à la figure auctoriale, et insiste sur l'impossibilité de dépasser un certain point dans la réflexion : « si l'exemple de Rousseau nous aide à nous représenter comment une doctrine peut répondre à une expérience vitale, le problème n'en demeure pas moins posé de savoir comment le passage peut se faire d'un état de chose à l'autre » (p. 49). Or le fait de rapporter le jugement à la passion, le *logos* au *pathos*, ne saurait être pour Bénichou qu'une façon de récuser le jugement, et le fait de passer de la doctrine à l'expérience ne peut être que dangereux ; ainsi, parlant des critiques psychanalytiques de Rousseau, il conclut : « Ce qui se donne pour une analyse objective n'est, au fond, qu'une attaque personnelle introduite dans un débat d'idées. On pourrait, en sens contraire, admirer dans Rousseau la fécondité de la névrose, qui l'oblige à repenser toute la condition humaine selon l'innocence et la justice. » Loin de constituer un simple constat, une pure description des faits, la lecture qui ramène la doctrine à l'expérience vitale est déjà interprétation – mais une interprétation dissimulée, et qui fonde sa pertinence sur sa dissimulation. Penser le rapport de l'auteur à l'œuvre, c'est donc tenter de percevoir, de la vie à l'idée, tant l'identité que la dissemblance : « entre notre expérience d'être vivant et nos pensées sur le bien et le mal, il existe donc à la fois une continuité et un état de rupture. On ne saurait ni voiler cette contradiction, ni la résoudre ». Dès lors, la tâche critique se situe entre ces deux pôles : « Aussi n'avons-nous d'autre recours que de tenir à la fois les deux vérités dont la jonction nous est obscure, et de nous exercer à n'en renier aucune. La connaissance de l'homme n'est autre chose que ce difficile exercice. »

L'expérience nous montre, dans chaque homme, une relation entre la façon d'être et la façon de penser, ou, selon le langage ordinaire, entre le caractère et les idées. Le sens commun ne s'en étonne pas, et trouve naturel que chacun pense et légifère selon ses besoins ou ses passions. Quelle que soit la distance, franchissable ou non, qui sépare un trait de nature d'une position de pensée, le fait est que caractère et doctrine se mêlent constamment dans l'homme. Le sens commun, en cette matière comme en d'autres, épouse l'homme tel qu'il apparaît, et ne se pique pas trop de le rendre clair. D'ailleurs les cas auxquels il applique d'ordinaire ses jugements sont relativement simples ; les pensées dont il décèle chaque jour la source chez chacun de nous font partie de cette idéologie spontanée où l'intérêt et le droit demeurent bien mal séparés.

S'il s'agit, au contraire, d'une pensée consciente d'elle-même et de sa nature de pensée, et, par là, volontairement distante des conditions de la vie, on préfère l'envisager comme une chose à part, sans lui chercher d'autres motifs que les siens propres. Le sens commun des philosophes, contrairement à celui de la foule, sépare volontiers la pensée de la vie. Du moins en a-t-il été longtemps ainsi. Les choses ont changé sous diverses influences, et surtout à mesure que la littérature, naturellement enracinée dans la vie, s'est davantage chargée de méditation sur les valeurs. Une nouvelle race de philosophes est apparue, moins rigoureux, mais plus nus, et découvrant mieux le débat de leur vie et de leur pensée. En France, Jean-Jacques Rousseau a été un des premiers de cette lignée. Son œuvre nous montre à la fois, et de façon également évidente, une nature et une pensée : tout ce qu'il a écrit est en même temps l'aveu d'une manière d'être personnelle et un code de l'humanité. Aussi lui a-t-on spontanément appliqué les procédés de la critique psychologique, expliquant sa condamnation de la vie civilisée par son sentiment d'infériorité, ses utopies par ses échecs. Des analyses de ce genre forment, aujourd'hui encore, le fond des idées communes sur Rousseau. Cependant, même quand elles ne sont pas gâtées par la malveillance, elles rattachent de façon bien imparfaite la doctrine de Rousseau à sa personne, et nous obligent à une critique générale des intuitions du sens commun dans ce domaine.

L'affirmation, si répandue, selon laquelle une doctrine est le produit d'une nature, n'est pas, à vrai dire, très explicite. Il est compréhensible, jusqu'à un certain point, qu'un état de choses engendre une pensée, mais non pas, ainsi qu'on semble parfois le dire, comme une chose engendre son reflet. Comment une pensée serait-elle la pure image d'une situation ? Toute pensée, surtout celle qui juge du bien et du mal, répond à la situation d'où elle est née par une assurance que cette situation ne contenait pas. Elle inclut l'expérience du moi dans un système de valeurs distinct d'elle et destiné à la rendre plus acceptable. Elle accompagne la vie, non pas comme l'ombre suit le corps, mais comme l'effort et l'invention suivent le besoin. L'avare, quand il condamne moralement la dépense, professe des maximes qui, si elles étaient universellement admises, comme l'implique leur nature de maximes, lui assureraient un monde moins douloureux : les convoitises, les reproches lui seraient épargnés. De même le jaloux, condamnant l'émancipation des femmes, ou le timide, quand il prêche la simplicité des mœurs et la fraternité. Les jugements de valeur, même quand ils semblent imiter étroitement les intérêts et se borner, en somme, à consacrer la façon d'être du sujet, ont toujours une vertu active de justification et de réconfort. Une façon de penser ne peut apparaître en relation avec une situation vitale que comme une réponse aux difficultés de cette situation, comme une tentative pour apaiser, en le dignifiant, le trouble de la vie. C'est d'ailleurs ce que le sens commun lui-même perçoit confusément : au fond, ses analyses, si sommaires soient-elles, ne peuvent avoir d'autre sens.

On saisit bien, chez Rousseau, cet effort de la pensée pour sauver et pour féconder une existence insoutenable autrement. Il est vrai de dire que sa doctrine est le produit de sa maladie ; mais elle est, bien plus encore, le signe qu'il n'acceptait pas sa maladie comme telle. Même si l'on ne veut voir dans sa pensée que ce qu'elle a de négatif, la censure de l'humanité qu'elle implique, il faut convenir que cette censure est, par son ampleur, autre chose qu'un acte de mauvaise humeur : en l'exerçant, Rousseau dépasse déjà son propre chagrin ; il nous oblige à le suivre sur un autre plan, et cesse d'être un objet d'observation ou de commisération pour devenir un interlocuteur. Mais Rousseau ne s'en tient pas là ; il fait plus, et s'efforce de transformer en prédication de bonheur et de régénération un espoir qui lutte au fond de lui avec le sentiment de sa misère. Que la pensée morale ait, dans la vie de l'homme, pareille fonction de rétablissement et d'équilibre ne signifie pas nécessairement qu'on doive la considérer sous ce seul angle. Mais, ainsi conçue, sa relation indiscutable avec la vie apparaît au moins plus claire. C'est cette clarté que nous attendons d'un cas comme celui de Rousseau. Les interrogations dernières ne peuvent se poser correctement qu'à partir de là.

# XXXII
# COUTURIER

## LA LECTURE COMME COMMUNICATION

Couturier, « Pour une théorie intersubjective du roman »,
*La Figure de l'auteur*, Le Seuil, « Poétique », p. 240-243.

Si les morts de l'homme et de Dieu avaient conduit à clamer celle de l'auteur, le retour sur le premier plan de la scène philosophique de la figure du sujet ne pouvait que voir le retour d'une prise en compte de l'auteur par la critique littéraire. Se penchant sur les littératures romanesques françaises et anglophones, et s'appuyant sur les travaux de Barthes, Foucault ou Booth, sur les philosophies néosubjectives comme sur une approche pragmatique de la littérature, Maurice Couturier propose de réinvestir la figure auctoriale en la pensant comme une instance irremplaçable de l'acte esthétique et de la consommation de l'œuvre.

Pour que ces théories pussent prétendre à une quelconque légitimité, il fallait bien sûr que l'auteur fût considéré comme mort et privé de toute autorité sur les modes de déchiffrement du texte. Trois facteurs principaux contribuèrent à cette révolution : avec la « mort de Dieu », la critique « auctocentriste », fortement inspirée par l'exégèse biblique, perdit de sa validité ; la phénoménologie et la psychanalyse, en faisant de chaque sujet un puits de sens, contribuèrent fortement à déboulonner l'auteur en tant que gardien du sens et à conférer à chaque lecteur une autorité puissante sur le texte ; enfin, la complexification extrême des dispositifs narratifs dans le roman moderniste et postmoderniste donna l'illusion à chacun que l'auteur s'était absenté de son texte et qu'il s'en remettait à ses lecteurs pour donner vie à son corpus. En y regardant de plus près, on se rend compte que ces facteurs militaient moins en faveur de la mort de l'auteur que de la naissance d'un lecteur-critique capable de collaborer activement au travail créateur proposé par l'auteur. Avant cette révolution, le lecteur mondain ou adorateur à la Sainte-Beuve avait toujours fondé des espoirs insensés dans la grandeur de l'art et dans le génie des artistes, insistant justement sur le caractère démiurgique de la création artistique, ce qui ne l'empêchait pas de traiter cavalièrement certains écrivains dont l'écriture n'était pas à son goût. La réaction ne pouvait qu'avoir la véhémence du schisme : il fallait brûler ce que l'on avait adoré.

N'avons-nous d'autre choix que de succomber à la tentation biographique ou à la tentation sémiotique ? Je ne le pense pas. Certes, le texte prend des sens totalement différents si on le considère du point de vue de l'auteur, du point de vue de tel ou tel lecteur appartenant à telle ou telle période de l'histoire, dans le cadre de telle ou telle théorie de la langue, etc. Ces perspectives d'analyse ne sont cependant pas contradictoires si l'on pose le problème de la critique en termes de communication intersubjective. La communication textuelle, notamment en milieu romanesque, n'est qu'une forme particulièrement sophistiquée de la communication intersubjective telle qu'elle se manifeste dans la conversation courante. Certes, il existe quelques différences notables entre ces deux types d'échanges, mais les ressemblances sont plus importantes encore. Dans la conversation courante et non amoureuse (pour ne pas dire « haïssante »), les interlocuteurs se trouvent face à face et peuvent réguler leurs propos en fonction des réactions verbales ou non verbales de l'autre ; mais ils cherchent avant tout à promouvoir la meilleure image possible d'eux-mêmes, à se soustraire à la loi de l'autre et à imposer la leur propre. Ce type d'échange s'effectue sous la tutelle invisible de l'Autre dont chacun des interlocuteurs se fait à tour de rôle l'interprète. Dans l'échange amoureux, où chacun des interlocuteurs s'adresse au moi idéal de l'autre, il se produit un effet de fusion et d'identification qui donne à chacun l'illusion que le tiers, l'Autre, n'intervient en aucune façon.

Dans l'échange textuel, les interlocuteurs ne sont pas en présence l'un de l'autre : l'auteur n'est plus là pour réguler le déchiffrement de son texte, même s'il cherche, comme on l'a vu à maintes reprises, à redonner de la voix pour guider son lecteur ; et le lecteur ne peut lui demander des comptes ou des explications, sauf à succomber à cette tentation biographique qui n'est plus de mise. Pourtant, la communication textuelle en milieu romanesque possède les principales caractéristiques de la conversation haïssante et amoureuse : l'auteur se met *a priori* en position haute par rapport à son lecteur, mais en même temps il veut laisser libre cours à ses désirs les moins avouables. Il cherche à se faire admirer et à se faire aimer, mais ne tient pas à livrer trop de choses de lui-même, ce qui serait de nature à le diminuer face au lecteur. C'est d'ailleurs pourquoi il met en place des dispositifs narratifs complexes qui donnent à son texte une dimension paradoxale totalement déconcertante pour le lecteur. Ce dernier, quant à lui, cherche à assumer son autorité sur le texte mais aussi à s'assurer l'estime de l'auteur, utilisant par ailleurs le texte comme un champ clos où il peut permettre à son imagination et à ses désirs de s'ébattre librement. C'est à travers ce jeu croisé des désirs et des revendications des deux interlocuteurs que se tisse la trame serrée du texte comme interface, interface qui les met en rapport l'un avec l'autre et les maintient aussi paraxolement à distance.

Leurs places ne sont évidemment pas parfaitement symétriques : l'auteur, qui a produit le texte et s'est acquis de la sorte un prestige inouï, occupe *a priori* une place éminente à laquelle le lecteur ou le critique ne pourra jamais prétendre, sauf imposture. L'auteur peut donc se recommander de l'autorité de l'Autre, ce qui n'est pas sans susciter chez le lecteur ou le critique des sentiments divers : amour (de l'Autre), jalousie, hostilité, selon. Ce sont ces sentiments, souvent ambigus, qui ont encouragé à tour de rôle les modes de critiques mentionnés plus haut, la critique biographique étant essentiellement une critique amoureuse, et la critique sémiotique une critique apparemment non désirante, voire souvent hostile ou jalouse. Implicitement, les praticiens de ces deux formes de critique reconnaissent l'autorité de l'auteur, mais ils y répondent par des stratégies différentes. Tous les modèles sémiotiques sophistiqués que l'on a pu élaborer attestent, indirectement, l'autorité de l'auteur dans l'Autre où s'origine le sens.

Que vient faire la figure de l'auteur dans tout cela, et pourquoi ne pas parler tout simplement de l'auteur réel ? L'auteur réel est, pour moi lecteur, un sujet mort qui autrefois a désiré et créé, et dont le texte tient lieu en tant que corpus. La critique biographique a pour prétention de redonner vie à ce mort et de restituer aussi fidèlement que possible son vouloir dire, sans tenir compte du fait que ce sujet était comme tout un chacun un sujet clivé, capable de mauvaise foi. La critique sémiotique, forte de ses présupposés psychanalytiques qu'elle n'exploite d'ailleurs que très peu dans ses analyses, refuse de se situer dans la logique du vouloir dire de l'auteur et cherche à reconstituer le sens du texte en fonction des systèmes sémiotiques qu'il mobilise : conventions, dispositifs narratifs, intertextualité, langue, etc. Quelque approche que l'on adopte, il est donc illusoire de vouloir fonder un système critique à partir de cet auteur réel.

Les deux seuls points d'ancrage de la lecture critique sont donc bien, je le concède à Iser, le texte et le lecteur en tant que sujet signifiant. Cependant, alors qu'Iser considère le texte comme un objet signifiant désincarné, je le considère comme une interface entre deux interlocuteurs séparés l'un de l'autre dans le temps et l'espace mais qui se désirent, se cherchent ou se fuient tout à la fois. Ma lecture, éclairée par une solide connaissance des systèmes sémiotiques qui se croisent dans la trame du texte, ne peut se résoudre à modéliser le texte en fonction de ces systèmes : si elle s'y résignait, elle ferait du texte un objet plus inerte encore que ces outils préhistoriques découverts par les archéologues. Le sens, dans un texte littéraire, n'est pas un objet idéal désincarné : c'est nécessairement un sens pour un sujet, qui, en première instance, est un personnage de roman ou un narrateur. Lire un roman suppose donc que nous identifiions les instances où s'ancrent les sens transitoires du texte.

# VADE-MECUM

## ANONYMAT

*cf. Nom d'auteur.*

## APOCRYPHE

Cet adjectif désigne, au sens propre, les textes bibliques ou évangéliques non reconnus par l'Église comme canoniques, c'est-à-dire comme ne faisant pas partie du canon des textes sacrés (ainsi, l'*Évangile de Marcion*), avant que son sens ne s'étende au domaine profane au cours du XVIIe siècle. Il désigne alors tout texte non authentique, c'est-à-dire en pratique tout texte qui prétend avoir un auteur qui n'est pas le sien. Derrière cette définition première apparaissent plusieurs cas de figure possibles.

Le terme peut s'appliquer à la troisième Épître de Paul aux Corinthiens, non canonisée par l'Église parce que son auteur n'était sans doute pas Paul : l'apocryphe consiste alors en un processus de légitimation d'un texte par recours à une autorité usurpée, puisque le texte se présente comme relevant d'un auteur qui l'autorise, dont il prétend tirer sa légitimité – l'auteur véritable s'efface, parce que le succès de son propos passe par la mise en scène d'un auteur plus puissant que lui. Mais l'on considère aussi comme apocryphe le *Traité du sublime* attribué à Longin : si l'emploi du terme s'expliquait d'abord, dans l'exemple précédent, par une volonté inscrite dans le texte d'abuser les lecteurs, le fait que son auteur réel ne se confond pas avec son auteur réputé peut aussi s'expliquer autrement : les lecteurs décident de l'attribuer, à partir de critères fautifs, à un auteur qui n'est pas le vrai. L'apocryphe repose alors sur une erreur d'attribution, quand le sens religieux du terme reposait sur une volonté délibérée de tromper. Enfin, on peut aussi dire des *Mémoires d'Hadrien* signés par Marguerite Yourcenar qu'ils constituent un texte apocryphe : le sens de ce mot est alors évidemment à prendre au deuxième degré, parce qu'il suppose la connaissance d'un fait – certains textes circulent sous un faux nom – et qu'il l'exploite, faisant de l'apocryphe un moyen de la fiction : le narrateur homodiégétique, pour reprendre la terminologie genettienne, s'affirme comme auteur, ce qui suppose qu'il n'a pas (seulement) un statut de personnage. Cet emploi du terme est bien sûr le moins propre, ne serait-ce que parce que ce type de textes circulent sous un vrai nom d'auteur.

Deux problèmes se posent alors du fait de l'existence même de la notion. C'est d'abord le fonctionnement de la catégorie : pourquoi un texte choisit-il de se présenter sous un faux nom ? Le second porte sur l'utilisation (et donc l'utilité) de la notion : qu'est-ce que son existence nous apprend de notre pratique des textes ?

Le changement du nom de l'auteur, lorsqu'il n'est pas présenté comme tel, ressortit à un régime pré-moderne de l'auctorialité, de ce que G. Leclerc désigne comme une « culture de la tradition ». En effet, tant dans le cas des continuations (des romans médiévaux) que dans le cas de textes théologiques ou philosophiques, l'apocryphe est révélateur d'un moment où la légitimité d'un texte tient moins à son propos qu'à celui qui le tient, même fictivement. On a ainsi pu remarquer qu'Augustin n'avait sans doute pas pu, pour des raisons matérielles, être l'auteur des milliers de pages qu'on lui a attribuées. Autrement dit, il est toute une série d'auteurs qui ont renoncé à leur statut parce qu'ils n'étaient pas des autorités, parce que leur nom ne suffisait pas à fonder la légitimité de leur propos. À l'inverse, dans un régime moderne d'auctorialité qui valorise l'invention originale, l'apocryphe n'a plus vraiment lieu d'être : c'est dans ce nouveau régime de l'auctorialité que l'on peut jouer avec l'apocryphe. Un texte ne peut se désigner comme apocryphe, de façon explicite, assumée, comme les *Mémoires d'Hadrien* (ce qui semble incompatible avec le sens même qu'avait le terme à l'origine), en imposant deux noms d'auteur (inégaux), qu'à partir du moment où la littérature croit en sa propre existence. Encore le texte de Yourcenar ne s'inscrit-il pas sous le signe d'un auteur qui aurait une existence en dehors de lui. Ce qui prend en fait la place de l'apocryphe, c'est le pastiche. À travers la petite musique dont Proust dit qu'elle marque l'œuvre de chaque écrivain, et que le pasticheur se doit de retrouver, c'est en effet le même geste de filiation fictive que l'on retrouve, à ceci près que le pasticheur revendique son talent de faussaire, quand l'apocryphe, normalement, le dissimule ; mais, à la différence de la supposition d'auteur, autre forme de filiation fictive, le pastiche comme l'apocryphe se fondent sur une auctorialité qui leur préexiste.

C'est ainsi une évolution des conditions de construction de la littérature que nous laissent apercevoir ces changements dans le sens du terme. Mais c'est aussi une mise en scène de l'importance de l'auteur qui se joue ici ; dans les deux régimes d'auctorialité distingués par G. Leclerc, c'est le caractère fondateur de la figure de l'auteur qui est souligné ; c'est toujours en effet par rapport à elle, dans sa désignation, que s'inscrit la raison du discours.

*cf. Auctorialité, Autorité, Invention d'auteur, Nom d'auteur, Philologie, Responsabilité.*

## ATTRIBUTION

*cf. Philologie.*

## AUCTORIALITÉ

Le néologisme d'« auctorialité » désigne dans la critique contemporaine ce qui fait d'un auteur un auteur. Autant dire que le terme porte en lui l'ambiguïté de la notion. Or le terme est récent : il était avant lui question de l'autorité de l'auteur, en raison de jeux étymologiques plus ou moins justifiés. Pourquoi forger ce nouveau terme, dont la définition n'est en rien claire ? C'est ici l'existence du terme qui signale le problème. Reste alors à se demander ce qui signifie l'auteur, pour comprendre la nécessité du néologisme – ou, au moins, pour justifier son existence.

Plusieurs types de traits signalent l'auctorialité de l'auteur. Ainsi, on peut distinguer des traits sociologiques qui caractérisent l'auteur, et qui évoluent avec l'Histoire. On peut par exemple considérer qu'à partir du romantisme l'écrivain se conçoit (et se conçoit lui-même) comme l'inventeur d'un style de vie bohème qui le distingue du bourgeois, et le situe en dehors de l'asservissement qui caractérise l'ouvrier (inculte) et de l'exclusif souci économique qui caractérise le bourgeois (médiocre) ; en même temps, il faut bien constater que l'écrivain appartient presque toujours à cette bourgeoisie qu'il récuse. Mais ces traits sociologiques s'écrivent et viennent alors constituer des traits mythographiques. La mélancolie en fait partie, qui vient très tôt habiter – et désigner – le poète (Furetière déjà, à l'article « Mélancolie », le prend comme exemple), comme aussi la solitude romantique (voir les longues promenades de Chateaubriand), ou les qualités de voyant que peuvent incarner, pour leurs pairs comme pour une partie du public, Hugo, Gautier ou Rimbaud. Mais c'est sans doute d'abord une série de traits fonctionnels qui constituent le mieux cette auctorialité : être auteur, c'est d'abord pouvoir assumer son discours, lui conférer une cohérence, et les traits sociologiques ou mythographiques, lorsqu'ils sont évoqués par le texte, sont autant de moyens de désigner un point d'où le discours peut être tenu.

Parler de l'auctorialité d'un auteur, c'est donc poser la question de son statut dans l'écriture : qu'est-ce qui justifie, finalement, que l'auteur soit tel ? Quelle position occupe-t-il par rapport à son texte ? Utiliser la notion d'auctorialité consiste donc à envisager l'auteur comme une instance de régulation du texte, en dehors de toute prétention à déterminer le sens. Là où l'autorité tend en effet toujours à imposer une figure d'auteur capable de rendre compte d'un vrai sens du texte (et c'est évidemment cette utopie du vrai qui importe alors), parler de l'auctorialité d'un auteur permet de maintenir la présence de celui-ci au moment où la croyance en son utilité herméneutique disparaît. Loin pourtant d'être le masque d'une curiosité pour une figure périphérique mais interdite puisque (réputée) morte (et peut-être d'autant plus désirée qu'elle est interdite), le mot d'auctorialité permet d'interroger le texte, en désignant ses conditions de possibilité elles-mêmes.

*cf. Autorité, Cohérence, Intention, Propriété, Publication.*

## AUTHORSHIP

*cf. Auctorialité, Autorité.*

## AUTORITÉ

*Auteur* porte l'écho sémantique du terme *autorité*, au sens où le mot *auteur* désigne d'abord le tenant d'un pouvoir : Furetière fait de Dieu le premier auteur, l'auteur du monde ; le créateur d'une œuvre d'art n'est auteur qu'ensuite. C'est donc par héritage que l'auteur est autorité, ou par abus de langage : parler de l'autorité de l'auteur, c'est en effet partir d'une fausse étymologie pour faire de la position d'auteur une position de pouvoir. Reste à déterminer ce sur quoi porte ce pouvoir qu'implique le terme « autorité ». Car c'est en fait une faculté du nom d'auteur que ce terme désigne : le nom d'auteur, dans notre culture, est le nom que nous utilisons pour désigner l'autorité du texte. Comment – et pourquoi – un nom peut-il ainsi rabattre sur lui la valeur de son texte (la valeur qu'est son texte) ? À quel prix ?

Le terme s'emploie d'abord à propos des Anciens fondateurs d'un savoir (Pline, Hippocrate, Cicéron ou Augustin) ; il désigne alors la faculté du nom d'auteur à garantir la vérité des énoncés transmis à travers lui. L'auteur – *auctor* – est celui que marque son *auctoritas*, c'est-à-dire celui qui jouit d'un « droit de possession » sur son texte, mais aussi, inséparablement, celui qui en est le « garant ». Le terme « autorité » ne désigne plus qu'improprement, par métaphore, les auteurs modernes (de langue vulgaire), qui sont moins valorisés par leur participation à une tradition que par leur originalité, leur singularité, leur *authorship,* pour employer un terme anglais. C'est aussi que de l'autorité des uns à l'*authorship* des autres, le régime de la vérité change, qu'elle se fonde moins sur une autorité garantie par la tradition que sur une autorité fournie par la démonstration logique.

Pourtant, le changement de régime de la vérité laisse à l'auteur une forme de pouvoir, non plus sur le savoir – qu'il ne suffit pas à garantir – mais sur son texte, et sur son sens. L'autorité de l'auteur en vient alors à désigner le pouvoir de l'auteur sur son texte, la capacité qui lui est reconnue de décider d'une signification à travers son intention. La reconnaissance de son autorité par le lecteur constitue alors un geste d'interprétation : faire de l'auteur un critère de la signification, c'est en effet lui reconnaître un pouvoir sur son texte. L'autorité de l'auteur, c'est donc ce qui meurt de lui pour que naisse le lecteur.

*cf. Auctorialité, Intention, Invention d'auteur, Propriété.*

## COHÉRENCE

Le postulat critique qui veut qu'une œuvre soit cohérente (postulat préalable, nécessairement, à toute interprétation) pose le problème de la présence de l'auteur. Comment, en effet, fonder l'unité des énoncés qui constituent le texte si l'on refuse la moindre existence à la notion ? Comment les constituer en série ? Ce que l'idée de cohérence éclaire de la notion d'auteur, c'est finalement ce rôle fondamental de la fonction auteur, d'avant la biographie ou l'intention : même si la cohérence est toujours à construire par le lecteur, si elle n'est pas donnée par le texte, la manifestation de cette cohérence, son emblème, consiste dans l'attribution (fût-elle simplement de commodité) d'un texte à un nom, dans le lien qui se tisse des textes à un nom. Si la critique ne peut renoncer au critère de la cohérence, mais si elle doit renoncer au critère de l'intention d'auteur qui longtemps l'a recouvert, si la cohérence reste à construire pour l'interprétation, les implications de ce rapport du nom et du texte (ou, à une autre échelle, du nom et des textes, du nom et de l'œuvre) doivent être réexaminées. Dans quelle mesure alors l'auteur informe-t-il son œuvre, lui donne-t-il son unité ? Que signifie le fait que l'auteur homogénéise ses textes, que son nom transforme le texte en œuvre, si son intention n'a plus aucun type de pouvoir ?

Comment, d'abord, penser la cohérence d'une série d'énoncés

dont la caractéristique définitoire minimale reste le fait qu'ils soit attribués à un auteur commun ? C'est en effet, comme l'indique A. Compagnon dans *Le Démon de la théorie*, la « méthode des passages parallèles » qui implique l'existence d'un auteur ; elle consiste, pour un critique, à construire le sens d'un passage en le confrontant, d'une part à des passages tirés du même texte, d'autre part à des passages empruntés à d'autres textes de la même œuvre, à d'autres textes du même auteur. À travers le concept d'œuvre, la construction d'une cohérence revient donc à utiliser (de façon même minimale) le concept d'auteur, même lorsque la mort de celui-ci est proclamée : ainsi Jakobson et Lévi-Strauss, tenants d'une analyse structurale dure, continuent pourtant à recourir à cette méthode de légitimation de l'interprétation (voir leur analyse des « Chats » de Baudelaire).

C'est alors toute la légitimation de l'analyse du texte par sa contextualisation que permet la reconnaissance, même minimale, de l'auteur. Le recours à ce que les linguistes nomment le co-texte (les éléments textuels qui entourent l'énoncé considéré), comme aussi au contexte des textes (le reste de l'œuvre d'abord, mais aussi les contextes historique, biographique, politique, psychologique, sociologique…) pour construire la cohérence du texte est une autre façon d'utiliser la notion d'auteur.

Car c'est bien de légitimation qu'il est ici question : à l'horizon de l'analyse de A. Compagnon apparaît l'idée que l'auteur, si son intention ne suffit pas à déterminer le vrai sens d'un texte, garde pourtant une valeur herméneutique. Mobiliser le contexte pour autoriser son interprétation, c'est en fait déterminer non plus le vrai, mais le faux, c'est-à-dire désigner les interprétations qui trahissent le texte : mobiliser l'auteur par le biais du contexte, c'est poser des limites à l'interprétation, c'est tracer une ligne qui sépare les interprétations autorisées des interprétations illégitimes.

*cf. Corpus, Intention, Nom d'auteur, Œuvre, Philologie.*

## COLLECTIF

L'adjectif « collectif » désigne un ouvrage auquel ont contribué plusieurs auteurs. Ces ouvrages ont un statut à part : dans les bibliothèques, ils sont généralement indexés non au catalogue principal, mais dans le catalogue des anonymes. Autrement dit, l'écriture collective toucherait à la négation du nom d'auteur. En effet, la principale caractéristique du nom d'auteur est sa capacité à renvoyer au texte. Quelle auctorialité demeure donc dans le collectif ? Ce que révèle le collectif, c'est ainsi, en creux, le mythe humaniste que sous-tend la façon dont la culture occidentale a construit la figure de l'auteur.

Si les ouvrages collectifs ne sont pas indexés au nom des auteurs, c'est que l'auctorialité semble supposer l'unicité du scripteur. La figure de l'auteur aurait ainsi à voir avec la compréhension de l'homme comme sujet, c'est-à-dire comme capable de se donner ses propres lois. C'est bien une telle compréhension que suppose la croyance en une intention de l'auteur susceptible d'éclairer la signification des textes qu'il signe. Or cette autonomie suppose aussi une forme d'unicité du sujet. Sur qui faire porter la responsabilité d'un texte collectif ? À qui en attribuer le propos ? Les problèmes juridiques viennent ainsi développer la question philosophique.

Dès lors, il faut se demander dans quelle mesure on peut encore parler d'auteur (au sens fort du terme) dans le cas de ces textes. Il faut distinguer le cas des ouvrages qui revendiquent leur statut dialogique de ceux qui préservent l'auctorialité comme garantie (les ouvrages scientifiques collectifs écrits « sous la direction de » tel ou tel spécialiste qui vient en assurer la valeur), et des écritures collectives qui aboutissent à l'invention d'un auteur unique (cas d'Erckmann-Chatriand, par exemple). C'est dans ce dernier cas une auctorialité nouvelle qui se dégage, et qui se signale par un nouveau nom, ni Erckmann ni Chatriand, mais Erckmann-Chatriand.

Apparaissent alors, à la frontière de ces écritures collectives, les cas où un seul nom d'auteur vient recouvrir une écriture plus ou moins collective. Ce qui est alors en jeu, c'est la définition même de l'auctorialité. Alexandre Dumas et son collaborateur Auguste Maquet constituent un bon exemple de cette dimension problématique de ce qu'est l'auteur : si c'est sous le nom de Dumas que circulent ses textes, c'est au prétexte que Maquet n'écrivait que le premier jet à partir duquel le texte publié était mis en forme par Dumas. Pourtant, Dumas seul n'aurait pas écrit les textes qu'il a écrits avec son collaborateur, de même que Maquet, après sa rupture, écrivit des textes sensiblement différents de ceux que Dumas (r ?)écrivait.

Le collectif, c'est ainsi la limite de l'auctorialité, le point où l'auteur perd cette caractéristique d'être celui-qui-écrit-le-texte. Mais la limite est floue : tout texte est collectif, l'auteur n'écrit jamais seul, ne serait-ce que parce qu'il hérite d'une langue, de procédés, de modèles, avec lesquels il écrit, et qu'ainsi toute écriture est récriture.

*cf. Nom d'auteur, Invention d'auteur, Publication, Propriété, Responsabilité.*

## CONTINUATION

Il y a deux façons de considérer la continuation, selon qu'on l'envisage depuis le point de perspective de l'auteur, ou depuis celui du texte.

La continuation révèle dans le premier cas la nécessité pour un auteur de s'inscrire dans un héritage, de se référer à une figure qui l'a précédé. Ainsi certains romans médiévaux revendiquent la paternité de tel ou tel auteur qui n'est pas le leur. Il s'agit alors de faire jouer la valeur de garantie que comporte la notion d'auteur : l'auctorialité consacrée de Chrétien de Troyes garantit par exemple le texte de Manessier, qui continue le *Perceval*, et – par suite – il garantit aussi l'auctorialité de ce dernier.

La perspective peut aussi s'inverser. On peut considérer que la continuation est une actualisation du premier texte (chronologiquement). Dès lors, le rapport d'un auteur à l'autre n'est pas un rapport de soumission du continuateur au continué, mais fait de celui qui continue le révélateur du premier texte. Autrement dit, la continuation peut être considérée autant comme une pratique de lecture que comme une pratique d'écriture. Les deux textes forment alors un texte unique, le second actualisant certaines possibilités (narratives, thématiques, stylistiques) du premier. Dès lors, le nom d'auteur se fait moins signe de dépendance chronologique que désignation de rapports intertextuels : la référence à Chrétien, dès lors, vaudrait moins comme garantie d'une auctorialité que comme moyen de constituer un grand texte ou comme moyen du rapport textuel.

*cf. Apocryphe, Invention d'auteur.*

## CONTRAT

*cf. Propriété.*

## CORPUS

Le terme « corpus », appliqué à un auteur, désigne l'ensemble de ses textes, tels qu'ils constituent une œuvre que l'on peut étudier, de même que l'on parle de *corpus juris* pour désigner la collection des textes du droit romain. Le terme semble intimement lié à une science des textes, et il s'est spécialisé en linguistique pour désigner les énoncés à partir desquels est développée l'analyse. Mais, derrière cette justification scientifique, le terme surprend : en effet, le choix du mot *corps* accomplit une métaphore : le *corpus* de l'auteur, l'ensemble de ses textes, c'est, proprement, son corps. Sur quoi se fonde une telle métaphore, naturalisée au point de n'être plus perceptible comme telle, au point de fonctionner comme une catachrèse ? Que peut signifier de penser le texte comme un corps ?

C'est d'abord sur ce qu'est l'auteur que nous renseigne l'image : il est essentiellement un être de mots, une construction verbale, une propriété du discours (de certains discours, et en premier lieu du discours littéraire). Son existence biographique est alors transfigurée en un texte qui remplace son corps physique ; dans la mythologie que sous-entend le terme, il y a bien là quelque chose de religieux qui survit : l'emploi de *corpus* en français est d'abord d'ordre religieux, puisqu'il désigne une hostie, le *corpus Dei*, le *corpus Domini*. Le texte est ainsi le *corpus* de l'auteur (et *auteur* s'est longtemps d'abord dit de Dieu). Derrière l'évidence scientifique du terme se révèle donc un héritage moins rationnel, et le paradoxe tient à la pleine appartenance du terme aux deux champs scientifique et mystique. Aussi l'emploi du terme *corpus*, s'il tend bien à faire de l'auteur un être de langage – « tel qu'en lui-même enfin l'éternité le change », pour citer le vers de Mallarmé –, n'en reconduit-il pas moins une mythologie que son aspect scientifique prétend abolir ; c'est une sacralisation de l'auteur et du texte qui s'opère à travers lui. Pourtant, la métaphore du corps n'est pas sans laisser d'autres options critiques ouvertes. Parler du texte comme d'un corps, ce peut être en effet reconnaître que le lecteur doit agir envers lui – ou avec lui – moins comme un biologiste qui dissèque que comme un amant qui désire ; introduire du corporel, c'est aussi introduire du désir, et peut-être comprendre les rapports entre les textes comme des rapports d'attraction ou de répulsion ; c'est ouvrir à l'intertextualité un statut fondateur, originel.

*cf. Apocryphe, Cohérence,*
*Nom d'auteur,*
*Œuvre, Posthume.*

## CRITIQUE GÉNÉTIQUE

La critique génétique part du postulat qu'il existe un auteur, et a pour hypothèse fondatrice que le travail de celui-ci apprend à qui sait l'étudier quelque chose sur l'œuvre. Étudiant les manuscrits, elle tente d'approcher de l'origine de l'œuvre pour établir, à travers les réseaux de corrections, d'hésitations et de ratures qui marquent le manuscrit qu'elle se donne pour objet, le sens le plus exact de celui-ci. Mais, ce faisant, la critique génétique construit un visage particulier de l'auteur – et c'est ce visage qu'il faut tenter de définir pour comprendre ce qu'est, à sa genèse, l'auteur.

La critique génétique, dans la diffusion de l'œuvre, s'attache à l'étape de la production du texte, c'est-à-dire à l'époque où le texte n'est pas texte, mais est en devenir, *work in progress*. Car si le texte (imprimé) est destiné au lecteur, le manuscrit est destiné au scripteur lui-même. Ce que se demande la critique génétique, c'est donc « ce que fait un auteur, avant de se demander ce qu'il est », comme l'écrit M. Contat dans son introduction à *L'Auteur et le manuscrit*. Mais la particularité du manuscrit tient à sa position dans l'espace social : si le texte est publié, s'il atteint au domaine public, si c'est à ce prix que naît la possibilité de la littérature comme mode particulier de diffusion et de consommation des énoncés, c'est nécessairement que le manuscrit est privé, qu'il renvoie à l'intimité de l'auteur, à son particulier. C'est sans doute à cet interdit qui porte sur les manuscrits que tient leur fétichisation (et que révèle la valeur financière exceptionnelle que peuvent atteindre certains d'entre eux).

Mais c'est aussi que le manuscrit demande toujours à être travaillé, que son édition (critique) appelle des choix, des décisions qui peuvent mettre en jeu son sens. Éditer un manuscrit, c'est nécessairement poser un texte premier, un support à partir duquel l'interprétation pourra se faire : ce n'est pas la même chose d'éditer *Le Cid* comme la tragi-comédie originelle, ou comme la tragédie finale ; ce n'est pas non plus la même chose de donner à lire les œuvres de Racine telles qu'à la fin de sa vie il choisit de les établir, ou de donner à lire les textes qu'il fit d'abord jouer. Aussi le rôle de la critique génétique dans la diffusion du texte établit-il un lien entre le manuscrit privé et le texte public ; c'est observer le *corpus* nu de l'auteur pour l'habiller, lui donner forme ; et bien sûr l'écrivain peut tenter d'occuper lui-même la position du généticien, lorsqu'il choisit les principes d'édition de ses œuvres complètes.

Mais l'ambiguïté de la démarche génétique est que, si elle travaille sur l'intention auctoriale – puisqu'elle fait entrer dans son *corpus* tous les énoncés portés sur la feuille par le scripteur –, elle l'outrepasse aussi dès l'origine : ces énoncés ne sont en effet pas publiés, c'est-à-dire qu'ils ne sont pas autorisés. C'est sans doute que le généticien est toujours entre l'auteur et le lecteur, car l'exploration de l'avant-texte n'a de sens que pour un lecteur : l'auteur que forge la critique génétique est toujours vivant, mais son intention, déjà, est mise à mort.

*cf. Apocryphe, Cohérence, Corpus, Intention, Œuvre, Publication.*

## DESTINATAIRE

On est tenté de déployer, autour du texte, des figures symétriques pour comprendre son fonctionnement ; ainsi le narrateur du récit ou le sujet lyrique de la poésie s'adressent-ils à un narrataire, quand l'auteur a en face de lui un lecteur, un public : devenu destinateur, il construit son discours pour un destinataire. Une telle symétrie semble jouer de façon systématique, au point que l'effacement d'une instance semble devoir appeler la négation de l'autre. Ainsi Mallarmé, dans *Quant au livre*, affirme l'inutilité du lecteur en même temps que la disparition de l'auteur. Il n'est pas sûr pourtant que, derrière la symétrie lexicale des termes, le parallélisme joue vraiment, ni que la compréhension de l'un d'entre eux permette directement de connaître l'autre. Pourquoi, dès lors, présenter les choses dans ce schéma de réciprocité ?

Les rhétoriciens classiques distinguaient l'*ethos* du *pathos* : si le premier renvoie au caractère de l'orateur, à la façon dont son discours vient créer un personnage capable de le tenir, et qui en retour fonde l'autorité de ce discours, le second terme désigne l'influence que peut avoir le langage sur les passions du public. Le destinataire, ce serait donc traditionnellement ce que le texte vient piéger. Pourtant, c'est dans ce cadre rhétorique ce par quoi le texte peut agir ; *in fine*, une fois le discours prononcé, c'est le jury qui doit décider, c'est l'assemblée qui doit se prononcer ; héritant de cette tradition, la réflexion sur la littérature pose que le lecteur du texte, connu ou non, prévu ou non, n'en est pas moins nécessaire à son fonctionnement, et prévu par lui. C'est d'ailleurs au nom du lecteur (peut-être pour que s'annulent les pièges qui lui sont tendus par le destinateur) que R. Barthes réclamait la mort de l'auteur. Ainsi la mort de l'auteur marque un changement dans la réciprocité du destinateur et du destinataire : les deux instances (auteur, lecteur) qui permettaient de décrire la littérature comme circulation cessent d'être parallèles, et viennent s'affronter, pour s'exclure l'une l'autre. Paradoxalement, le terme « destinataire » s'est répandu à ce moment où l'auteur était réputé mort. Pourtant, ce terme reconduit l'utopie d'une volonté à l'œuvre derrière le texte – s'il y a un destinataire, c'est qu'il y a un destinateur ; mais si l'auteur est mort, qui peut décider de qui doit recevoir le texte ?

On peut alors s'interroger sur l'intérêt d'une reconnaissance de la figure du destinataire : qu'apporte sa connaissance à l'étude d'un texte ? Savoir si Mme de Sévigné est la destinataire des *Mémoires* manuscrits du cardinal de Retz change-t-il le sens que nous pouvons donner à ce texte ? En fait, c'est le fonctionnement même du texte qui, à travers la figure du destinataire, est en jeu. Elle permet en effet de maintenir une vision de l'œuvre comme machine à fabriquer du sens : ce que nous apprend la présence du destinataire dans le discours critique, et son insistant retour, c'est l'impossibilité de travailler un texte qui aurait pour unique propriété d'être, d'avoir lieu (« rien d'autre n'aura eu lieu que le lieu », pour le dire comme Mallarmé). Pour que puisse se justifier le discours critique, pour qu'il puisse trouver sa place dans cette symétrie trop parfaite de l'auteur et du lecteur, du destinateur et du destinataire, il faut que ces instances ne soient pas hors du texte, mais en lui, afin que le discours critique, à son tour, puisse venir s'y glisser, ce qui suppose que le texte littéraire n'est pas absolument, n'est pas en soi, mais est pour (quelqu'un, un autre texte).

*cf. Autorité, Intention, Narrateur, Publication, Sujet lyrique.*

## FICTION D'AUTEUR

*cf. Invention d'auteur.*

## INTENTION

C'est autour de la notion de l'intention d'auteur que la critique littéraire a longtemps pensé le sens de l'œuvre : découvrir ce qu'un texte voulait dire, c'était découvrir ce que l'auteur avait voulu y dire, c'était établir le vrai sens de l'œuvre. La notion d'intention est donc inséparable d'un souci de légitimation du discours critique : déterminer l'intention d'un auteur, c'est faire jouer de façon radicale l'autorité de l'auteur, c'est faire jouer de façon radicale à l'auteur son rôle étymologique de garant. Or c'est aussi la notion d'intention qui fut la plus débattue par l'affrontement de l'histoire et de la théorie littéraires. Le préjugé de l'intention de l'auteur se fonde sur un préjugé de ce qu'est l'auteur : de même qu'une (fausse) évidence dit que l'auteur est celui qui écrit (sans demander ce que peut impliquer cette écriture), de même le sens du texte se résumerait dans ce que l'auteur veut dire (sans demander pourquoi il ne le dit pas – car s'il le disait, la notion même d'intention s'effondrerait). Mais ce n'est pas ici à un examen de la validité de l'intention que l'on souhaite se prêter – la question, d'importance, a suscité de très nombreuses publications ; on choisira plutôt de demander ce que sa disparition cache, dissimule, dans notre pratique des textes – et dans notre construction de la figure auctoriale.

La nouvelle critique, influencée par une conception intransitive de la littérature (celle d'un Blanchot, par exemple), vint contester, à la suite des formalistes russes et des *New Critics* américains, un tel critère de sens. La controverse entre Barthes et Picard autour de Racine s'est ainsi jouée sur ce terme : Barthes fut accusé par le professeur de la Sorbonne d'ignorance du sens originel des textes. Pourtant, son *Sur Racine* était loin de rompre avec la notion d'intention ; marqué par la psychocritique de Mauron et la sociocritique de Goldmann, il remplaçait l'intention consciente de l'écrivain (comme critère de la signification) par les non moins contestables notions d'intentions inconsciente et sociale qui s'exprimaient à travers l'auteur. Reste qu'aurait triomphé, avec la nouvelle critique, une remise en cause de l'intention comme critère de signification : l'interprétation devait se débarrasser de l'homme pour atteindre au seul texte.

Pourtant, un tel effacement de l'homme dissimule entièrement une question préalable que la théorie littéraire ne posa pas, et qui est le postulat d'une signification vraie, juste, et possible, que l'on peut construire sur l'œuvre dans le discours critique. Que le critère de cette vérité soit l'intention de l'auteur ou l'intention du texte ne change pas le problème ; que cette signification soit construite à partir d'une contextualisation extratextuelle ou en fonction des seuls éléments du texte, que le nom d'auteur (auquel Barthes réfère, puisqu'il écrit *Sur Racine*) vienne désigner une série d'énoncés ou un complexe historique, reste qu'un discours peut être tenu, qui serait vrai. C'est en tout cas ce que semble révéler la remotivation par U. Eco, dans *Les Limites de l'interprétation*, du terme « intention ». Il y distingue l'intention de l'auteur, *intentio auctoris*, et l'intention de l'œuvre, *intentio operis*. Si l'intention n'est plus un critère positif de découverte du sens, mais devient un critère négatif qui permet d'invalider certaines lectures et de préserver le critique du délire interprétatif, il n'en reste pas moins vrai que c'est la même volonté de tenir un discours de vérité (de non-fausseté, en l'occurrence) qui l'emporte. Ce que dissimule la critique de l'intention, c'est donc l'autorité que réclame le commentaire, ou plutôt le fait qu'il s'exprime dans ces termes mêmes de vérité et, par là, d'autorité, qui étaient ceux attribués à l'Auteur (Dieu).

*cf. Auctorialité, Autorité, Cohérence, Nom d'auteur, Posthume, Propriété.*

## INVENTION D'AUTEUR

L'invention d'un auteur semble une des pratiques les plus courantes des jeux littéraires. On ne compte plus en effet les impostures destinées à créer une œuvre qui ne soit pas recouverte par le nom de l'auteur (comme dans le cas du double Gary-Ajar), à légitimer une œuvre par le contexte fictif où elle naît (comme pour Ossian, le barde légendaire inventé de toutes pièces au XIXe siècle), ou à faire participer l'œuvre entière de la fiction (l'auteur forgé sortant du cadre pour venir habiter la couverture, comme dans un certain nombre de supercheries littéraires), et parfois les trois à la fois. Au-delà du jeu qui explique certainement pour partie la remarquable continuité de ces pratiques – quelle rentrée littéraire ne voit pas surgir un auteur masqué et ouvertement masqué ? –, c'est l'importance de la signature que révèlent de tels jeux sur le texte : ce que nous disent ces divers faux et usages de faux, c'est que celui qui parle importe. Il y a littérature dès qu'il y a jeu sur la signature.

C'est en effet à une mise en scène du pacte de lecture que procède toute invention d'auteur. Inventer un auteur à un texte, c'est inventer une scène énonciative. C'est en particulier ce à quoi s'attachent les suppositions d'auteur : on désigne sous ce terme la fabrication d'auteurs à l'aide de l'appareil critique lui-même. Il s'agit dans ces cas non de produire des textes attribués à un auteur fictif, mais de produire cet auteur lui-même : ainsi du centième numéro de la collection « Écrivains de toujours », après Dickens et avant Bataille, consacré par Bonnefoy à *Ronceraille* (Le Seuil, 1978), illustré par des photographies (Ronceraille et Sollers, Ronceraille et Pivot), suivi d'une bibliographie critique, de documents divers, et citant abondamment l'œuvre du poète, *Sol mémorable*, *L'Architaupe* ou *Runes* : « Ici / en ce point / ce temps / (descendu remonté ?) / qui parle parlerait ? [...] »

Comme le montre J.-F. Jeandillou dans *Supercheries littéraires* (Usher, 1989, p. 470 *sq.*), ces auteurs supposés ont une existence proche de celle des « auteurs apparents », dont nul indice ne vient révéler ni voiler le caractère imaginaire : ils sont autant d'exemples d'« auteurs imaginaires non révélés ». Ils s'opposent ainsi aux « auteurs imaginaires révélés », auteurs fictifs (le John Shade de Nabokov) et auteurs prétendus (les épistoliers des *Liaisons dangereuses*, par exemple). À des degrés divers, ces signatures fautives qui sont aussi, inséparablement, une mise en place de fausses vies, deviennent un moyen de la fiction ; dans le cas limite des suppositions d'auteur, c'est l'appareil critique lui-même qui semble contaminé par ce qu'il est censé délimiter et désigner. On peut rapprocher alors l'invention d'auteur de la fiction d'auteur, qui désigne la recréation par un auteur d'un autre auteur auquel il rend hommage (voir le volume *Fiction d'auteur*, qui contient une bibliographie plus détaillée) : ainsi lorsque le poète G. Goffette écrit un *Verlaine d'ardoise et de pluie* (Gallimard, 1996).

Mais décider d'une signature peut être beaucoup plus qu'un jeu et peut conduire à une interprétation. Inventer un auteur à un texte, c'est (souvent au nom du texte lui-même) choisir de désigner une lecture du texte comme la bonne. L'exemple des *Lettres portugaises* (cas d'auteur apparent) est à cet égard révélateur : choisir Mariana da Costa Alcoforado, du couvent de Béja, ou Guilleragues comme auteur du texte, c'est choisir de dire que la fiction ne peut produire de tels soupirs – ou, au contraire, qu'elle seule le peut. Il s'agit bien, dans les deux cas, d'inventions d'auteur, sinon que la première invente de toutes pièces (de toutes les pièces du livre) quand la seconde invente au sens juridique du terme (elle découvre un trésor caché).

*cf. Nom d'auteur, Philologie, Publication.*

## MANUSCRIT

*cf. Corpus, Critique génétique, Œuvre, Philologie, Publication.*

## NARRATAIRE

*cf. Autorité, Destinataire, Narrateur, Publication, Sujet lyrique.*

## NARRATEUR

L'invention du narrateur par la critique littéraire semble l'un des moyens décisifs de celle-ci pour se débarrasser de l'auteur. Remplacé par une figure interne à l'œuvre (mais qui peut être interne ou externe au monde fictif de l'œuvre), l'auteur semble en sa présence condamné au silence : il est à cet égard significatif que G. Genette, dont les analyses ont contribué à souligner l'intérêt du narrateur dans l'étude du récit, restreigne peu ou prou son propos sur la fonction auteur à une étude du paratexte dans *Seuils*. Car c'est bien à la question de la place de l'auteur que conduit l'avènement du narrateur : quelle position reste-t-il pour l'auteur dès lors que ce n'est plus lui qui parle ?

Le narrateur, construit par le texte, peut être étudié par le critique : il n'échappe par nul aspect au système de l'œuvre, et il peut faire l'objet d'un discours argumenté au même titre qu'un personnage, qu'un thème ou qu'une description, quand l'auteur semble toujours sur le point de disparaître, par tout ce qui le rattache au monde. Or, si l'auteur se tait, si le discours critique n'a plus besoin de lui pour rendre compte du fonctionnement du récit, comment pourraît-il échapper à l'anecdote, à la légende ? Parler de Balzac n'a plus d'intérêt pour comprendre comment se raconte *La Comédie humaine*, et le discours sur l'auteur semble alors condamné à errer de la robe de chambre aux excès caféinés, sans que jamais le texte ne s'y éclaire.

Pourtant, c'est précisément l'aspect fictif de la voix du narrateur qui va permettre ou autoriser un certain retour de l'intérêt pour la voix auctoriale : c'est parce que le narrateur n'est que fiction, feinte, que son discours ne peut pas être décrit comme un discours. Ainsi, c'est parce qu'une certaine ironie semble avoir lieu à l'intérieur même du discours du narrateur (et contre ce narrateur) que W.C. Booth construit la notion d'auteur impliqué dans *The Rhetoric of Fiction* ; à travers cette expression, il désigne le point de perspective où se lisent les valeurs par rapport auxquelles peuvent se comprendre les effets d'ironie qui mettent en cause le narrateur (entre autres). Genette d'ailleurs, lorsqu'il revient sur la notion dans le *Nouveau Discours du récit*, malgré de réelles réserves sur cette idée de valeurs promues par la littérature, ne nie pas la pertinence de l'analyse ; il juge seulement que la distinction de l'auteur et de l'auteur impliqué est artificielle (il y avait pourtant contribué par la force de l'interdit qui, chez lui comme chez d'autres, pesait sur la notion d'auteur).

Dès lors, si la distinction du narrateur et de l'auteur semble indiscutable, si la pertinence de la notion de narrateur est irrécusable, l'utilisation de celle-ci pour annuler l'auteur semble moins efficace : reste à penser le rapport de l'auteur (ou de sa voix) et de son narrateur, qui n'est pas un simple personnage, même s'il n'est pas moins fictif qu'eux. Reste aussi – surtout ? – une place à occuper pour l'auteur, et que le lecteur peut reconnaître pour une position privilégiée (sinon pour une position d'autorité). Ce n'est sans doute pas un hasard si W.C. Booth, à plusieurs reprises dans son livre, parle de l'intérêt que peut (que doit) éprouver le lecteur pour l'auteur du texte qu'il lit, s'il veut que la lecture se passe bien ; cet intérêt, qui n'est plus une curiosité anecdotique, trouve à se lire dans le texte même, parce qu'elle n'est plus autre chose qu'un de ses effets.

*cf. Cohérence, Nom d'auteur, Sujet lyrique*

## NOM D'AUTEUR

L'histoire de la notion d'auteur peut se résumer, si l'on considère la place du nom d'auteur, à un progressif envahissement des marges du texte par ce nom : la circulation des textes littéraires, majoritairement anonymes au début de l'époque moderne, donne de plus en plus de place au nom d'auteur dans le paratexte, et le voit devenir l'un des premiers critères de valorisation de l'œuvre. C'est la signature, sceau de l'œuvre (voir G. Leclerc), qui marque l'auteur dans son texte, le désigne comme instance originelle et lui permet de devenir auteur – il y a affirmation de pouvoir derrière toute signature. Le nom d'auteur n'est pas seulement ce qui indexe l'œuvre, ce qui permet de se repérer dans le désordre des textes, à la façon des *incipit* des manuscrits et des catalogues des bibliothèques ; il n'est pas seulement obstacle à une anarchie textuelle, il semble aussi prendre une valeur indépendante de ses textes, exister en dehors d'eux. Proust n'existe pas seulement pour les lecteurs de *La Recherche* ; et son nom n'est pas qu'un raccourci sémantique pour la désigner.

Mais le nom d'auteur est tout de même d'abord un nom propre aux propriétés particulières, qui entretient avec les textes auxquels il renvoie des rapports complexes (voir l'analyse de M. Foucault, « Qu'est-ce qu'un auteur ? ») ; il est à la fois dépendant d'eux et dans une certaine mesure autonome ; Rimbaud, c'est l'auteur d'une série de textes qui sont connus, qui constituent un *corpus* : il est la somme de ces textes ; mais si est découvert un nouveau texte de Rimbaud, son nom ne change pas, et ce à quoi il renvoie ne change pas comme changerait une somme arithmétique. Aussi le nom d'auteur est-il présent pour représenter une réalité qui n'a pas d'autre lieu pour se dire. Cette réalité n'est en effet pas complètement dépendante de l'histoire : le nom d'auteur a une existence qui ne s'arrête pas avec la vie de celui qui le portait, et même la loi le reconnaît, puisqu'elle fixe la validité des droits d'un auteur aux soixante-dix années qui suivent sa mort. Mais, malgré le rêve mallarméen d'une « éternité » où seulement naîtrait le Poète, le nom d'auteur n'est pas transcendant au temps : les soixante-dix années passées, le nom d'auteur ne jouit plus d'aucun droit financier sur ses textes qui tombent dans le domaine public.

Outre qu'il sert à indexer le texte, le nom d'auteur permet aussi d'en fixer le statut ; l'autobiographie par exemple se définit génériquement par la présence du nom d'auteur, et son fonctionnement : le personnage principal du texte, le narrateur et l'auteur doivent porter le même nom. Le nom d'auteur, plus généralement, est ce qui fait participer le texte de la littérature, parce qu'il transforme le texte en œuvre : il n'y a pas d'œuvre anonyme, mais il y a des textes sans auteur. Ce que permet le nom d'auteur, c'est de traiter le texte comme un objet littéraire, de considérer comme pertinentes les opérations herméneutiques pratiquées sur lui ; c'est à partir de lui que se formulent les arguments d'autorité, et c'est lui qui permet de lier les textes littéraires les uns aux autres.

Aussi le nom semble-t-il prendre une densité qui fait de lui plus qu'un simple signifiant de l'œuvre. Si les textes font le corps du poète, son nom est le nom que nous donnons à son autorité. Dire « Aristote a dit », c'est dire plus qu'affirmer la présence de telle thèse dans la *Métaphysique* : c'est faire intervenir un signe dont la valeur se lit précisément au fait qu'il peut être convoqué seul, sans l'appui des textes qui le font auteur. Un énoncé comme « Flaubert, l'auteur de *Madame Bovary* et de *L'Éducation sentimentale*, montre que » a moins de poids que l'énoncé « Flaubert montre que » : c'est la présence d'une autorité que gagne le nom d'auteur qui se suffit à lui-même, la manifestation d'une évidence qui n'a pas besoin d'attestation.

*cf. Apocryphe, Auctorialité, Autorité, Corpus, Œuvre, Propriété, Responsabilité.*

## ŒUVRE

Le terme « œuvre » est inséparable de celui d'auteur. Est en effet auteur celui qui fait (a fait) une œuvre. Mais c'est moins l'œuvre singulière qui importe que la collection que désigne le terme. L'œuvre d'un écrivain, mieux encore, ses œuvres (complètes), c'est le résultat de son travail marqué par son nom ; mais ce résultat semble jouir d'un mode d'existence particulier, lié au mode d'existence du nom d'auteur lui-même. L'œuvre est en effet, en soi, valeur, indépendamment de ce travail. La question que pose le concept d'œuvre, c'est alors celle de la raison de cette double consécration du texte et de l'auteur.

La notion d'œuvre émerge avec l'imprimerie, parce que au Moyen Âge la multiplication des variantes rend le texte « mobile », pour reprendre le terme de P. Zumthor (*Essai de poétique médiévale*, *op. cit.*, p. 91). C'est dire que l'œuvre a quelque chose à voir avec de l'immobile : elle désigne un corpus choisi et établi, préparé pour rendre compte de la production d'un auteur. Ronsard choisit de consacrer les dix dernières années de sa vie à l'édition de ses œuvres ; surtout, le premier, il fait figurer son propre portrait dans le livre. L'œuvre, c'est le texte plus l'auteur : elle est une forme de conclusion, qui n'a de sens que pour un public à venir ; c'est le corpus légué à la postérité, choisi et transformé pour elle ; Racine reprend ainsi à la fin de sa vie ses pièces pour en donner une édition corrigée, qui convienne mieux à la figure empreinte de sagesse chrétienne qu'il veut incarner. Éditer des œuvres, c'est aussi choisir une cohérence, inscrire dans la perspective d'une éternité rêvée la contingence des écrits ; c'est faire le pari d'une unité.

Derrière l'immobilité du texte fixé en un corps choisi, c'est en effet l'idée d'une unité qui se noue. C'est qu'avec la mise en place de l'œuvre comme forme idéale du *corpus* se met en place la reconnaissance de l'écrivain, et même du grand écrivain : c'est pour Voltaire qu'apparaissent les « œuvres complètes ». Les grandes éditions critiques du XIX^e siècle sont révélatrices de la dimension idéologique de l'idée même d'œuvre : éditer les Œuvres (complètes) d'un auteur, c'est non seulement le consacrer – qui, du Bossuet monarchiste ou du Voltaire révolutionnaire, mérite en premier de devenir un « Grand Écrivain de la France », pour reprendre le titre d'une collection de grandes éditions du XIX^e siècle ? – mais c'est aussi poser que tout ce qui vient d'un de ces grands écrivains vaut d'être lu (les frontières de ce tout sont changeantes ; le XX^e siècle est certainement allé plus loin que le XIX^e dans l'exploration des avant-textes). L'œuvre, parce qu'elle est le texte plus l'auteur, est la manifestation d'un rêve d'immortalité.

Ce qui consacre finalement l'écrivain dont est publiée l'œuvre, c'est sans doute d'abord ce rêve historique que sous-entendent de telles éditions, et qui affirme la permanence d'une présence totale de l'écrivain après sa mort.

*cf. Cohérence, Corpus, Critique génétique, Nom d'auteur, Posthume, Publication.*

## PASTICHE

*cf. Apocryphe, Invention d'auteur, Nom d'auteur.*

## PHILOLOGIE

La philologie est la science de l'établissement et de la transmission des textes, avant d'être la science de leur sens. Elle a d'abord pour objet de construire un objet textuel fiable : elle prétend donc retrouver le texte tel que l'auteur l'a écrit. Ce que la philologie garde de l'auteur, c'est d'abord cette idée d'authenticité dont certains voudront voir l'écho étymologique dans le

terme « auteur » : il s'agit d'authentifier les œuvres de la tradition, afin que l'auteur puisse jouer pleinement son rôle de garant.
Pour ce faire, elle doit d'abord repérer et éliminer les interpolations, passages fautifs ou altérés que la tradition a ajoutés au texte original et a transmis sans les désigner (tout en étant consciente, dans bien des cas, qu'ils étaient interpolés). Pour ce faire, sa méthode consiste généralement à s'appuyer sur la vie du poète, pour construire à partir d'elle la cohérence de l'œuvre. Parfois alors, la science peut toucher à l'invention d'auteur, en un cercle vicieux difficile à éviter : la vie de l'auteur (surtout ancien) est tirée de la tradition, mais elle n'est souvent rien d'autre que la biographisation de son texte – le style de l'auteur sera étroitement lié à son statut social, ou sa généalogie aux genres où il s'illustre ; dans l'Antiquité, bien souvent, la vie de l'auteur n'est pas autre chose qu'un effet de son texte ; or celui-ci doit être établi à partir de cette vie.
La philologie doit aussi identifier les apocryphes, qui sont donc une sorte d'interpolation faite texte entier. De même que dans l'examen des passages interpolés, c'est l'idée d'une cohérence de l'œuvre qui sert de critère et se noue autour de la figure auctoriale. L'approche philologique tient donc un double discours sur l'auteur, qui est à la fois référence de son œuvre et constitué par elle.

*cf. Apocryphe, Cohérence, Critique génétique, Nom d'auteur, Œuvre.*

## POLYONYMAT

*cf. Apocryphe, Invention d'auteur, Nom d'auteur, Œuvre, Publication.*

## POSTHUME

L'adjectif « posthume » qualifie des textes édités après la mort de leur auteur (A. Allais leur opposait les textes anthumes). Dans ce cas, la volonté auctoriale présumée défaillante (parce que arrêtée par la mort) de l'auteur se voit remplacée par celle d'un éditeur qui peut être l'exécuteur testamentaire – mais peut aussi ne pas l'être. Ces textes posent néanmoins problème dans la mesure où ils ne sont pas pleinement autorisés par leurs auteurs, et ne jouissent donc qu'imparfaitement de leur auctorialité. La légitimité de tels textes témoigne cependant du décrochage qui s'exerce entre l'individu qui écrit et l'auteur consacré par la lecture : si l'on édite ces textes, c'est précisément que la valeur du reste de l'œuvre justifie leur publication. Avec la mort, c'est donc bien, comme le voulait Mallarmé (mais peut-être pas au sens où il l'entendait), une transfiguration de l'auteur en son œuvre qui a lieu, celle-ci devenant le corp(u)s où la fonction auctoriale (légitimante, herméneutique) vient demeurer. Encore faut-il noter que se pose le problème des limites de l'édition ; où finit l'œuvre ? La polémique, qui a pu opposer le fils de Marguerite Duras à son exécuteur testamentaire, à propos de l'édition d'un livre de recettes de l'écrivain, montre que l'auctorialité n'est pas une vertu attachée à la seule personne qui tient la plume, mais aussi aux textes édités.

*cf. Auctorialité, Autorité, Cohérence, Corpus, Critique génétique, Intention, Œuvre, Publication.*

## PROPRIÉTÉ

Les *Maximes* « de » La Rochefoucauld, les *Caractères* « de » La Bruyère : en les nommant ainsi, la langue reconnaît la propriété littéraire comme un fait. Ces textes sont leurs, et ils n'appartiennent ni au lecteur qui a acheté un exemplaire, ni à l'éditeur qui les a publiés. Pourtant, derrière l'évidence des formules, existe un lien complexe, et qui a eu des traductions juridiques diverses. La reconnaissance d'un rapport juridique de propriété entre l'auteur et son œuvre est une étape décisive dans la constitution de la figure auctoriale. Encore faut-il se demander en quoi, exactement, consiste ce rapport de propriété.

On peut opposer deux conceptions différentes des droits d'auteur selon l'aire géographique où ils se développent. Les pays anglo-saxons lient les droits d'auteur à la juridiction des privilèges : le droit d'auteur, *copyright*, consiste essentiellement en un monopole d'exploitation, et est conçu comme une création artificielle, conventionnelle. À l'inverse de cette conception pragmatique et utilitaire, les pays latins ont pour caractéristique de penser le droit d'auteur comme la possibilité d'exercer un droit exclusif sur toutes les utilisations d'une œuvre – d'où un contrôle strict de la reproduction des textes.

Mais la propriété de l'auteur n'est pas que matérielle ; l'auteur est certes rémunéré parce qu'il possède un droit, non sur le manuscrit qu'il cède au libraire, comme c'est le cas, à de rares exceptions près, dans la France d'Ancien Régime, mais sur l'objet textuel qu'il a produit, et il touche donc de l'argent sur tous les exemplaires vendus ; sa propriété est aussi morale, et cette dimension de la loi ne doit pas être négligée. En effet, elle reconnaît par là dans la propriété littéraire un droit qui n'est pas seulement matériel et qui ne s'abolit pas dans un rapport économique. L'auteur peut par exemple s'opposer à la circulation de textes qu'il a écrits, choisir de les modifier sans changer leur titre alors que l'éditeur pourrait souhaiter les exploiter encore sous leur forme initiale. Le lien premier que reconnaît la loi est ainsi celui qui unit l'auteur à son texte, et ce dernier n'est jamais conçu que comme une extension du premier, que comme entièrement dépendant de lui.

*cf. Collectif, Intention, Nom d'auteur, Œuvre, Publication, Responsabilité.*

## PSEUDONYMAT

*cf. Apocryphe, Invention d'auteur, Nom d'auteur, Publication, Responsabilité.*

## PUBLICATION

Loin de se restreindre à la seule édition d'un texte sous forme de livre, le terme peut désigner toute diffusion de celui-ci, qu'elle soit manuscrite, photocopiée, ou même orale. Si c'est bien la publication qui fait l'auteur, c'est alors la question du public qu'il faut considérer : est-on auteur quel que soit son public ? Toute publication aboutit-elle à une même forme d'auctorialité ?

Le terme « publication » ne renvoie pas à un public unique : on peut considérer que, choisissant telle ou telle forme de publication, l'auteur choisit par la même occasion tel ou tel public. La forme de la publication tend dès lors, comme le péritexte auctorial, à décider du statut du texte, non seulement parce que cette publication tend à destiner le texte à tel ou tel groupe, mais aussi parce que en retour le texte bien souvent porte la marque de ce choix de publication, comme les apostrophes à la mystérieuse destinataire (et première lectrice) des *Mémoires* de Retz, ou les œuvres très circonstancielles de Mallarmé, œufs de Pâques, éventails, ou adresses postales poétiques, qui sont autant de publications détournées et que la forme de publication, nécessairement, informe.

Rendre compte de la forme de publication sous laquelle paraît l'œuvre met ainsi en jeu, directement ou indirectement, non seulement l'intention auctoriale, mais aussi le statut de l'auteur lui-même. Les *Mémoires d'outre-tombe*, prévus pour paraître après la mort de leur auteur, ont été publiés de son vivant pour des raisons économiques ; le texte se voit ainsi pris dans un jeu complexe de publication, qui superpose la publication inscrite dans le texte (à travers les innombrables appels d'outre-tombe de l'auteur) à sa publication réelle. Si la publication posthume tend à sacraliser la figure de l'écrivain, qui parle d'un au-delà servant de caisse de résonance à sa voix, les circonstances effectives de diffusion du texte montrent que ce mythe est tel que c'est précisément cette publication particulière inscrite dans le texte qui donne sa valeur à l'œuvre : publier cette œuvre du vivant de l'auteur, c'est paradoxalement reconnaître que l'auteur n'a pas besoin d'être mort pour publier d'outre-tombe. Dans l'appropriation par le public du texte semble alors se lire une forme de mort de l'auteur, dont peut-être les tenants d'une mort de l'auteur se souviendront.

*cf. Apocryphe, Collectif, Destinataire, Nom d'auteur, Posthume, Propriété.*

## RESPONSABILITÉ

La responsabilité juridique de l'auteur est la première étape de sa reconnaissance. C'est d'abord parce qu'il faut pouvoir maîtriser le texte, en s'assurant de son auteur, que celui-ci prend figure et commence à être constitué comme être social par les pouvoirs (politiques, juridiques). Mais cette idée d'une responsabilité de l'auteur sera retrouvée et inversée lorsque émergera, au XVIII^e^ siècle, une figure d'intellectuel qui doit rendre compte de ses écrits non aux pouvoirs, mais au Peuple, à la Postérité, ou au Vrai. D'abord destinée à assurer un contrôle de l'auteur, l'idée de sa responsabilité va ainsi jouer un rôle essentiel dans la mythographie qu'il se choisira ; elle permettra une forme d'émancipation qu'il se donnera pour but, et dont l'autonomie du champ littéraire est peut-être une conséquence.

*cf. Auctorialité, Collectif, Propriété, Publication.*

## SIGNATURE

*cf. Invention d'auteur, Nom d'auteur, Œuvre, Publication, Propriété, Responsabilité.*

## SUITE

*cf. Apocryphe, Cohérence, Collectif, Posthume.*

## SUJET LYRIQUE

Ce terme forgé par la critique littéraire contemporaine occupe dans l'étude de la poésie lyrique une place équivalente à celle qu'occupe le narrateur dans la narratologie (du récit en tant que tel).

L'impossibilité de tenir un discours sur l'auteur (individu historiquement déterminé) semble en effet des plus difficiles à respecter pour qui veut rendre compte des textes poétiques, et en particulier des textes lyriques, que définit traditionnellement l'expression du moi du poète. Comment rendre compte de la voix poétique qui s'exprime dans le poème, et qui réfère à de l'existentiel, sans passer par le détour de cette fiction qui généralement caractérise le récit littéraire, ni par ce portrait que constitue le discours autobiographique ? Parler de sujet lyrique, c'est établir une instance textuelle qui puisse assumer l'énonciation personnelle du poème, et qui prenne en compte le double jeu du lyrisme, poésie qui exhibe un *ici* et *maintenant* pour mieux s'en défaire. « Éléments d'un portrait qui se défait dès qu'on l'assemble, le sujet lyrique ressemble à la toile de Pénélope, cousue de fil blanc… », écrit D. Rabaté dans sa présentation de *Figures du sujet lyrique* (PUF, 1996, p. 8 ; voir aussi le volume *Modernité 8, Le Sujet lyrique en question*, Presses universitaires de Bordeaux, mai 1996). À travers la notion de sujet lyrique se construit la possibilité de tenir un discours sur la voix lyrique, en évitant le double écueil d'un oubli du jeu référentiel, et d'un surinvestissement de ce jeu. Le sujet lyrique fait ainsi apparaître l'idée d'une référence dédoublée comme préalable in-dispensable à la réflexion sur le statut de l'auteur dans la poésie lyrique. L'énonciation lyrique, prise entre fiction et autobiographie, pour reprendre les termes de l'article de D. Combe (« La référence dédoublée », *ibid*, p. 39 *sq.*), pose en effet le poète comme une tension : « au plan phénoménologique, cette double référence paraît correspondre à une double intentionnalité de la part du sujet, à la fois tourné vers lui-même et vers le monde, tendu à la fois vers le singulier et vers l'universel. De sorte que le rapport entre la référentialité autobiographique et la fiction passe par cette double intentionnalité » (p. 62). Loin de restreindre sa validité à la poésie, la mise au jour de telles caractéristiques auctoriales permettent peut-être en outre de penser le statut de l'auteur autofictif, de Serge Doubrovski à Hervé Guibert.

*cf. Cohérence, Narrateur, Nom d'auteur.*

## SUPPOSITION D'AUTEUR

*cf. Apocryphe, Invention d'auteur, Nom d'auteur, Publication.*

# BIBLIOGRAPHIE

## I. L'INVENTION DE L'AUTEUR

Bénichou P., *Le Sacre de l'écrivain. Essai sur l'avènement d'un pouvoir spirituel laïc dans la France moderne*, Paris, Corti, 1973.

Bénichou P., *Le Temps des prophètes. Doctrines de l'âge romantique*, Paris, Gallimard, 1977.

Bénichou P., *Les Mages romantiques*, Paris, Gallimard, 1988.

Bénichou P., *L'École du désenchantement. Sainte-Beuve, Nodier, Musset, Nerval, Gautier*, Paris, Gallimard, 1992 [Cette somme de quatre volumes, qui repose sur un important corpus, constitue une somme incontournable sur l'évolution de la figure de l'écrivain à l'âge contemporain].

Bourdieu P., *Les Règles de l'art. Genèse et structure du champ littéraire*, Paris, Le Seuil, 1992 [En s'appuyant sur la notion de champ littéraire, cet ouvrage affirme l'autonomisation de celui-ci au XIXe siècle, et date donc de ce moment la constitution de la littérature et de l'auteur].

Compagnon A., « Comment on devient un grand écrivain français », *Le Temps de la réflexion*, Paris, Gallimard, 1982-III [Formation du concept de grand écrivain au XIXe siècle, avec ses implications politiques].

Delègue Y., *Le Royaume d'exil. Le sujet de la littérature en quête d'auteur*, Paris, L'Obsidiane, 1991 [Cet essai marqué par une lecture heideggerienne de la subjectivité lie l'émergence de la fonction auteur au XVIe siècle à sa consitution en sujet exilé].

Dubois J., *L'Institution de la littérature : introduction à une sociologie*, Paris-Bruxelles, Nathan-Labor, 1978 [Dans l'optique des travaux de P. Bourdieu, réflexion stimulante sur la fabrication de la littérature].

Viala A. dir., « Qu'est-ce qu'un classique ? », n° 19, *Littératures classiques*, 1993, [Important ensemble d'articles sur la fabrication du concept de « classique », et qui touche donc à la question de l'auteur consacré comme modèle d'auctorialité].

Viala A., *La Naissance de l'écrivain. Sociologie de la littérature à l'âge classique*, Paris, Minuit, 1985 [En s'appuyant sur une étude des institutions de la France littéraire, ce livre conduit à situer au début du XVIIe siècle l'apparition d'une figure sociale de l'écrivain et les déterminations qui pèsent ainsi sur l'auteur].

Zink M., *La Subjectivité littéraire*, Paris, PUF, 1985 [Autour du lyrisme médiéval, un essai sur l'apparition de la subjectivité en littérature].

Zumthor P., *Essai de poétique médiévale* (1972), Paris, Le Seuil, 2000 [Ouvrage fondamental sur la question de l'auteur au Moyen Âge].

## 2. LA QUESTION PHILOLOGIQUE : L'ATTRIBUTION

Irigoin J., « Les éditions de texte », *La Philologie grecque à l'époque hellénistique et romaine, Entretiens fondation Hardt*, 40, Genève, 1994.

*Lalies*, Actes des sessions de linguistique et de littérature, n° 17, Paris, Presses de l'École normale supérieure, 1997 [Ensemble d'articles qui explorent les rapports entre philologie et théorie littéraire ; bibliographie très complète].

Debray-Genette R., « Génétique et théorie littéraire », in Hay L. et Nagy P. éd., *Avant-texte, texte, après-texte*, Paris-Budapest, CNRS-Akadémiai kiadó, 1982.

Kresic S. éd., *Contemporary Literary Hermeneutics and Interpretation of Classical Texts*, Ottawa, University of Ottawa Press, 1981 [Articles très riches sur les rapports entre philologie et herméneutique].

Reynolds L. et Wilson N., *D'Homère à Érasme. La transmission des classiques grecs et latins*, trad. fr. C. Bertrand ; mise à jour P. Petitmengin, Paris, CNRS, 1984.

Van Groningen B., *Traité d'histoire et de critique des textes grecs*, Amsterdam, Noord-Hollandsche uitgevers mij., 1963.

## 3. L'AUTEUR ET SON PUBLIC

Aristote, *Rhétorique*, livre II, texte établi et traduit par M. Dufour, Paris, Les Belles Lettres, 1991.

Cicéron, *L'Orateur*, trad. A. Yon, Paris, Les Belles Lettres, 1964 [Sur l'*éthos* de l'orateur].

*Histoire de l'édition française*, Chartier R. et Martin H.-J. dir. (1984), Fayard, Cercle de la librairie, 1990 [Ouvrage de référence, qui éclaire la question de la circulation des textes, et donc du rapport de l'auteur à la fois aux institutions – libraires, éditeurs, censure – et à son public].

Iser W., *L'Acte de lecture, théorie de l'effet esthétique*, trad. E. Sznycer, Bruxelles, P. Mardaga, 1985.

Jauss H.R., *Pour une esthétique de la réception*, trad. C. Maillard, Paris, Gallimard, 1978 [Le livre d'un représentant de l'école de Constance sur la théorie de la réception, qui donne un rôle actif au public de l'œuvre pour son interprétation].

Lough J., *L'Écrivain et son public*, trad. A. Tadié, Le Chemin vert, 1987.

Merlin H., *Public et littérature en France au XVII^e siècle*, Paris, Les Belles Lettres, 1994 [Archéologie de la notion de public, qui conduit à dégager les implications politiques du terme].

Quintilien, *De l'institution oratoire*, Paris, Cousin J. éd. et trad., Les Belles Lettres, 1975-1976 [Sur l'*êthos* de l'orateur].

Sartre J.-P., « Pour qui écrit-on ? », *Qu'est-ce que la littérature ? (Situations II)*, Paris, Gallimard, 1948.

## 4. L'AUTEUR ET LES INSTITUTIONS

Cornu M., *Le Droit culturel des biens*, Paris, Bruylant, 1996.

Dock M.-C., *Contribution historique à l'histoire des droits d'auteur*, Paris, Librairie générale de droit et de jurisprudence, 1962 [Thèse de droit consacrée à l'apparition et au développement des droits d'auteur].

Febvre L. et Martin H.-J., *L'Apparition du livre*, Paris, Albin Michel, 1958 [Ouvrage fondateur de deux historiens du livre qui met en lumière les enjeux du développement des droits d'auteur, et ce qui change alors dans la conception du rapport entre l'auteur et l'œuvre].

Gautier P.-Y., *Propriété littéraire et artistique*, Paris, PUF, 1991 [Précis de droit civil : définition des propriétés intellectuelles et des droits afférents].

Jouhaud C., *Les Pouvoirs de la littérature. Histoire d'un paradoxe*, Paris, Gallimard, 2000 [En dialogue avec les travaux de A. Viala, l'analyse d'un historien sur les rapports ambigus de l'écrivain et du pouvoir au moment où sa figure se forme].

*Littérature*, n^os 42 et 44, « L'institution littéraire », mai et décembre 1981.

*Pratiques*, n° 32, « La littérature et ses institutions », Reuter Y. dir., Metz, décembre 1981 [Voir notamment le schéma du champ des biens culturels bourdieusien dans la présentation de Y. Reuter, p. 22].

## 5. L'HISTOIRE LITTÉRAIRE : LE NOM DE L'AUTEUR

Fraenkel B., *La Signature. Genèse d'un signe*, Paris, Gallimard, 1992.

Genette G., *Seuils*, Paris, Le Seuil, 1987 [Voir commentaire et extrait p. 54].

Jeandillou J.-F., *Esthétique de la mystification. Tactique et stratégie littéraire*, Paris, Minuit, 1994 [Étude esthétique de la mystification littéraire, c'est-à-dire des enjeux de toute forme de fausse signature, et des stratégies de publication qui en découlent].

Kamuf P., *Signatures, ou l'Institution de l'auteur,* Paris, Galilée, 1991.

Laugaa M., *La Pensée du pseudonyme*, Paris, PUF, 1986 [Ouvrage consacré au rôle du pseudonymat dans la littérature française du XVII^e siècle].

Lanson G., « Amateurs savants et professeurs », publié par M. Charles, *Poétique*, 96, nov. 1993, p. 506.

Leclerc G., *Le Sceau de l'œuvre*, Paris, Le Seuil, 1998 [Ouvrage qui croise les approches philosophiques, sociologiques et littéraires, en une très riche et complexe analyse de la signature de l'œuvre d'art].

Marie J.-N., « Pourquoi Homère est-il aveugle ? », *Poétique*, n° 66, 1986 [Article qui éclaire le fonctionnement intertextuel du nom d'auteur].

*Les Sujets de l'écriture*, textes réunis par J. Decottignies, Lille, Presses universitaires de Lille, 1981.

## 6. DE LA MORT DE L'AUTEUR À LA RELATION CRITIQUE

Barthes R., « Écrivains et écrivants », 1^re éd. *Arguments*, 1960, repris dans *Œuvres complètes*, Marty É. éd., Paris, Le Seuil, 3 vol., 1993-1994-1995, t. I, p. 1277-1282.

Barthes R., « La mort de l'auteur », 1^re éd. *Mantéia*, 1968, *ibid.*, t. II, p. 491-495 [Voir commentaire et extrait p. 152].

Barthes R., préface de *Sade, Fourier, Loyola*, 1^re éd. 1971, *ibid.*, t. II, p. 1041-1046.

Bénichou P., *L'Écrivain et ses travaux*, Paris, Corti, 1967 [Voir commentaire et extrait p. 197].

Charles M., *Rhétorique de la lecture*, Paris, Le Seuil, 1977.

Chartier R., *L'Ordre des livres. Lecteurs, auteurs, bibliothèques en Europe entre XIV^e et XVIII^e siècle*, Aix-en-Provence, Alinéa, 1992 ; repris dans *Culture écrite et société. L'ordre des livres (XIV^e-XVIII^e siècle)*, Paris, Albin Michel, 1996 [Relecture et inflexion capitales de la thèse de Foucault].

Compagnon A., *Le Démon de la théorie. Littérature et sens commmun*, Le Seuil, 1998 [Bilan critique des acquis et des faiblesses de la théorie littéraire. Le deuxième chapitre est consacré à l'auteur].

Eco U., *Les Limites de l'interprétation* (1990), trad. M. Bouzaher, Paris, Grasset, 1992.

*Figures du sujet lyrique*, dir. Rabaté D., Paris, PUF, 1996 [Ensemble d'articles sur la figure du poète et son rapport à la voix lyrique ; renouvelle la question de l'auteur dans le lyrisme].

Foucault M., « Qu'est-ce qu'un auteur ? », in *Bulletin de la société française de philosophie*, n° 63, 1969, repris dans *Dits et écrits*, Paris, Gallimard, t. I [Voir commentaire et extrait p. 75].

Foucault M., *L'Ordre du discours*, Paris, Gallimard, 1971 [La leçon inaugurale de Foucault au Collège de France revient sur les thèses décisives de l'article précédent et les prolonge].

Genette G., « Stendhal », *Figures II*, Paris, Le Seuil, 1969.

Genette G., *Nouveau Discours du récit*, Paris, Le Seuil, 1983 [Dans les derniers chapitres du livre, G. Genette revient sur les analyses de W.C. Booth et les discute].

Mallarmé S., *Crise de vers*, *Le Mystère dans les lettres*, *Fragments et notes*, dans *Igitur, Divagations*, *Un coup de dés*, Bonnefoy Y. éd., Paris, Gallimard, 1976 [Ensemble de textes d'esthétique qui mettent en place, autour du motif de la disparition élocutoire du poète, un statut auctorial qui va influencer et imprégner tout le XXe siècle].

Proust M., *Contre Sainte-Beuve*, Paris, Gallimard, 1954.

*Revue des sciences humaines*, n° 238, « Auteur, autorité sous l'Ancien Régime », Malandain P. dir., avril-juin 1995 [Articles qui posent le problème de l'autorité de l'auteur au moment où en émerge la figure].

Wimsatt W.K. et Beardsley M., « L'illusion de l'intention » (1954), trad. fr. dans Lories D. éd. et trad., *Philosophie analytique et esthétique*, Paris, Klincksieck, 1988 [La remise en cause la plus radicale par des théoriciens de la littérature de la notion d'intention d'auteur].

## 7. FICTIONS D'AUTEURS

Borges J.L., *Fictions*, trad. P. Verdevoye, Ibarra et R. Caillois, Paris, Gallimard, 1957-1965 [Ensemble de nouvelles qui mettent en cause, à travers la fiction, l'auctorialité].

Borges J.L., *L'Auteur et autres textes*, trad. P. Bénichou, S. Bénichou, R. Caillois, Paris, Gallimard, 1971.

*Fictions d'auteur. Le discours biographique sur l'auteur de l'Antiquité à nos jours*, textes réunis par S. Dubel et S. Rabau, à paraître aux éditions Champion [Ensemble d'articles qui croisent philologie et histoire littéraire pour construire le concept de la fiction d'auteur. Bibliographie très complète].

Jeandillou J.-F. éd, *Supercheries littéraires : la vie et l'œuvre des auteurs supposés*, Paris, Usher, 1989 [Anthologie commentée de supercheries littéraires].

Nodier C., *Questions de littérature légale. Du plagiat, de la supposition d'auteur, des supercheries qui ont rapport aux livres*, Paris, Crapelet, 1828 [Voir commentaire et extrait, p. 112].

Puech J.-B., *L'Auteur supposé. Essai de typologie des écrivains imaginaires en littérature*, thèse EHESS, Paris, 1982.

## 8. L'ŒUVRE DE L'AUTEUR : FIGURATION, REPRÉSENTATION

*L'Auteur*, Actes du colloque de Cerisy-la-Salle, Chamarat G. et Goulet A. dir., Caen, Presses universitaires de Caen, 1996 [Articles importants qui mettent en lumière l'évolution de la figure auctoriale].

*L'Auteur comme œuvre (l'auteur, ses masques, son personnage, sa légende)*, Lavialle N. et Puech J.-B. dir., Orléans, Presses universitaires d'Orléans, 2000 [Ensemble d'articles qui mettent en lumière l'histoire des représentations de l'auteur, et la part que prend le biographique dans l'œuvre].

*L'Auteur et le manuscrit*, Contat M. éd., Paris, PUF, 1991 [Articles qui portent sur les implications de la critique génétique et donnent des instruments précieux pour les penser].

Booth W.C., *The Rhetoric of fiction*, Chicago-Londres, The University of Chicago Press, 1983.

Couturier M., *La Figure de l'auteur*, Paris, Le Seuil, 1995 [Voir commentaire et extrait p. 201].

Diaz J.-L., *L'Écrivain imaginaire, scénographies auctoriales à l'époque romantique (1770-1850)*, thèse d'État de lettres sous la dir. de C. Duchet, Paris-VIII, 1997.

Goulemot J.-M. et Oster D., *Gens de lettres, écrivains et bohèmes. L'imaginaire littéraire 1630-1900*, Paris, Minerve, 1982 [Histoire de la représentation de l'auteur, du XVII^e^ au XIX^e^ siècle, en tant qu'elle révèle et rêve un statut pour lui].

*Littérature*, n° 39, « L'Écrivain en scène », février 1979.

Maulpois J.-M., *L'Écrivain imaginaire*, Paris, Mercure de France, 1994.

Oster D., *L'Individu littéraire*, Paris, PUF, 1997 [Propositions autour d'une méthode consacrée à découvrir les mythographie de l'écrivain »].

*Poétique*, n° 63, « Le Biographique », septembre 1985 [Articles importants sur le rapport entre la vie de l'auteur et la théorie littéraire].

*Textuel*, n° 22, « Images de l'écrivain », textes réunis et présentés par J.-L. Diaz, 1989 [Ensemble très complet d'articles qui portent sur la représentation de l'écrivain dans l'histoire].

Tous mes remerciements vont à Dominique Chevallier et Gilles van Heems, qui ont eu la gentillesse de traduire pour moi Booth et Aristote ; et à Marc Escola, dont la confiance, les conseils et l'aide ne m'ont jamais fait défaut.

# GF-CORPUS

## Lettres

L'Auteur (3058)
La Fiction (à paraître en septembre 2001)
La Mimésis ( à paraître esn septembre 2001)

## Philosophie

L'Âme (3001)
L'Amour (3010)
Autrui (3051)
Le Citoyen (3044)
La Démocratie (3007)
Le Droit (3046)
L'État (3003)
L'Expérience (3049)
L'Histoire (3021)
L'Identité (3030)
L'Illusion (3035)
L'Image (3036)
La Justice (3050)
Le Langage (3027)
Le Libéralisme (3016)
La Liberté (3023)
La Loi (3056)
Le Mal (3057)
Les Mathématiques (3019)
La Matière (3020)
La Métaphysique (3037)
La Morale (3018)
La Nature (3009)
Le Nihilisme (3011)
L'Œuvre d'art (3024)
La Paix (3026)
Les Passions (3053)
Le Pouvoir (3002)
La Religion (3040)
Le Scepticisme (3014)
La Sensation (3005)
La Société (3041)
Le Temps (3006)
La Tolérance (3004)
Le Travail (3025)
L'Utopie (3029)
La Vie (3045)
La Violence (3042)
La Volonté (3012)

GF Flammarion

01/02/85107-II-2001 – Impr. MAURY Eurolivres, 45300 Manchecourt.
N° d'édition FG305801. – Février 2001. – Printed in France.